中等职业学校会计专业规划教材

ZHONGDENG ZHIYE XUEXIAO KUAIJI ZHUANYE GUIHUA JIAOCAI

U0735427

工业企业会计电算化
综合实训

主　审　吴帮用

主　编　胡　颖　雷佩垚　刘菡楠

副主编　段采莉　杨宇巧　姚　洁　罗　毅

参　编　樊　敏　刘蔚洋　潘晓蕾　廖小娟

　　　　李　敏　王　晋

西南师范大学 出版社

国家一级出版社　全国百佳图书出版单位

图书在版编目(CIP)数据

工业企业会计电算化综合实训 / 胡颖, 雷佩垚, 刘菡楠主编. — 重庆 : 西南师范大学出版社, 2019.10
ISBN 978-7-5621-9718-8

Ⅰ.①工… Ⅱ.①胡… ②雷… ③刘… Ⅲ.①工业会计 - 会计电算化 - 教材 Ⅳ.①F406.72-39

中国版本图书馆CIP数据核字(2019)第220120号

工业企业会计电算化综合实训

主 编 胡 颖 雷佩垚 刘菡楠

责任编辑:曾 文 张 欢

责任校对:李 炎

封面设计:闰江文化

排 版:重庆大雅数码印刷有限公司·吴秀琴

出版发行:西南师范大学出版社

地址:重庆市北碚区天生路2号

邮编:400715

电话:023-68868624

印 刷:重庆荟文印务有限公司

幅面尺寸:185 mm×260 mm

印 张:16

字 数:400千字

版 次:2019年10月 第1版

印 次:2019年10月 第1次

书 号:ISBN 978-7-5621-9718-8

定 价:39.80 元

前言

PREFACE

　　《工业企业会计电算化综合实训》是中等职业学校会计专业规划教材之一。本教材从实际操作入手，通过实训内容的仿真票据和真实的电算化账务处理流程，让学生仿佛置身于企业真实的会计岗位。既能让课堂理论教学与实际操作无缝对接，又能培养具有较强实操能力的会计人才。

　　本教材在内容编排上，着重突出以下两个特点：

　　一、内容实用，仿真性强

　　本教材以最新的《企业会计准则》《会计基础工作规范》为依据，以重庆轻工机电设备有限公司（本教材所有企业名称、人员姓名、税号及银行账号均为编者虚构）2018年12月的经济业务为例，增值税税率及个人所得税税率均采用2018年税务政策规定的税率，原税务监制章在2018年12月31日前可继续使用。教材中所采用的各种原始凭证，均是按目前企业实际账务处理中使用的真实票据、账表仿真制作而成（其中，增值税发票简化了税收编码）。财务报表为用友T3系统自动生成，与一般企业财务报表格式有所不同。本教材以用友T3会计信息化软件为平台进行账务处理，分四个项目设置具体的工作任务，从最基础的系统管理初始化、账套初始设置，到账套日常业务处理及账套期末业务处理（含报表管理）。整个流程能让读者真正地动起来，在每个项目具体任务的实训过程中，全程参与企业经济业务，灵活掌握会计电算化账务的核算过程和核算方法。本教材操作性强，具有极强的适用性和仿真性。

　　二、语言浅显易懂，图文并茂

　　本教材重点突出工业企业的业务范围和工作流程，强化企业会计岗位的实际操作技能，语言表述精练，力求淡化理论、强化实践、重视能力。能够在账务处理的每一步操作中，把较难理解的专业术语转换成浅显易懂的文字和具体形象的图表，便于读者理解和掌握。

　　由于编者水平有限、时间仓促，本教材中难免会有不足之处，恳请有关专家和读者给予批评指正。

目录

CONTENTS

项目一　系统管理初始化

项目描述

项目内容：增加操作员、建立账套并启用系统、设置操作员权限。

项目要求：

(1)完成操作员的设置及权限分配；

(2)根据企业实际情况，选择对应的会计制度，建立账套并启用系统。

项目知识：

(1)各子系统中各岗位不相容职务的分离与牵制；

(2)《企业会计准则》的原则性规范和应用指南。

任务一　增加操作员

任务目标

（1）能以系统管理员身份增加、删除操作员，修改操作员信息。

（2）会设置、修改操作员口令。

任务描述

增加操作员（由操作员admin完成），见表1-1-1。

表1-1-1　操作员信息表

编号	姓名	所属部门
101	张大伟	财务部
102	明亮	财务部
103	肖六	财务部
201	郑洲	采购部
202	段琏	采购部
301	沈阳	销售部
302	何跃	销售部
401	张竞	仓储部
402	李杰	仓储部
501	宋明	生产部
502	何小纳	生产部

注：为简化操作，除设置张大伟的口令为1外，其余操作员的口令全部为空。

![任务实施图标] **任务实施**

（1）鼠标双击桌面的"系统管理"程序图标![系统管理图标]，或执行【开始】→【所有程序】→
【T3系列管理软件】→【T3】→【系统管理】命令，进入"用友T3【系统管理】"窗口。

（2）执行【系统】→【注册】命令，打开"注册【控制台】"对话框。

（3）服务器文本框中默认为本地计算机名称，如果本机即为服务器或单机用户，
则默认当前设置；否则单击![按钮]按钮，打开"网络计算机浏览"对话框，从中选择要登录
的服务器名称。

（4）在用户名输入栏中输入系统管理员名称"admin"，系统默认管理员密码为空。
输入完成后，如图1-1-1所示。

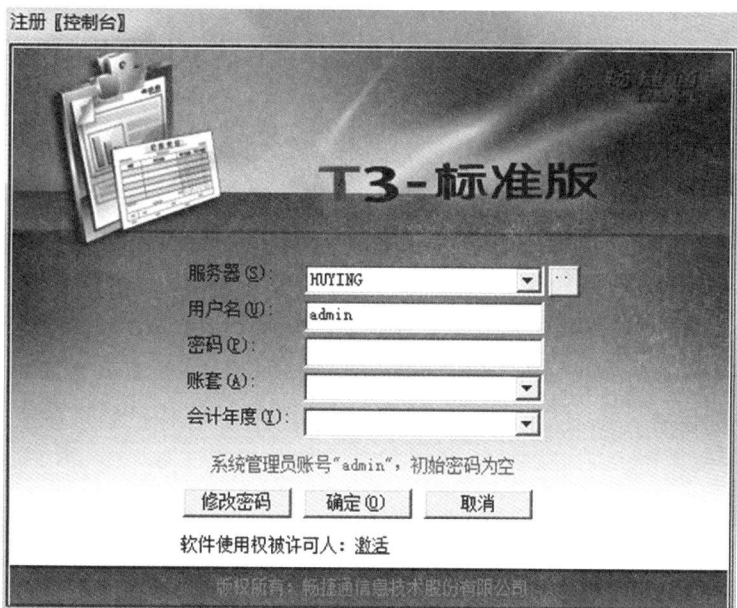

图1-1-1　"注册【控制台】"对话框

（5）单击【确定】按钮，进入系统管理界面。

（6）在系统管理界面下，执行【权限】→【操作员】命令，进入"操作员管理"窗口。

（7）单击【增加】按钮，打开"增加操作员"对话框。

（8）根据表1-1-1依次输入操作员信息，如图1-1-2所示。每增加完一个操作员，
单击【增加】按钮增加下一位操作员，全部完成后，单击【退出】按钮返回。

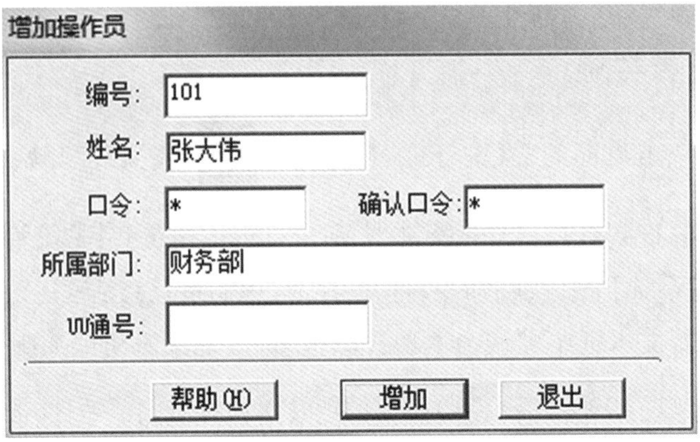

图 1-1-2 "增加操作员"窗口

任务小结

(1)系统允许用户以系统管理员"admin"的身份或账套主管的身份注册进入系统管理。由于第一次运行该软件时还没有建立核算单位的账套,因此,在建立账套前应由系统默认的管理员"admin"登录。

(2)系统管理员负责整个系统的总体控制和维护工作,可以管理该系统中所有的账套。以系统管理员身份注册进入,可以进行账套的建立、恢复和备份,设置操作员,指定账套主管,并可以设置和修改操作员的密码及其权限等。

(3)账套主管负责所选账套的维护工作。主要包括对所选账套进行修改、功能模块启用及对年度账的管理(包括建立、清空、恢复、备份以及各子系统的年末结转和所选账套的数据备份等),以及该账套操作员权限的设置。操作员编号在系统中必须是唯一的。

(4)系统中所设置的操作员在未被使用前,可以进行修改,但是操作员信息一旦保存,则编号不能修改;若需要修改操作员信息,在"操作员管理"对话框中单击选中要修改的操作员所在行,进入"修改操作员信息"对话框,修改操作员信息后单击【修改】按钮即可。

(5)在实际工作中为保证系统安全、分清责任,应设置操作员口令;操作员修改口令可在注册登录界面输入本人用户名,再单击【修改密码】进行口令修改。

(6)若需要删除操作员及操作员信息,在"操作员管理"对话框中单击选中要删除的操作员所在行,再单击【删除】按钮,系统弹出"确认删除操作员:【×××】吗?"对话框,单击【是】按钮即可删除;但需注意的是,设置的操作员一旦被使用,就不能删除。

任务二   建立账套并启用系统

任务目标

（1）能根据企业实际情况，选择对应的会计制度。

（2）能建立一套符合企业核算要求的账套，为账套的成功启用奠定坚实的基础。

任务描述

创建111账套，单位名称为"重庆轻工机电设备有限公司（简称'轻工机电'）"，启用会计期为"2018年12月"。单位地址重庆市北碚区同兴北路116-1号，法定代表人张四，联系电话023-888888×8，纳税人识别号91500109203×88888×。该企业的记账本位币为"人民币（RMB）"，企业类型为"工业"，执行"2007年新会计准则"，账套主管为"张大伟"，按行业性质预置会计科目。该企业不要求进行外币核算，也无须对存货、客户、供应商进行分类管理。该企业科目编码级次为"4-2-2-2"，其余项目编码方案默认系统设置。该企业存货单价、开票单价小数位及换算率小数位数据精度定为4，其余项目默认系统数据精度定义。创建账套后立即启用总账、固定资产、核算、工资管理及购销存管理等子系统，启用日期均为2018年12月01日。

说明：以上任务均由操作员admin完成。

任务实施

（1）在系统管理界面下，执行【账套】→【建立】命令，打开"创建账套—账套信息"对话框。输入账套名称、账套号等信息，如图1-2-1所示。

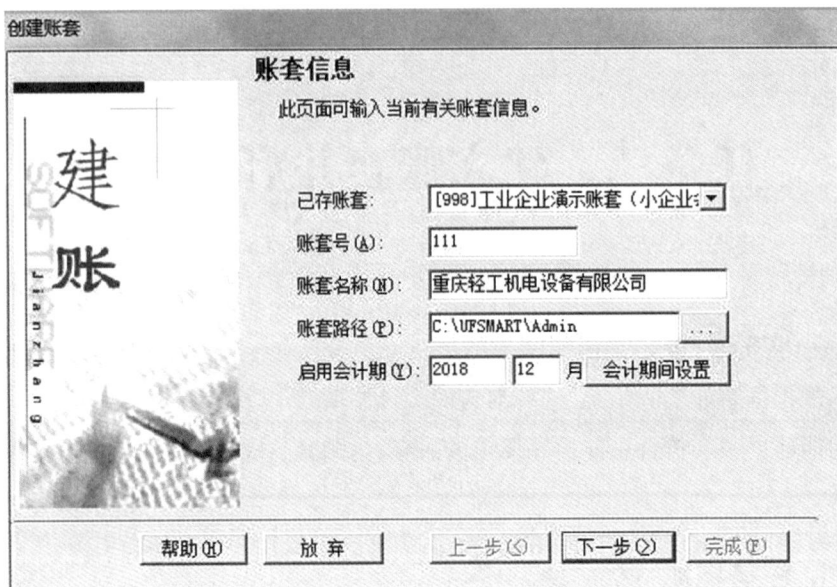

图1-2-1 "创建账套—账套信息"对话框

（2）单击【下一步】按钮，打开"创建账套—单位信息"对话框。输入单位信息，如图1-2-2所示。

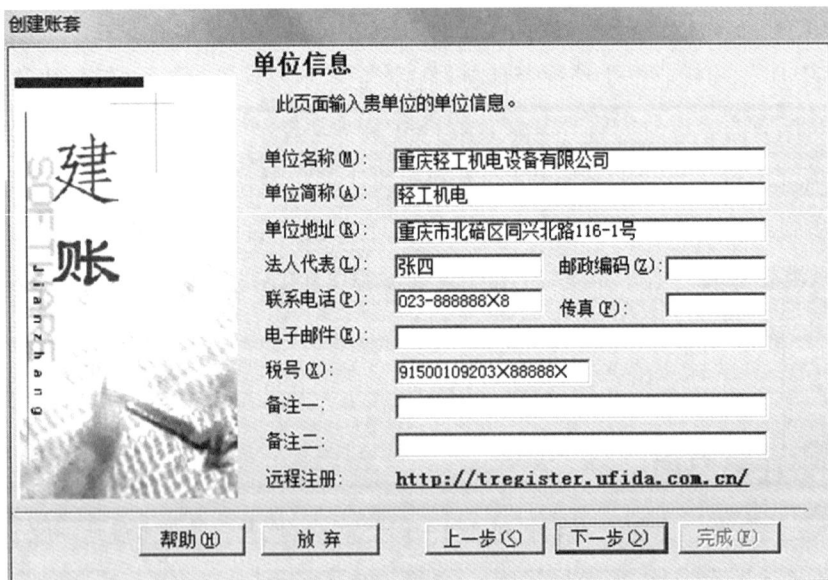

图1-2-2 "创建账套—单位信息"对话框

（3）单击【下一步】按钮，打开"创建账套—核算类型"对话框。输入核算类型信息，如图1-2-3所示。

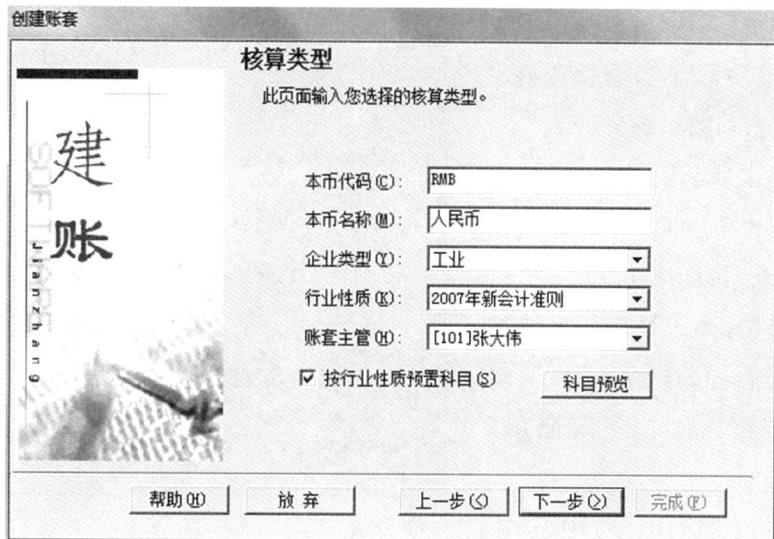

图1-2-3　"创建账套—核算类型"对话框

（4）单击【下一步】按钮，打开"创建账套—基础信息"对话框，根据资料无须对基础信息进行设置，因此直接单击【下一步】按钮，打开"创建账套—业务流程"对话框，默认系统设置直接单击【完成】按钮，此时弹出系统提示"可以创建账套了吗？"，单击【是】按钮，等待加载后，系统会弹出"分类编码方案"对话框，录入科目编码级次"4-2-2-2"，如图1-2-4所示。

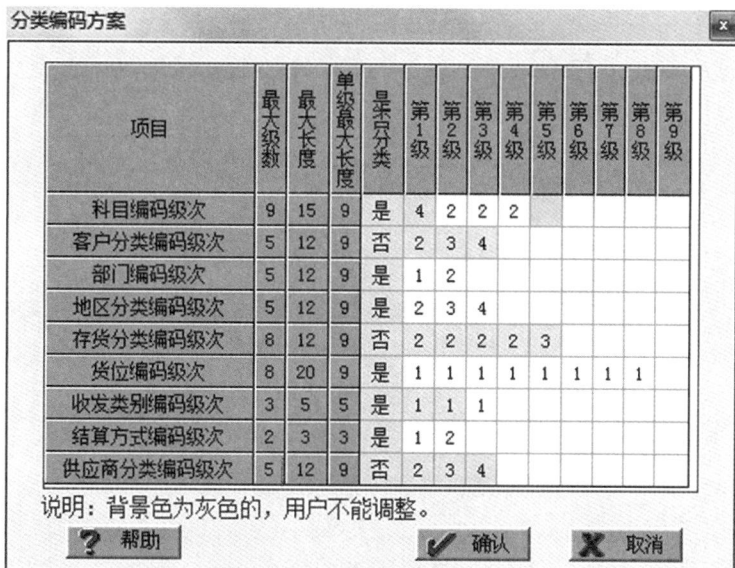

项目	最大级数	最大长度	单级最大长度	是采否分类	第1级	第2级	第3级	第4级	第5级	第6级	第7级	第8级	第9级
科目编码级次	9	15	9	是	4	2	2	2					
客户分类编码级次	5	12	9	否	2	3	4						
部门编码级次	5	12	9	是	1	2							
地区分类编码级次	5	12	9	是	2	3	4						
存货分类编码级次	8	12	9	否	2	2	2	3					
货位编码级次	8	20	9	是	1	1	1	1	1	1	1	1	
收发类别编码级次	3	5	9	是	1	1	1						
结算方式编码级次	2	3	3	是	1	2							
供应商分类编码级次	5	12	9	否	2	3	4						

说明：背景色为灰色的，用户不能调整。

图1-2-4　"分类编码方案"对话框

（5）单击【确认】按钮，打开"数据精度定义"对话框并根据资料定义数据精度，如图1-2-5所示。

（6）单击【确认】按钮，系统弹出提示"创建账套{重庆轻工机电设备有限公司:[111]}成功。"

（7）单击【确定】按钮，系统弹出提示"是否立即启用账套?"，单击【是】按钮，进入"系统启用"窗口。

（8）在系统启用窗口中，选中"总账"系统前的复选框，系统弹出"日历"窗口，选择总账启用日期为"2018 12 01"，如图1 2 6所示。

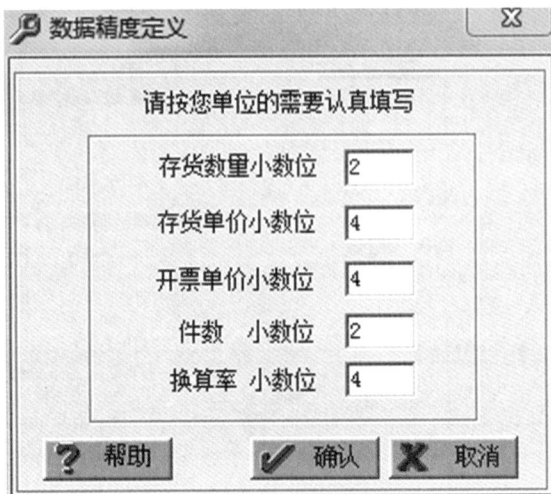

图1-2-5 "数据精度定义"对话框

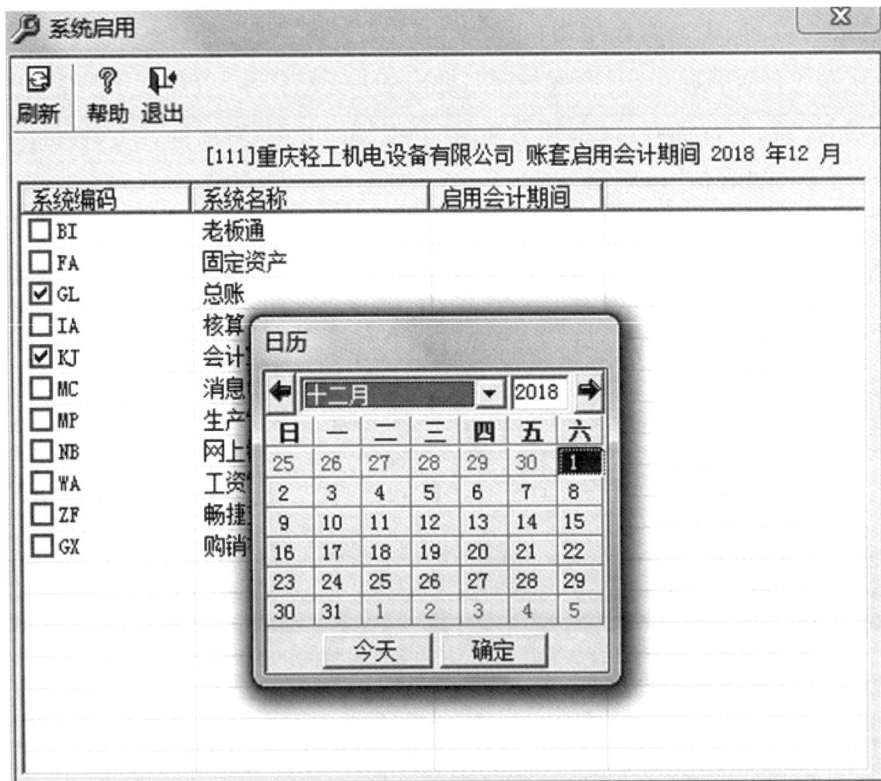

图1-2-6 "系统启用"窗口

（9）单击【确定】按钮，弹出系统提示"确定要启用当前系统吗?"，单击【是】按钮返回到"系统启用"窗口，总账系统启用完成。

（10）按照上述方法继续启用其他子系统。

任务小结

（1）一个账套可以设定多个账套主管，但整个系统只有一个系统管理员。

（2）若发现账套的某些信息需要修改或补充，可以通过修改账套功能来完成。而且此功能还可以帮助用户查看某个账套的信息。

（3）系统规定，只有账套主管才有权使用账套修改功能。若要修改某一账套的信息，必须以该账套指定账套主管的身份注册并登录系统管理程序在【账套】菜单下选择【修改】选项，才能进行账套修改。

（4）各子系统启用时，要特别注意启用会计期应大于等于计算机系统日期。

任务三　设置操作员权限

任务目标

(1)能够根据企业实际的职责分工情况及企业会计核算的要求设置用户并授权。

(2)能增加或删除操作员及变更权限。

任务描述

表1-3-1　操作员权限(由操作员admin完成)

编号	姓名	所属部门	工作岗位	工作内容	操作权限
101	张大伟	财务部	会计主管	负责财务业务一体化管理系统运行环境的建立,以及各项初始设置工作;负责管理软件的日常运行管理工作,监督并保证系统的有效、安全、正常运行;负责总账管理系统的凭证审核、记账、账簿查询、月末结账工作;负责报表管理及其财务分析工作	具有系统所有模块的全部权限
102	明亮	财务部	总账会计	负责总账系统的凭证管理工作、工资管理工作及固定资产管理工作	具有公用目录设置、总账、工资管理、固定资产、核算的全部操作权限
103	肖六	财务部	出纳	负责现金、银行账管理工作	具有总账和出纳签字、现金管理的全部操作权限
201	郑洲	采购部	采购部经理	主要负责采购业务处理	具有公用目录设置、采购管理、应付管理、核算的全部操作权限
202	段琏	采购部	采购员		
301	沈阳	销售部	销售部经理	主要负责销售业务处理	具有公用目录设置、销售管理、应收管理、核算的全部操作权限
302	何跃	销售部	销售员		

编号	姓名	所属部门	工作岗位	工作内容	操作权限
401	张竞	仓储部	仓储部经理	主要负责库存管理业务处理	具有公用目录设置、库存管理、核算的全部操作权限
402	李杰	仓储部	库管员		

注:以上权限设置只是为了实训中的学习,与企业实际分工可能有所不同,企业相关操作员比较多,分工比较细致。

任务实施

(1)在系统管理界面下,执行【权限】命令,进入"操作员权限"窗口。

(2)由于在建立账套时已指定张大伟为账套主管,则系统自动默认张大伟拥有[111]账套的全部操作权限,因此只需根据表1-3-1对余下操作员赋权。以对明亮赋权为例,从操作员列表中选择"102明亮",单击【增加】按钮,打开"增加权限—[102]"对话框。

(3)在产品分类选择列表中双击"AS公用目录设置",使之变为蓝色,右侧与公用目录设置相对应的明细项目即自动选中(蓝色显示)。根据表1-3-1,依次选择"明亮"拥有的功能权限,如图1-3-1所示。完成后,单击【确定】按钮返回。

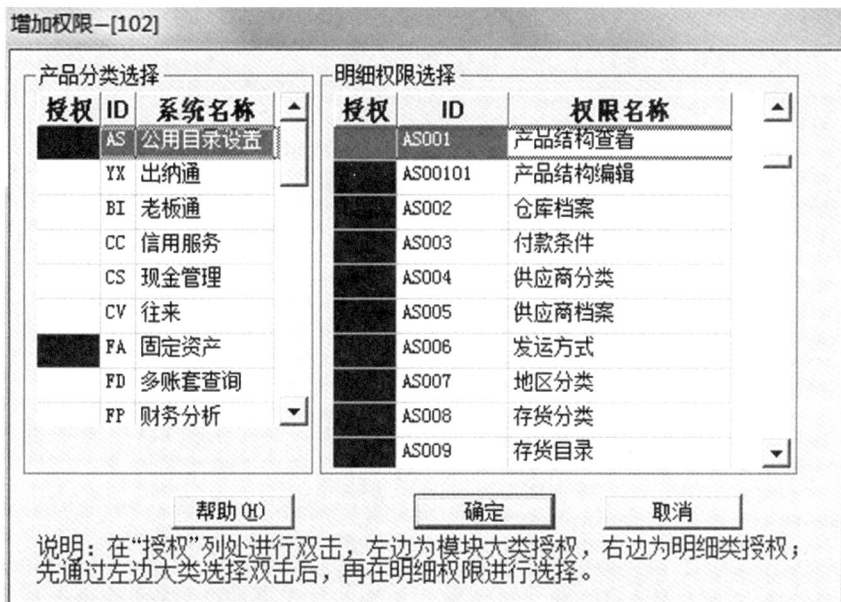

图1-3-1　为操作员"明亮"赋权

（4）同理，根据表1-3-1，为余下的操作员赋权。

任务小结

（1）在实际工作中，一位操作员可以担任多个账套的账套主管，在设置操作员权限时，系统自动默认账套主管拥有该账套的所有权限。

（2）操作员权限设置功能用于对已设置的操作员进行赋权，只有系统管理员和该账套的主管有权进行权限设置，但两者的权限又有所区别。系统管理员可以指定某账套的账套主管，还可以对各个账套的操作员进行权限设置；而账套主管只可以对所管辖账套的操作员进行权限指定。

（3）如果要删除某一操作员在某一账套中的多个操作权限，可以在选中第一个要删除的权限后，按住Shift键，同时移动鼠标，便可选定一批权限，然后单击【删除】按钮，执行批量删除的功能。

项目二 账套初始设置

项目描述

项目内容：基础档案设置、总账系统初始设置、购销存管理系统初始设置、工资管理系统初始设置、固定资产系统初始设置。

项目要求：

（1）完成"机构设置""往来单位""会计科目""凭证类别""收付结算"等基础设置；

（2）完成总账管理系统的选项设置及期初余额的录入；

（3）能对物料进行科学编码，完善物料的基础信息，准确录入期初数据；

（4）建立工资账套，完成基础信息设置及工资计算公式设置；

（5）完成固定资产参数设置，录入原始卡片，设置对应的折旧科目。

项目知识：

（1）会计明细科目的设置规范；

（2）试算平衡时差错的查找核对及方法；

（3）购销存期初数据与总账期初数据的核对；

（4）个人所得税的计算方法及社会保险的计提比例；

（5）固定资产的准确分类、使用年限的界定，以及折旧的计算公式。

任务一 基础档案设置

任务目标

（1）根据企业的实际情况，学会"机构设置""往来单位"等基础设置。

（2）掌握"会计科目"的设置规则，会设置科目至末级明细，会设置核算项目，会选择"凭证类别"和设置"收付结算"方式。

任务描述

以操作员"101 张大伟"的身份注册进入用友 T3 主界面完成以下操作：

1. 机构设置

（1）设置部门信息，见表 2-1-1。

表 2-1-1 部门信息

部门编码	部门名称
1	总经办
2	财务部
3	采购部
4	行政部
5	销售部
6	仓储部
7	生产部

（2）设置职员信息，见表2-1-2。

表2-1-2　职员信息

职员编号	职员名称	所属部门	职员编号	职员名称	所属部门
101	张四	总经办	601	张竞	仓储部
102	李三	总经办	602	李杰	仓储部
103	王五	总经办	701	宋明	生产部
104	刘小明	总经办	702	何小纳	生产部
201	王万明	财务部	703	周民	生产部
202	张大伟	财务部	704	邱海	生产部
203	明亮	财务部	705	张辉	生产部
204	肖六	财务部	706	徐大江	生产部
301	郑洲	采购部	707	彭正	生产部
302	段琏	采购部	708	罗凯	生产部
401	徐一凡	行政部	709	黄开	生产部
402	吴江南	行政部	710	沈鸿	生产部
501	沈阳	销售部	711	蒋立	生产部
502	何跃	销售部	712	丁然	生产部

注：本表职员编号与表1-1-1操作人员编号为独立编号规则。

2. 设置往来单位

（1）设置客户档案，见表2-1-3。

表2-1-3　客户档案

客户编号	客户名称	客户简称
001	重庆偃达设备公司	偃达设备
002	重庆乐乐设备公司	乐乐设备
003	重庆华一仪表公司	华一仪表
004	重庆美美工贸公司	美美工贸
005	重庆跃进公司	重庆跃进

（2）设置供应商档案，见表2-1-4。

表2-1-4　供应商档案

供应商编号	供应商名称	供应商简称
001	重庆蓝天机械公司	蓝天机械
002	重庆钢材公司	重庆钢材
003	重庆物资有限公司	重庆物资

3. 设置会计科目（表2-1-5）

表2-1-5　会计科目设置

科目编号及名称	辅助核算	计量单位	操作提示
库存现金（1001）	日记账		指定为现金总账科目
银行存款（1002）	日记账、银行账		指定为银行总账科目
建行北碚支行（100201）	日记账、银行账		增加会计科目
应收票据（1121）	客户往来		修改会计科目
应收账款（1122）	客户往来		修改会计科目
预付账款（1123）	供应商往来		修改会计科目
个人（122101）	个人往来		增加会计科目
单位（122102）	客户往来		增加会计科目
原材料碳钢（140301）	数量核算	kg	增加会计科目
原材料不锈钢（140302）	数量核算	kg	增加会计科目
原材料锡钢片（140303）	数量核算	kg	增加会计科目
原材料漆包线（140304）	数量核算	kg	增加会计科目
电机转子（140305）	数量核算	个	增加会计科目
电路板（140306）	数量核算	块	增加会计科目
机电铝件（140307）	数量核算	个	增加会计科目
机壳（140308）	数量核算	个	增加会计科目
端盖（140309）	数量核算	个	增加会计科目

科目编号及名称	辅助核算	计量单位	操作提示
6200 轴承(140310)	数量核算	个	增加会计科目
纸箱(140311)	数量核算	个	增加会计科目
40 W 碳钢电机(140501)	数量核算	台	增加会计科目
40 W 不锈钢电机(140502)	数量核算	台	增加会计科目
应付账款(2202)	供应商往来		修改会计科目
工资(221101)			增加会计科目
社会保险(221102)			增加会计科目
住房公积金(221103)			增加会计科目
工会经费(221104)			增加会计科目
职工教育经费(221105)			增加会计科目
应交增值税(222101)			增加会计科目
进项税额(22210101)			增加会计科目
销项税额(22210102)			增加会计科目
已交税金(22210103)			增加会计科目
转出未交增值税(22210104)			增加会计科目
未交增值税(22210105)			增加会计科目
进项税额转出(22210106)			增加会计科目
应交城建税(222102)			增加会计科目
应交教育费附加(222103)			增加会计科目
应交地方教育费附加(222104)			增加会计科目
应交个人所得税(222105)			增加会计科目
应交所得税(222106)			增加会计科目
应交印花税(222107)			增加会计科目
建行利息(223101)			增加会计科目

续表

科目编号及名称	辅助核算	计量单位	操作提示
重庆味美饭店(224101)			增加会计科目
重庆北碚电力公司(224102)			增加会计科目
重庆北碚水厂(224103)			增加会计科目
重庆东方设备公司(224104)			增加会计科目
张四(400101)			增加会计科目
李三(400102)			增加会计科目
王五(400103)			增加会计科目
未分配利润(410401)			增加会计科目
直接材料(500101)	项目核算		增加会计科目
直接人工(500102)	项目核算		增加会计科目
直接燃料和动力(500103)	项目核算		增加会计科目
制造费用(500104)	项目核算		增加会计科目
社会保险(500105)	项目核算		增加会计科目
燃料及动力(510101)			增加会计科目
工资(510102)			增加会计科目
社会保险(510103)			增加会计科目
折旧费(510104)			增加会计科目
其他(510105)			增加会计科目
折旧费(660101)			增加会计科目
差旅费(660102)			增加会计科目
水电费(660103)			增加会计科目
工资(660104)			增加会计科目
社会保险(660105)			增加会计科目
通讯费(660106)			增加会计科目

续表

科目编号及名称	辅助核算	计量单位	操作提示
其他(660107)			增加会计科目
折旧费(660201)			增加会计科目
印花税(660202)			增加会计科目
水电费(660203)			增加会计科目
工资(660204)			增加会计科目
社会保险(660205)			增加会计科目
工会经费(660206)			增加会计科目
职工教育经费(660207)			增加会计科目
差旅费(660208)			增加会计科目
通讯费(660209)			增加会计科目
保险费(660210)			增加会计科目
维修费(660211)			增加会计科目
办公费(660212)			增加会计科目
其他(660213)			增加会计科目
手续费(660301)			增加会计科目
利息(660302)			增加会计科目
汇票贴息(660303)			增加会计科目
其他(660304)			增加会计科目

注：为简化操作，本表会计科目多数省略一级科目，可根据实际经济内容进行增加。

4. 设置凭证类别(表2-1-6)

表2-1-6　凭证类别

类别名称	限制类型	限制科目
记账凭证	无限制	无

5. 设置项目目录(表2-1-7)

表2-1-7　项目目录

核算科目 \ 项目大类 \ 分类 \ 项目	产品	
	电机	
	40W碳钢电机	40W不锈钢电机
500101 直接材料	是	
500102 直接人工	是	
500103 直接燃料和动力	是	
500104 制造费用	是	
500105 社会保险	是	

6. 设置收付结算

(1)设置结算方式,见表2-1-8。

表2-1-8　结算方式

结算方式编码	结算方式名称	票据管理
1	现金结算	否
2	网银结算	否
3	其他	否

(2)设置开户银行,见表2-1-9。

表2-1-9　开户银行

编号	开户银行	银行账号
01	建设银行重庆北碚支行	500010936000508888×8

任务实施

一、设置机构

1. 建立部门档案

（1）鼠标双击桌面的"T3"程序图标，或执行【开始】→【程序】→【用友T3系列管理软件】→【T3】命令，打开"注册【控制台】"对话框。以"101张大伟"的身份登录，如图2-1-1所示，单击【确定】按钮，进入用友T3主界面。

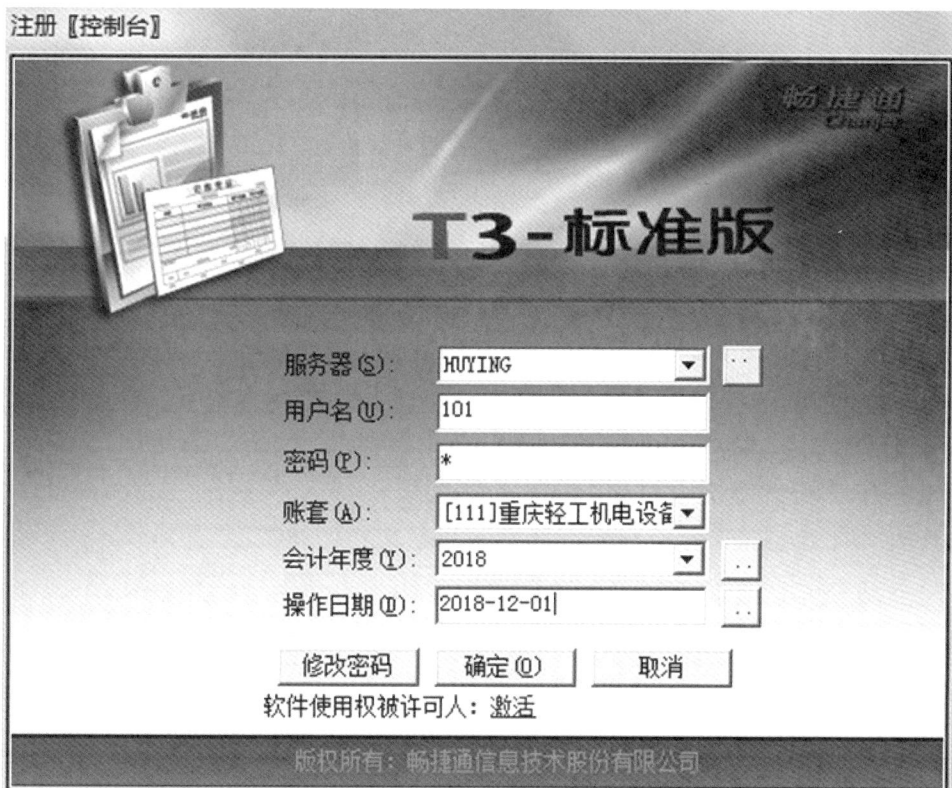

图2-1-1　"注册【控制台】"对话框

（2）执行【基础设置】→【机构设置】→【部门档案】命令，进入"部门档案"窗口。

（3）单击【增加】按钮，输入部门编码、部门名称信息，单击【保存】按钮。根据表2-1-1录入相关信息，完成后如图2-1-2所示。

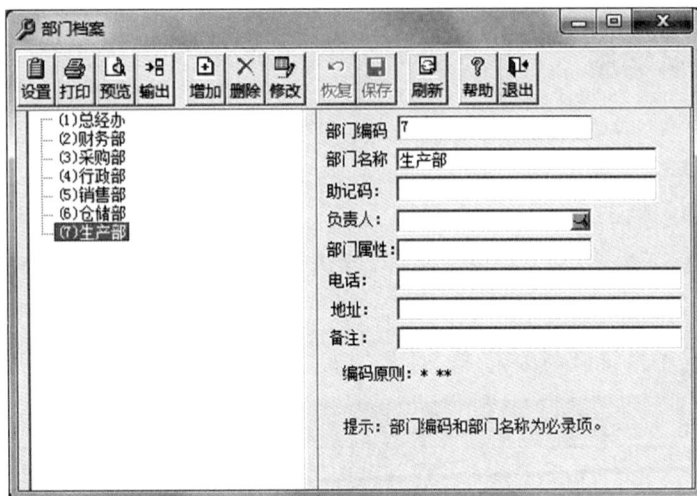

图2-1-2　部门档案信息

2. 建立职员档案

(1)在用友T3主界面,执行【基础设置】→【机构设置】→【职员档案】命令,进入"职员档案"窗口。

(2)输入职员编号、职员名称,双击选择所属部门,输入完成后,回车进入下一行,上一行内容自动保存。根据表2-1-2依次录入相关信息,完成后如图2-1-3所示。

图2-1-3　建立职员档案

二、设置往来单位

1. 建立客户档案

（1）在用友T3主界面,执行【基础设置】→【往来单位】→【客户档案】命令,打开"客户档案"对话框。

（2）单击【增加】按钮,出现"客户档案卡片"对话框。

（3）在"客户档案卡片"对话框中,选择"基本"标签页。

（4）根据表2-1-3,录入"重庆偓达设备公司"的基本信息,录入各项内容后单击【保存】按钮。

（5）重复以上步骤,完成其他客户的基本信息录入,完成后单击【退出】按钮,返回主界面。

2. 建立供应商档案

供应商档案设置步骤与客户档案设置步骤基本一致,本处略写。

三、设置会计科目

1. 指定会计科目

（1）在会计科目窗口中,执行【编辑】→【指定科目】命令,打开"指定科目"对话框。

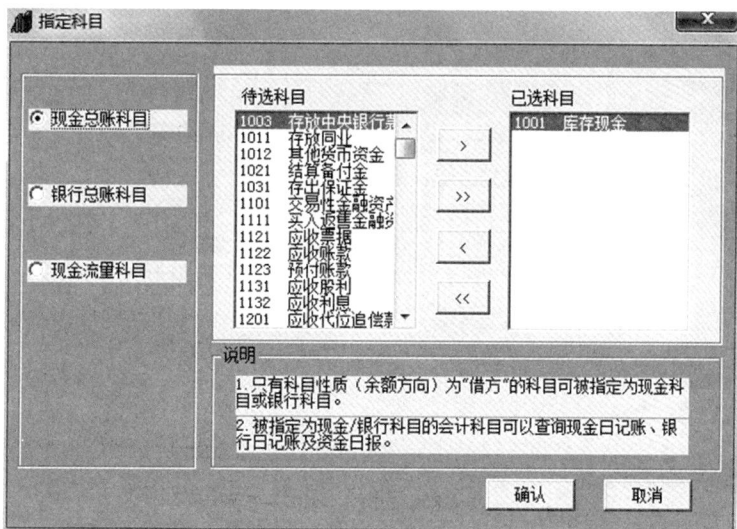

图2-1-4　"指定科目"对话框

（2）选中"现金总账科目"单选按钮,从待选科目列表框中选择"1001库存现金"科目,单击"＞"按钮,将现金科目添加到已选科目列表中,如图2-1-4所示。

（3）同理，将银行存款科目设置为银行总账科目。

（4）单击【确认】按钮保存操作。

2. 增加会计科目

下面以会计科目"100201 建行北碚支行"为例说明其操作步骤。

（1）在用友 T3 主界面，执行【基础设置】→【财务】→【会计科目】命令，进入"会计科目"窗口。

（2）单击【增加】按钮，打开"会计科目_新增"对话框，依次输入科目编码、科目中文名称等内容（注：因为银行存款已指定为银行总账科目，则它的下级科目系统会自动勾选日记账、银行账等辅助核算），如图2-1-5所示。

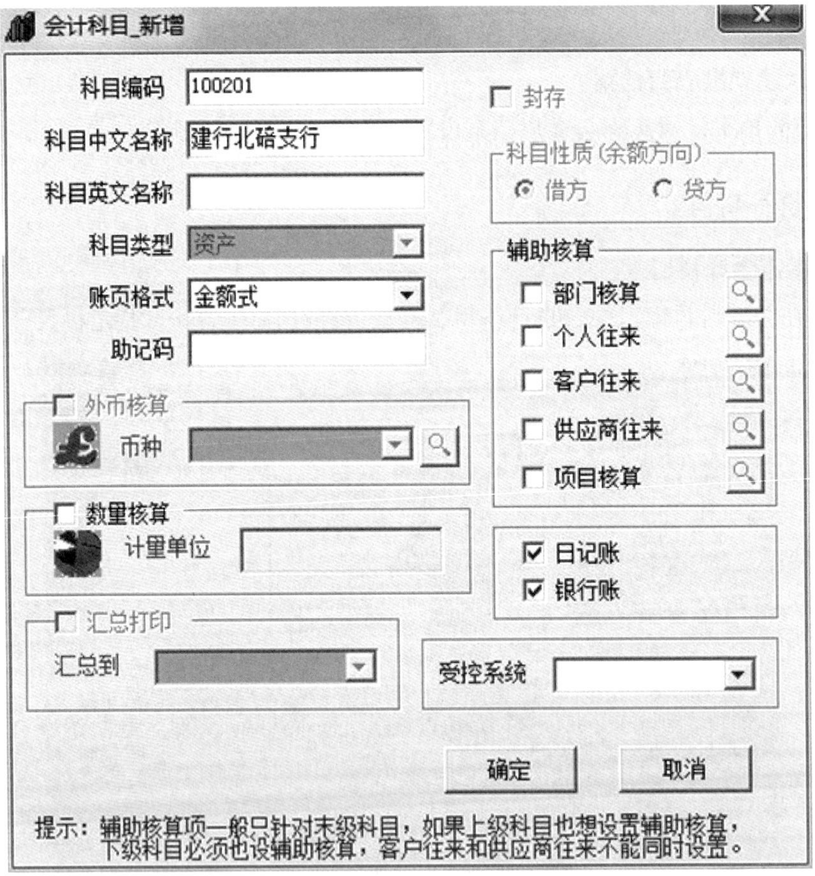

图2-1-5 "会计科目_新增"对话框

（3）单击【确定】按钮，保存。重复上述步骤，可继续增加其他会计科目。

3. 修改会计科目

下面以会计科目"1122应收账款"为例说明其操作步骤。

（1）双击"1122应收账款"科目，进入"会计科目＿修改"对话框。

（2）单击【修改】按钮，选中"客户往来"复选框，如图2-1-6所示。单击【确定】按钮，保存修改。同理根据表2-1-5修改其他会计科目，在此不再赘述。

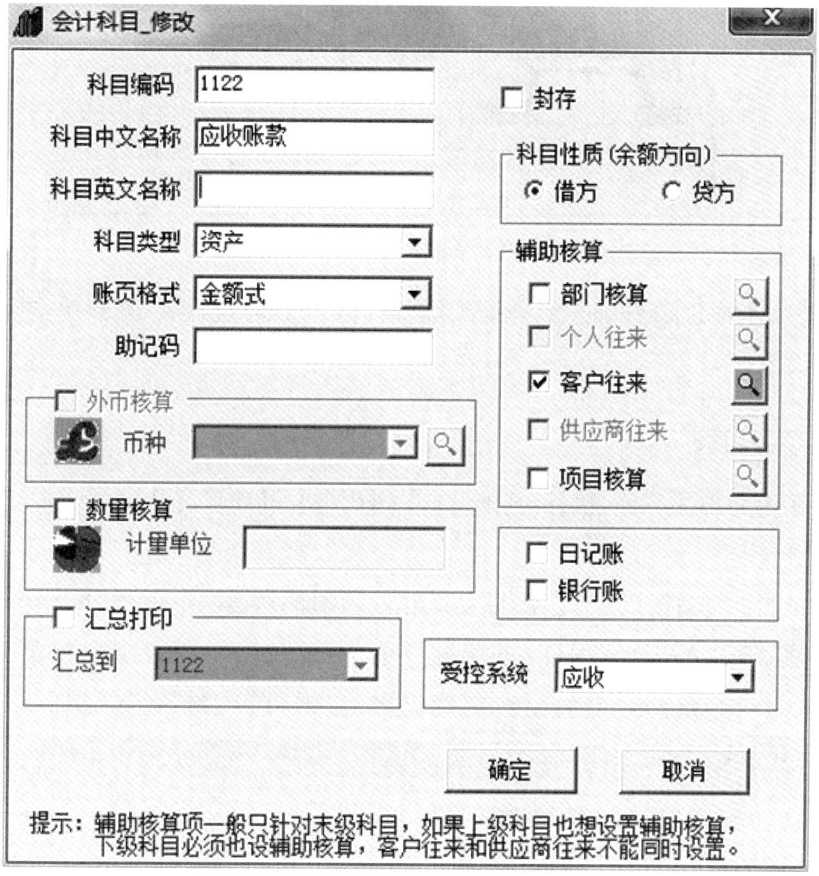

图2-1-6 "会计科目＿修改"对话框

四、设置凭证类别

（1）在用友T3主界面，执行【基础设置】→【财务】→【凭证类别】命令，打开"凭证类别预置"对话框。

（2）选中"记账凭证"分类方式，如图2-1-7所示。

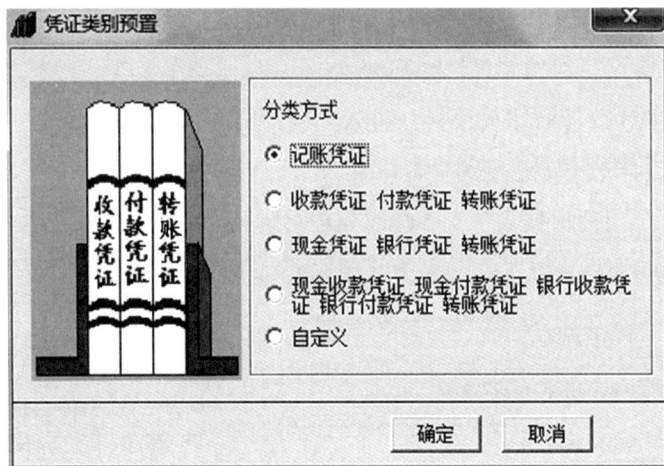

图2-1-7 "凭证类别预置"对话框

（3）单击【确定】按钮，进入"凭证类别"窗口。默认系统设置，直接单击【退出】按钮，完成设置。

五、设置项目目录

（1）在用友T3主界面，执行【基础设置】→【财务】→【项目目录】命令，进入"项目档案"窗口。

（2）单击【增加】按钮，打开"项目大类定义_增加"对话框。

（3）根据表2-1-7录入项目大类名称"产品"，如图2-1-8所示，后续步骤一律取系统默认值，不做修改，下一步直至单击【完成】按钮，返回"项目档案"对话框。

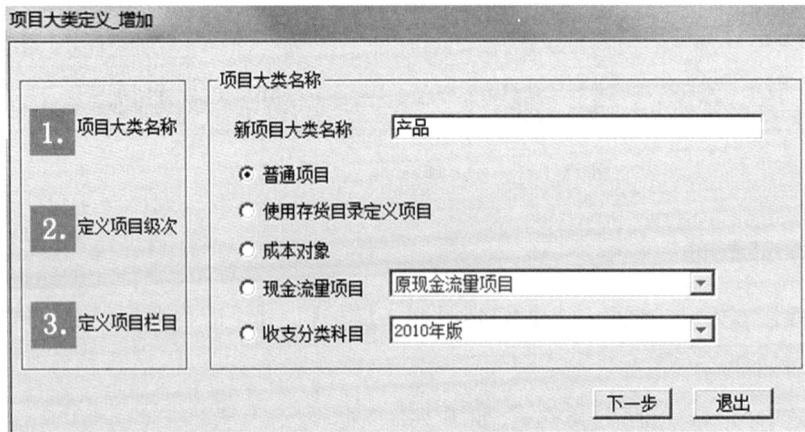

图2-1-8 "项目大类定义_增加"对话框

（4）从"项目大类"下拉列表中选择"产品"，选中"核算科目"单选按钮，单击 按钮将全部待选科目选择为按产品项目大类核算的科目，单击【确定】按钮保存，如图 2-1-9 所示。

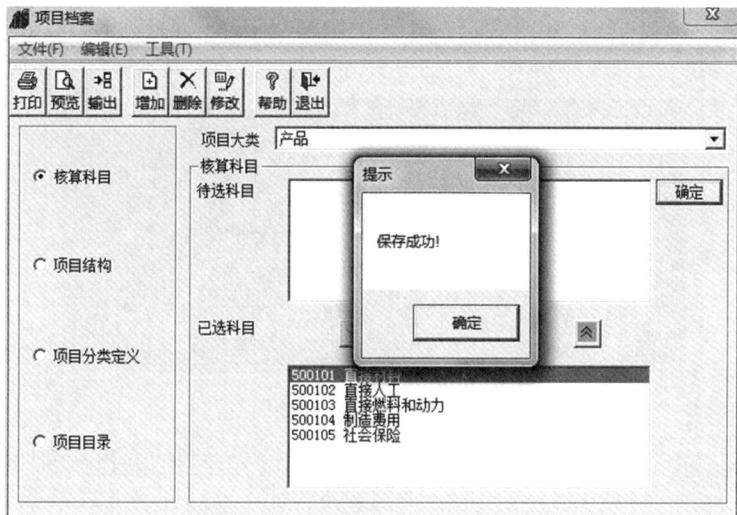

图 2-1-9　"核算科目设置"窗口

（5）选中"项目分类定义"单选按钮，输入分类编码"1"，分类名称"电机"，单击【确定】按钮，如图 2-1-10 所示。

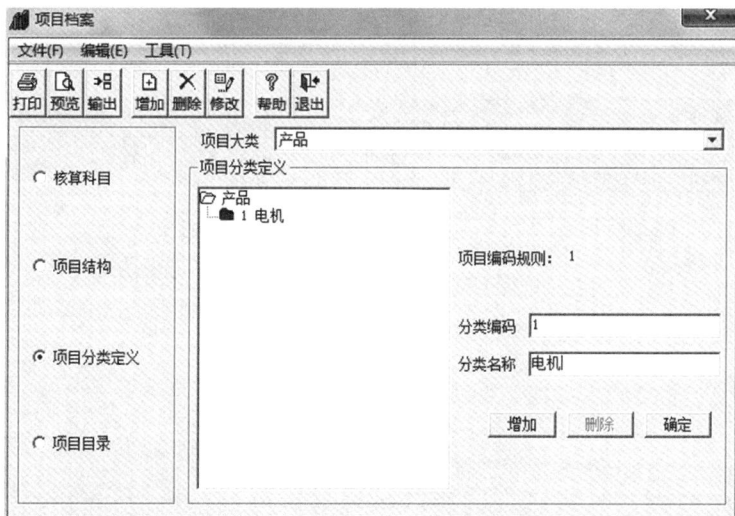

图 2-1-10　"项目分类定义"窗口

（6）选中"项目目录"单选按钮，单击【维护】按钮，进入"项目目录维护"窗口。

（7）单击【增加】按钮，输入项目"40W碳钢电机"和"40W不锈钢电机"，如图2-1-11所示。

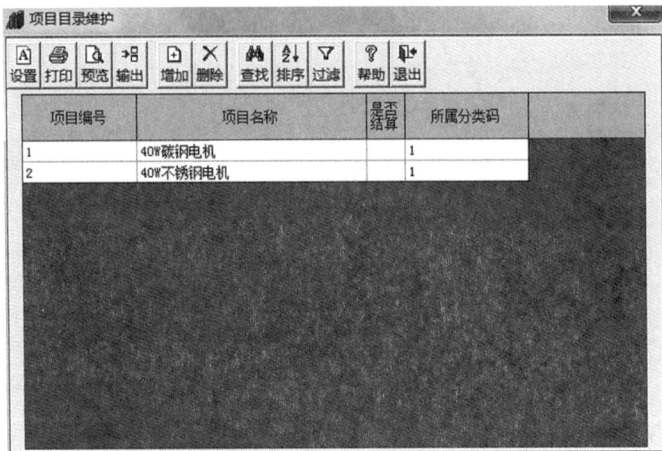

图2-1-11 "项目目录维护"窗口

（8）至此已完成项目档案的整个设置，单击【退出】返回到"项目档案"对话框。

六、设置收付结算

1. 设置结算方式

（1）在用友T3主界面，执行【基础设置】→【收付结算】→【结算方式】命令，进入"结算方式"窗口。

（2）根据表2-1-8录入结算方式，如图2-1-12所示。

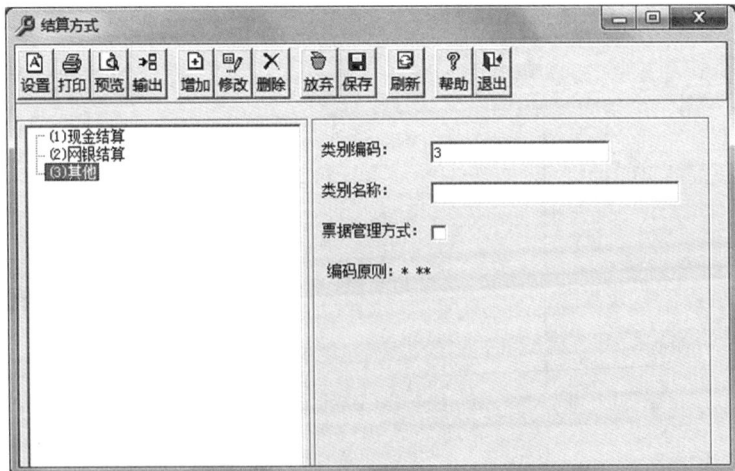

图2-1-12 "结算方式"窗口

2. 设置开户银行

在用友 T3 主界面,执行【基础设置】→【收付结算】→【开户银行】命令,根据表 2-1-9 录入开户银行信息。

任务小结

（1）如果要操作总账系统等,则应先在系统管理中启用总账系统等要操作的系统,否则即使为操作员赋予了总账等权限,赋予总账等权限的操作员登录 T3 主界面后也显示不出总账等菜单。

（2）只有指定"现金总账科目"和"银行总账科目"才能进行出纳签字,才能查询现金日记账和银行存款日记账。若想完成出纳签字的操作还应在总账系统的选项中设置"出纳凭证必须经由出纳签字"。

（3）如果在设置凭证类别时出现"互斥站点【总账】系统正在执行【系统注册】操作,请稍后再试"时,单击【窗口】菜单,注销已打开的功能模块,或注销 T3 程序,重新注册登录即可。

（4）设置结算方式的目的,一是提高银行对账的效率,二是根据业务自动生成凭证时可以识别相关的科目。

任务二 总账系统初始设置

任务目标

(1)根据企业总分类账及明细账的期初数据,在"总账管理系统初始化"任务中,学会"总账管理系统选项设置"及"期初余额的录入"。

(2)学会试算平衡时出现差错的查找方法。

任务描述

以操作员"101张大伟"的身份注册进入用友T3主界面完成以下操作:

1. 设置总账系统选项(表2-2-1)

表2-2-1 凭证选项控制参数设置要求

选项卡	控制对象	参数设置
凭证	制单控制	制单序时控制
		资金及往来赤字控制
		允许查看他人填制的凭证
		可以使用其他系统受控科目
	凭证控制	打印凭证页脚姓名
		出纳凭证必须经由出纳签字
	凭证编号方式	凭证编号方式采用系统编号
	预算控制	进行预算控制

2. 录入期初余额并试算平衡

（1）总账期初余额明细表，见表2-2-2。

表2-2-2 总账期初余额明细表

科目编号及名称	借贷方向	计量单位	期初余额
库存现金（1001）	借	元	20,000.00
银行存款（1002）	借	元	62,0650.45
建行北碚支行（100201）	借	元	62,0650.45
坏账准备（1231）	贷	元	1,786.50
原材料（1403）	借	元	235,985.75
碳钢（140301）	借	元	8,200.00
		kg	2,000
不锈钢（140302）	借	元	10,937.30
		kg	1,000
锡钢片（140303）	借	元	2,160.00
		kg	400
漆包线（140304）	借	元	91,290.00
		kg	1,500
电机转子（140305）	借	元	13,603.20
		个	1,920
电路板（140306）	借	元	22,916.88
		块	1,680
机电铝件（140307）	借	元	25,747.03
		个	1,720
机壳（140308）	借	元	32,681.55
		个	1,610
端盖（140309）	借	元	13,259.99
		个	1,580
6200轴承（140310）	借	元	6,116.00

续表

科目编号及名称	借贷方向	计量单位	期初余额
		个	2,000
纸箱(140311)	借	元	9,073.80
		个	1,800
库存商品(1405)	借	元	9,004.72
40W碳钢电机(140501)	借	元	5,963.06
		台	20
40W不锈钢电机(140502)	借	元	3,041.66
		台	10
固定资产(1601)	借	元	2,453,500.40
累计折旧(1602)	贷	元	1,619,114.22
短期借款(2001)	贷	元	100,000.00
应付职工薪酬(2211)	贷	元	36,801.52
工会经费(221104)	贷	元	20,680.00
职工教育经费(221105)	贷	元	16,121.52
应交税费(2221)	贷	元	7,639.29
应交增值税(222101)	贷	元	6,820.79
未交增值税(22210105)	贷	元	6,820.79
应交城建税(222102)	贷	元	477.46
应交教育费附加(222103)	贷	元	204.62
应交地方教育费附加(222104)	贷	元	136.42
应付利息(2231)	贷	元	1,200.00
建行利息(223101)	贷	元	1,200.00
其他应付款(2241)	贷	元	71,030.00
重庆味美饭店(224101)	贷	元	11,300.00
重庆北碚电力公司(224102)	贷	元	31,600.00
重庆北碚水厂(224103)	贷	元	4,130.00

科目编号及名称	借贷方向	计量单位	期初余额
重庆东方设备公司(224104)	贷	元	24,000.00
实收资本(4001)	贷	元	900,000.00
张四(400101)	贷	元	500,000.00
李三(400102)	贷	元	300,000.00
王五(400103)	贷	元	100,000.00
本年利润(4103)	贷	元	235,705.93
利润分配(4104)	贷	元	324,339.48
未分配利润(410401)	贷	元	324,339.48

（2）辅助账期初余额明细表，见表2-2-3、表2-2-4、表2-2-5、表2-2-6。

表2-2-3　应收账款期初余额明细表

日期	客户	摘要	借贷方向	金额
2018-11-30	重庆偓达设备公司	销货款	借	21,700.00
2018-11-30	重庆乐乐设备公司	销货款	借	120,000.00
2018-11-30	重庆华一仪表公司	销货款	借	73,200.00
2018-11-30	重庆美美工贸公司	销货款	借	82,400.00

表2-2-4　应收票据期初余额明细表

日期	客户	摘要	借贷方向	金额
2018-11-30	重庆跃进公司	销货款	借	60,000.00

表2-2-5　其他应收款-个人期初余额明细表

日期	部门	个人	摘要	借贷方向	金额
2018-11-30	销售部	沈阳	借款	借	3,000.00
2018-11-30	总经办	张四	借款	借	10,000.00

表2-2-6　应付账款余额期初余额明细表

日期	供应商	摘要	借贷方向	金额
2018-11-30	重庆蓝天机械公司	购货款	贷	168,075.72
2018-11-30	重庆钢材公司	购货款	贷	105,732.41
2018-11-30	重庆物资有限公司	购货款	贷	138,016.25

任务实施

一、设置总账系统选项

（1）在用友T3主界面，执行【总账】→【设置】→【选项】命令，打开"选项"对话框。

（2）选择"凭证"选项卡，根据表2-2-1进行凭证选项控制参数设置，如图2-2-1所示。

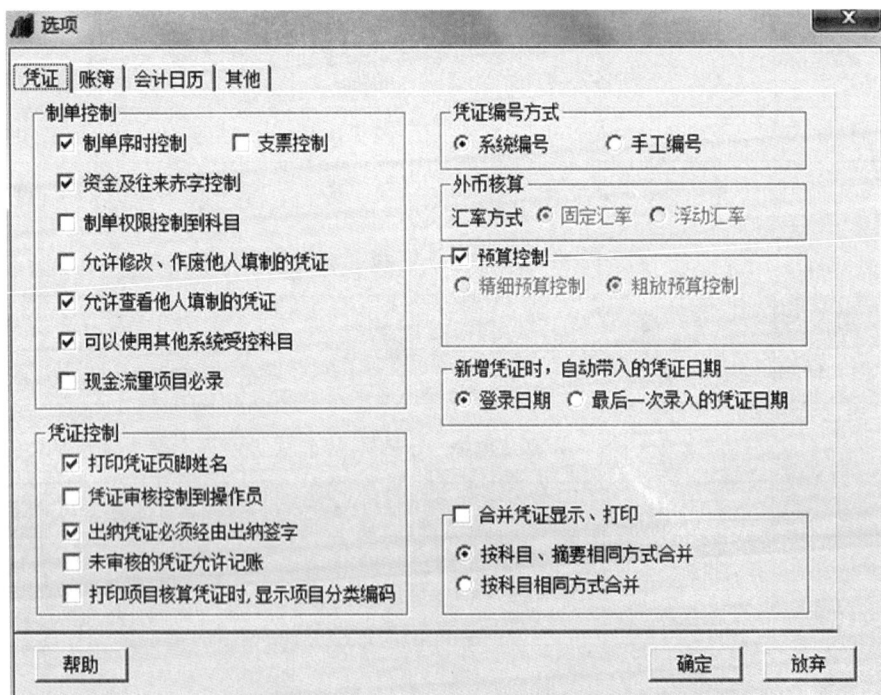

图2-2-1　总账系统"选项"对话框

（3）设置完成后，单击【确定】按钮返回。

二、录入期初余额并试算平衡

1. 总账期初余额录入

（1）在用友 T3 主界面，执行【总账】→【设置】→【期初余额】命令，进入"期初余额录入"窗口。

（2）将光标定在"1001库存现金"科目的"期初余额"栏，录入期初余额"20,000.00"，如图2-2-2所示。

图2-2-2　"期初余额录入"窗口

（3）根据表2-2-2继续录入其他会计科目的总账期初余额。

2. 辅助账期初余额录入

（1）在"期初余额录入"窗口中，将光标移到"1122应收账款"科目所在行，双击打开"客户往来期初"窗口。

（2）单击【增加】按钮，在新增的空白行内根据表2-2-3录入相关信息，如图2-2-3所示。

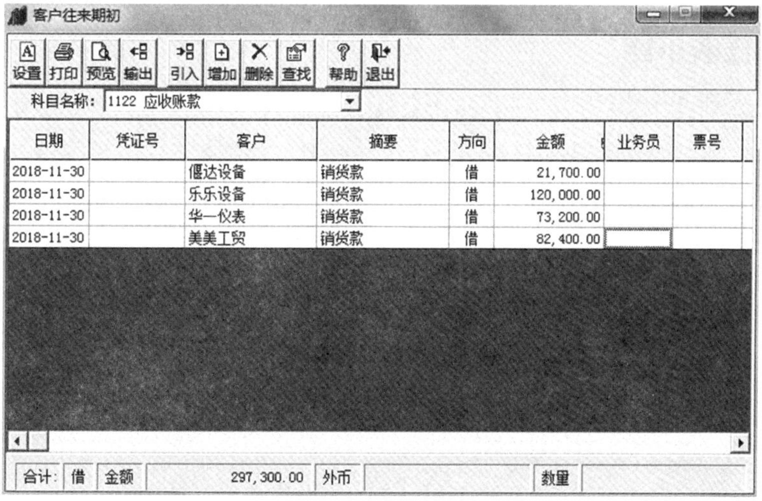

图2-2-3　"客户往来期初"录入窗口

(3)单击【退出】按钮,应收账款辅助账余额自动汇总代入到其总账期初余额。

(4)按照上述方法继续录入其他辅助账期初余额。

3. 试算平衡

(1)在"期初余额录入"对话框中,单击【试算】按钮,打开"期初试算平衡表"对话框,如图2-2-4所示。

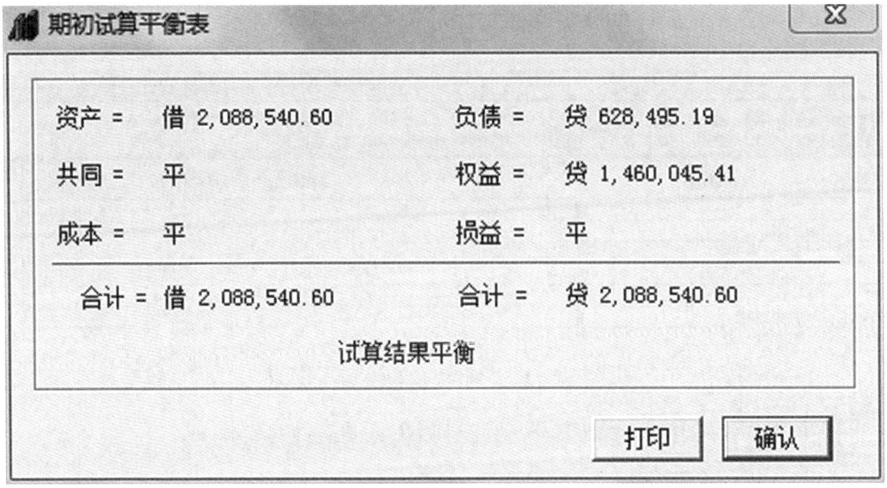

图2-2-4 "期初试算平衡表"对话框

(2)检查期初余额是否试算平衡,结果平衡,单击【确认】按钮,否则应修改余额录入信息,直至试算结果平衡为止。

任务小结

(1)末级科目(底色为白色)的期初余额直接输入,非末级科目(底色为黄色)的期初余额,系统则根据其末级科目金额自动汇总计算,无须输入。

(2)辅助核算科目(底色为蓝色)期初余额的输入,双击设置了辅助核算科目的期初余额栏,进入相应的辅助账窗口录入,录入完相应明细后,系统将自动带入其总账期初余额。

(3)期初余额试算不平衡,将不能记账,但可以填制凭证。

(4)已经记过账,则不能再输入、修改期初余额,也不能执行"结转上年余额"功能。

任务三　购销存管理系统初始设置

任务目标

（1）根据企业经营管理需要，能对物料进行科学编码。

（2）学会完善物料的基础信息，准确录入期初的数量、单价、单位及金额。

（3）会设置存货对方科目、客户往来科目、供应商往来科目等基础科目。

任务描述

以操作员"101张大伟"的身份完成以下操作：

1. 设置基础信息

（1）设置存货档案，见表2-3-1。

表2-3-1　存货档案

存货编码	存货名称	计量单位	税率(%)	存货属性	参考成本	启用日期
101	碳钢	kg	16	销售、外购、生产耗用	4.1000	2018-12-01
102	不锈钢	kg	16	外购、生产耗用	10.9373	2018-12-01
103	锡钢片	kg	16	外购、生产耗用	5.4000	2018-12-01
104	漆包线	kg	16	外购、生产耗用	60.8600	2018-12-01
105	电机转子	个	16	外购、生产耗用	7.0850	2018-12-01
106	电路板	块	16	外购、生产耗用	13.6410	2018-12-01
107	机电铝件	个	16	外购、生产耗用	14.9692	2018-12-01
108	机壳	个	16	外购、生产耗用	20.2991	2018-12-01
109	端盖	个	16	外购、生产耗用	8.3924	2018-12-01
110	6200轴承	个	16	外购、生产耗用	3.0580	2018-12-01

续表

存货编码	存货名称	计量单位	税率(%)	存货属性	参考成本	启用日期
111	纸箱	个	16	外购、生产耗用	5.0410	2018-12-01
201	40W 碳钢电机	台	16	自制、销售	298.1530	2018-12-01
202	40W 不锈钢电机	台	16	自制、销售	304.1660	2018-12-01

（2）设置仓库档案，见表2-3-2。

表2-3-2　仓库档案

仓库编码	仓库名称	所属部门	负责人	计价方式
1	原料库	仓储部	张竞	全月平均法
2	产品库	仓储部	张竞	全月平均法

（3）设置发收类别，见表2-3-3。

表2-3-3　收发类别

收发类别编码	收发类别名称	收发标志
1	入库类别	收
11	采购入库	收
12	产成品入库	收
2	出库类别	发
21	销售出库	发
22	材料领用出库	发

（4）设置费用项目，见表2-3-4。

表2-3-4　费用项目

费用项目编号	费用项目名称	备注
1	运杂费	

2. 设置基础科目

（1）设置存货科目，见表2-3-5。

表2-3-5 存货科目

仓库编码	仓库名称	存货科目及科目编码
1	原料库	碳钢（140301）
2	产品库	40W碳钢电机（140501）

（2）设置存货对方科目，见表2-3-6。

表2-3-6 存货对方科目

收发类别名称	存货对方科目及科目编码
采购入库	应付账款（2202）
产成品入库	生产成本—直接材料（500101）
材料领用出库	生产成本—直接材料（500101）
销售出库	主营业务成本（6401）

（3）设置客户、供应商往来科目，见表2-3-7、表2-3-8。

表2-3-7 客户往来科目

基本科目设置	结算方式科目设置
应收科目1122	现金结算对应1001
销售收入6001	网银结算对应100201
应交增值税科目22210102	

表2-3-8 供应商往来科目

基本科目设置	结算方式科目设置
应付科目2202	现金结算对应1001
采购科目140301	网银结算对应100201
采购税金科目22210101	

3. 录入期初数据

（1）录入存货期初数据，见表2-3-9。

表2-3-9　存货期初数据

仓库名称	存货编码	存货名称	计量单位	数量	单价	金额
原料库	101	碳钢	kg	2,000	4.1000	8,200.00
原料库	102	不锈钢	kg	1,000	10.9373	10,937.30
原料库	103	锡钢片	kg	400	5.4000	2,160.00
原料库	104	漆包线	kg	1,500	60.8600	91,290.00
原料库	105	电机转子	个	1,920	7.0850	13,603.20
原料库	106	电路板	块	1,680	13.6410	22,916.88
原料库	107	机电铝件	个	1,720	14.9692	25,747.03
原料库	108	机壳	个	1,610	20.2991	32,681.55
原料库	109	端盖	个	1,580	8.3924	13,259.99
原料库	110	6200轴承	个	2,000	3.0580	6,116.00
原料库	111	纸箱	个	1,800	5.0410	9,073.80
产品库	201	40W碳钢电机	台	20	298.1530	5,963.06
产品库	202	40W不锈钢电机	台	10	304.1660	3,041.66

（2）录入客户往来期初数据，见表2-3-10。

表2-3-10　客户往来期初数据

单据日期	科目编号	客户	部门	金额
2018-11-30	1122	重庆偓达设备公司	销售部	21,700.00
2018-11-30	1122	重庆乐乐设备公司	销售部	120,000.00
2018-11-30	1122	重庆华一仪表公司	销售部	73,200.00
2018-11-30	1122	重庆美美工贸公司	销售部	82,400.00
2018-11-30	1121	重庆跃进公司	销售部	60,000.00

注：以应收单形式录入。

（3）录入供应商往来期初数据，见表2-3-11。

表2-3-11　供应商往来期初数据

单据日期	科目编号	供应商	部门	金额
2018-11-30	2202	重庆蓝天机械公司	采购部	168,075.72
2018-11-30	2202	重庆钢材公司	采购部	105,732.41
2018-11-30	2202	重庆物资有限公司	采购部	138,016.25

注：以应付单形式录入。

4.库存系统控制参数设置

允许零出库。

任务实施

一、设置基础信息

1.设置存货档案

在用友T3主界面，执行【基础设置】→【存货】→【存货档案】命令，根据表2-3-1录入存货档案信息，如图2-3-1所示。

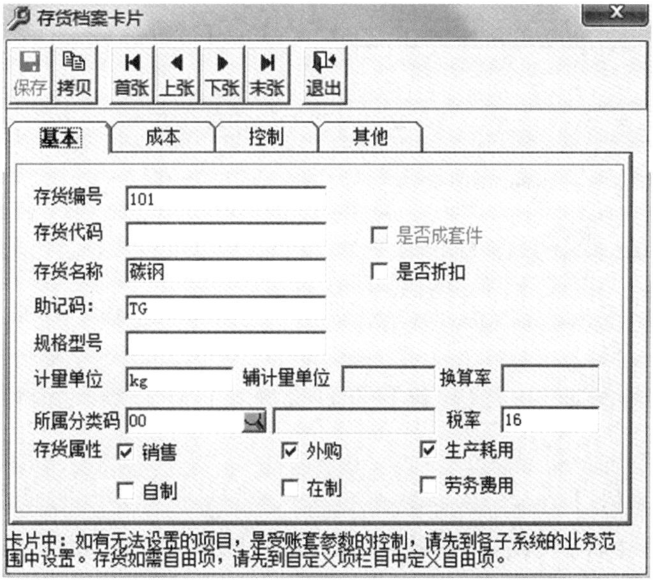

图2-3-1　设置存货档案

2. 设置仓库档案

在用友T3主界面,执行【基础设置】→【购销存】→【仓库档案】命令,根据表2-3-2录入仓库档案信息。

3. 设置收发类别

在用友T3主界面,执行【基础设置】→【购销存】→【收发类别】命令,根据表2-3-3录入收发类别信息。

4. 设置费用项目

在用友T3主界面,执行【基础设置】→【购销存】→【费用项目】命令,根据表2-3-4录入费用项目信息。

二、设置基础科目

1. 存货科目

在用友T3主界面,执行【核算】→【科目设置】→【存货科目】命令,根据表2-3-5输入存货科目信息,如图2-3-2所示。

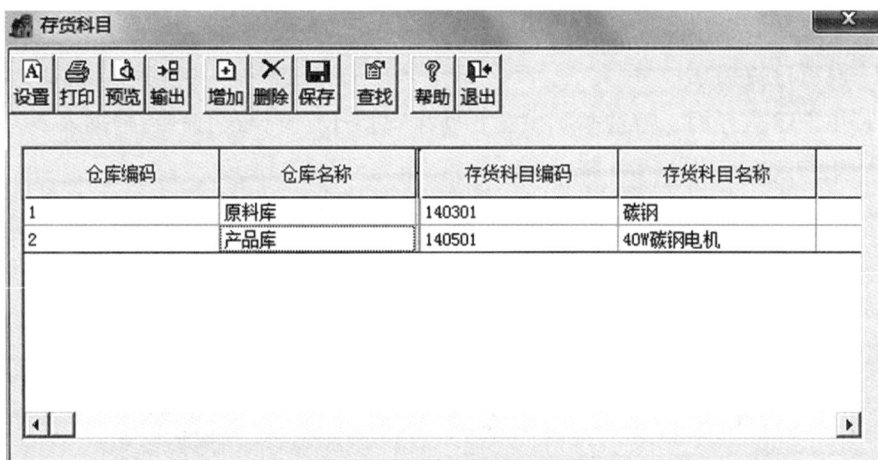

仓库编码	仓库名称	存货科目编码	存货科目名称
1	原料库	140301	碳钢
2	产品库	140501	40W碳钢电机

图2-3-2　设置存货科目

2. 存货对方科目

在用友T3主界面,执行【核算】→【科目设置】→【存货对方科目】命令,根据表2-3-6录入存货对方科目信息。

3. 客户往来科目

在用友T3主界面,执行【核算】→【科目设置】→【客户往来科目】命令,根据表2-3-7录入客户往来科目信息。

4. 供应商往来科目

在用友 T3 主界面,执行【核算】→【科目设置】→【供应商往来科目】命令,根据表 2-3-8 录入供应商往来科目信息。

三、录入期初数据

1. 采购系统期初数据记账

本企业采购系统无期初数据,但必须执行期初记账,否则库存、存货期初数据无法记账。

(1)在用友 T3 主界面,执行【采购】→【期初记账】命令,弹出"期初记账"提示框。

(2)单击【记账】按钮稍候片刻,系统提示"期初记账完毕"。

(3)单击【确定】按钮返回。

2. 录入存货期初数据并记账

(1)在用友 T3 主界面,执行【核算】→【期初数据】→【期初余额】命令,进入"期初余额"窗口。

(2)先选择仓库原料库或产品库,然后再单击【增加】按钮,根据表 2-3-9 输入库存期初数据,再单击【保存】按钮,如图 2-3-3 所示。

存货编码	存货代码	存货名称	规格型号	计量单位	数量	单价	金额	入库日期	供应商
101		碳钢		kg	2,000	4.1000	8,200.00		
102		不锈钢		kg	1,000	10.9373	10,937.30		
103		锡钢片		kg	400	5.4000	2,160.00		
104		漆包线		kg	1,500	60.8600	91,290.00		
105		电机转子		个	1,920	7.0850	13,603.20		
106		电路板		块	1,680	13.6410	22,916.88		
107		机电铝件		个	1,720	14.9692	25,747.03		
108		机壳		个	1,610	20.2991	32,681.55		
109		端盖		个	1,580	8.3924	13,259.99		
110		6200轴承		个	2,000	3.0580	6,116.00		
111		纸箱		个	1,800	5.0410	9,073.80		
合计:					17,210		235,985.75		

图 2-3-3　录入存货期初数据

(3)单击【记账】按钮,系统对所有仓库进行记账,系统提示"期初记账成功!"。

3. 录入客户往来期初数据并对账

(1)在用友 T3 主界面,执行【销售】→【客户往来】→【客户往来期初】命令,打开"期初余额—查询"对话框,单击【确认】按钮,进入"期初余额明细表"窗口。

（2）单击工具栏上的【增加】按钮，打开"单据类别"对话框，单据类型选择"应收单"，单击【确认】按钮，进入"其他应收单"窗口。

（3）根据表2-3-10输入"重庆偃达设备公司"期初数据，录入完成，单击【保存】按钮。

（4）按照上述方法继续增加其他客户往来期初数据，完成后单击【退出】按钮，返回"期初余额明细表"窗口。

（5）在期初余额明细表窗口，单击【对账】按钮，与总账系统进行对账，如图2-3-4所示。

科目		应收期初		总账期初		差额	
编号	名称	原币	本币	原币	本币	原币	本币
1121	应收票据	60,000.00	60,000.00	60,000.00	60,000.00	0.00	0.00
1122	应收账款	297,300.00	297,300.00	297,300.00	297,300.00	0.00	0.00
122102	单位	0.00	0.00	0.00	0.00	0.00	0.00
	合计		357,300.00		357,300.00		0.00

图2-3-4　应收与总账期初对账

4. 录入供应商往来期初数据并对账

在用友T3主界面，执行【采购】→【供应商往来】→【供应商往来期初】命令，打开"期初余额—查询"对话框，根据表2-3-11录入供应商往来期初数据信息。操作步骤与客户往来期初数据录入相同，如图2-3-5所示。

科目		应付期初		总账期初		差额	
编号	名称	原币	本币	原币	本币	原币	本币
1123	预付账款	0.00	0.00	0.00	0.00	0.00	0.00
2202	应付账款	411,824.38	411,824.38	411,824.38	411,824.38	0.00	0.00
	合计		411,824.38		411,824.38		0.00

图2-3-5　应付与总账期初对账

四、库存系统控制参数设置

在用友T3主界面,执行【库存】→【库存业务范围设置】命令,进入"系统参数设置"窗口,勾选"系统参数设置"选项卡下的"允许零出库"前的复选框,如图2-3-6所示。

图 2-3-6　库存系统参数设置

任务小结

(1)采购模块即使没有期初数据,也要执行期初记账,否则无法进行采购日常业务处理;采购模块不执行期初记账,则库存模块和核算模块不能记账。

(2)采购模块若要取消期初记账,执行【采购】→【期初记账】命令,在弹出的提示框中单击【取消记账】按钮即可;月末结账后则不能取消期初记账。

(3)存货的期初余额既可以在库存模块中录入,也可以在核算模块中录入,只要在其中一个模块录入,另一个模块中会自动获得期初库存数据。

(4)本书中将销售模块控制参数设置了"允许零出库",原因在于本企业存货核算制度采用全月一次加权平均法,产成品的成本要等月末才能核算出,所以无法及时入库,则销售产品出库时则会出现"零出库"的现象。

任务四　工资管理系统初始设置

任务目标

（1）掌握工资管理系统的业务流程。

（2）建立工资账套，完成基础信息设置。

（3）会设置工资计算公式。

任务描述

以操作员"101张大伟"的身份完成以下操作：

1. 建立工资账套

工资类别个数设置为"单个"，核算币别为"人民币RMB"，扣税设置为从工资中代扣个人所得税，不做扣零处理，人员编码长度设置为"3"位，启用日期设置为"2018-12-01"。

2. 设置基础信息

（1）人员类别设置：管理人员、经营人员、车间管理人员、生产工人。

（2）银行名称设置：建设银行重庆北碚支行，账号定长19，录入时需要自动带出的账号长度为16。

（3）工资项目设置：相关信息见表2-4-1。

表2-4-1　工资项目

工资项目名称	类型	长度	小数	增减项
基本工资	数字	10	2	增项
应发合计	数字	10	2	增项
缴费基数	数字	10	2	其他
养老保险	数字	10	2	减项

工资项目名称	类型	长度	小数	增减项
基本医疗保险	数字	10	2	减项
大额医疗保险	数字	10	2	减项
失业保险	数字	10	2	减项
住房公积金	数字	10	2	减项
税前工资	数字	10	2	其他
代扣税	数字	10	2	减项
扣款合计	数字	10	2	减项
实发合计	数字	10	2	增项

（4）人员档案设置：相关信息见表2-4-2。

表2-4-2　人员档案

人员编号	人员姓名	部门编码	部门名称	人员类别	银行名称	银行账号
101	张四	1	总经办	管理人员	建设银行重庆北碚支行	6217002760111020160
102	李三	1	总经办	管理人员	建设银行重庆北碚支行	6217002760111020161
103	王五	1	总经办	管理人员	建设银行重庆北碚支行	6217002760111020162
104	刘小明	1	总经办	管理人员	建设银行重庆北碚支行	6217002760111020163
201	王万明	2	财务部	管理人员	建设银行重庆北碚支行	6217002760111020164
202	张大伟	2	财务部	管理人员	建设银行重庆北碚支行	6217002760111020165
203	明亮	2	财务部	管理人员	建设银行重庆北碚支行	6217002760111020166
204	肖六	2	财务部	管理人员	建设银行重庆北碚支行	6217002760111020167
301	郑洲	3	采购部	管理人员	建设银行重庆北碚支行	6217002760111020168
302	段琏	3	采购部	管理人员	建设银行重庆北碚支行	6217002760111020169
401	徐一凡	4	行政部	管理人员	建设银行重庆北碚支行	6217002760111020170
402	吴江南	4	行政部	管理人员	建设银行重庆北碚支行	6217002760111020171
501	沈阳	5	销售部	经营人员	建设银行重庆北碚支行	6217002760111020172
502	何跃	5	销售部	经营人员	建设银行重庆北碚支行	6217002760111020173

续表

人员编号	人员姓名	部门编码	部门名称	人员类别	银行名称	银行账号
601	张竞	6	仓储部	管理人员	建设银行重庆北碚支行	6217002760111020174
602	李杰	6	仓储部	管理人员	建设银行重庆北碚支行	6217002760111020175
701	宋明	7	生产部	车间管理人员	建设银行重庆北碚支行	6217002760111020176
702	何小纳	7	生产部	车间管理人员	建设银行重庆北碚支行	6217002760111020177
703	周民	7	生产部	生产工人	建设银行重庆北碚支行	6217002760111020178
704	邱海	7	生产部	生产工人	建设银行重庆北碚支行	6217002760111020179
705	张辉	7	生产部	生产工人	建设银行重庆北碚支行	6217002760111020180
706	徐大江	7	生产部	生产工人	建设银行重庆北碚支行	6217002760111020181
707	彭正	7	生产部	生产工人	建设银行重庆北碚支行	6217002760111020182
708	罗凯	7	生产部	生产工人	建设银行重庆北碚支行	6217002760111020183
709	黄开	7	生产部	生产工人	建设银行重庆北碚支行	6217002760111020184
710	沈鸿	7	生产部	生产工人	建设银行重庆北碚支行	6217002760111020185
711	蒋立	7	生产部	生产工人	建设银行重庆北碚支行	6217002760111020186
712	丁然	7	生产部	生产工人	建设银行重庆北碚支行	6217002760111020187

（5）人员工资计算公式设置：相关信息见表2-4-3。

表2-4-3　人员工资计算公式

工资项目	公式定义
养老保险	缴费基数×0.08
基本医疗保险	缴费基数×0.02
大额医疗保险	5元/月/人
失业保险	缴费基数×0.005
住房公积金	缴费基数×0.12
税前工资	基本工资-养老保险-基本医疗保险-大额医疗保险-失业保险-住房公积金

（6）权限设置：设置操作员"102明亮"为本工资类别主管。

任务实施

一、建立工资账套

（1）在用友T3主界面，单击【工资】菜单项，打开"建立工资套"对话框。

（2）在"参数设置"中，选择本账套所需处理的工资类别个数"单个"，默认币别名称为"人民币RMB"，如图2-4-1所示，单击【下一步】按钮。

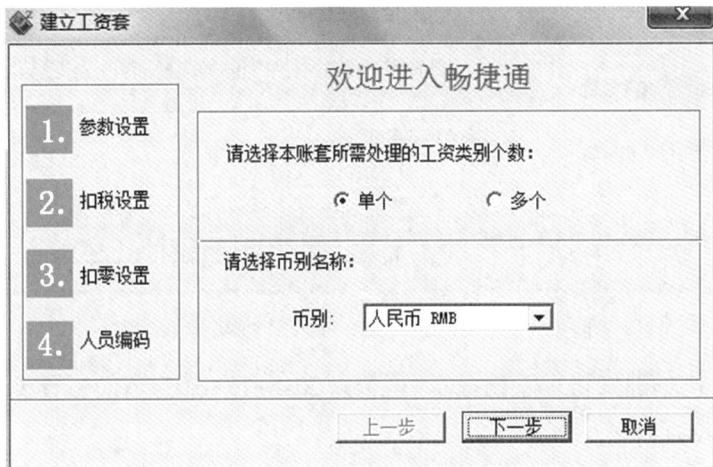

图2-4-1　"建立工资套—参数设置"对话框

（3）在"扣税设置"中，选中"是否从工资中代扣个人所得税"复选框，如图2-4-2所示，单击【下一步】按钮。

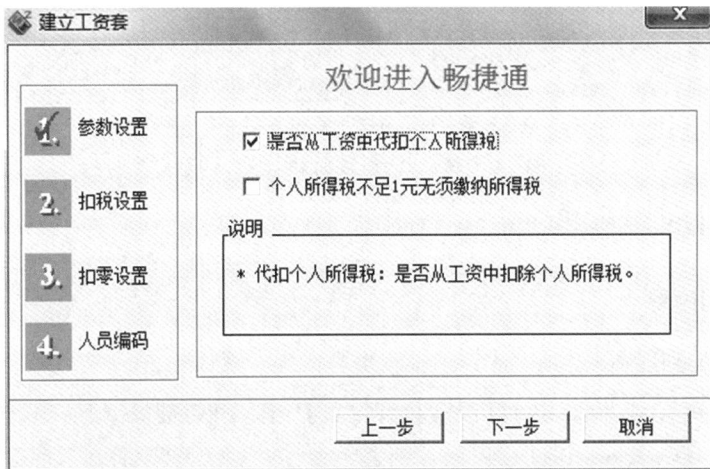

图2-4-2　"建立工资套—扣税设置"对话框

(4)在"扣零设置"中,不做选择,直接单击【下一步】按钮。

(5)在"人员编码"中,单击"人员编码长度"增减器的下箭头,将人员编码长度设置为3,本账套的启用日期为"2018-12-01",如图2-4-3所示。

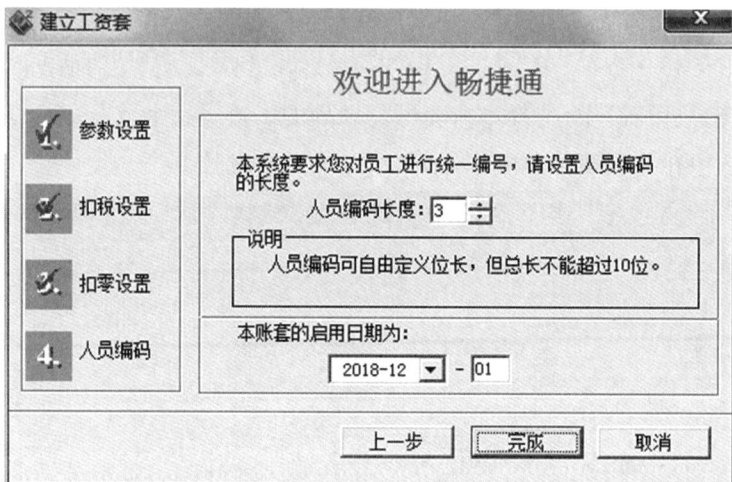

图2-4-3 "建立工资套—人员编码"对话框

(6)单击【完成】按钮。系统提示"是否以2018-12-01为当前工资类别的启用日期?",如图2-4-4所示。

图2-4-4 确认工资类别的启用日期提示

(7)单击【是(Y)】按钮。

二、设置基础信息

1. 人员类别设置

(1)在用友T3主界面,执行【工资】→【设置】→【人员类别设置】命令,打开"类别设置"对话框。

(2)在"类别"文本框中选中"无类别",输入"管理人员",单击【增加】按钮。

（3）按照上述方法继续输入其他人员类别，如图2-4-5所示，全部增加完毕后，单击【返回】按钮。

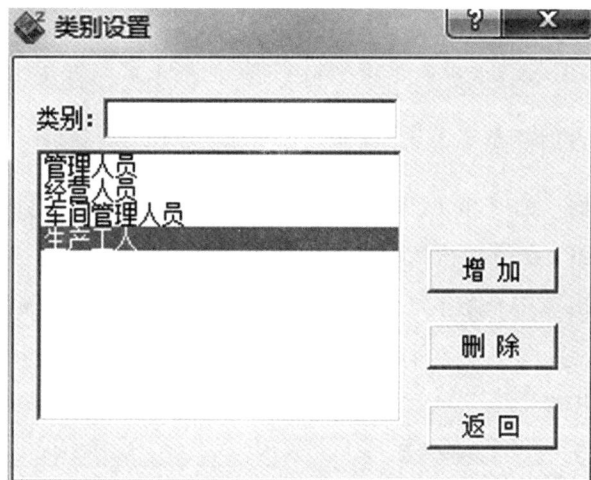

图2-4-5　人员类别设置

2. 银行名称设置

（1）在用友T3主界面，执行【工资】→【设置】→【银行名称设置】命令，打开"银行名称设置"对话框。

（2）在"银行名称"文本框中选中"建设银行"，将其修改为"建设银行重庆北碚支行""账号长度19""录入时需要自动带出的账号长度16"，如图2-4-6所示。

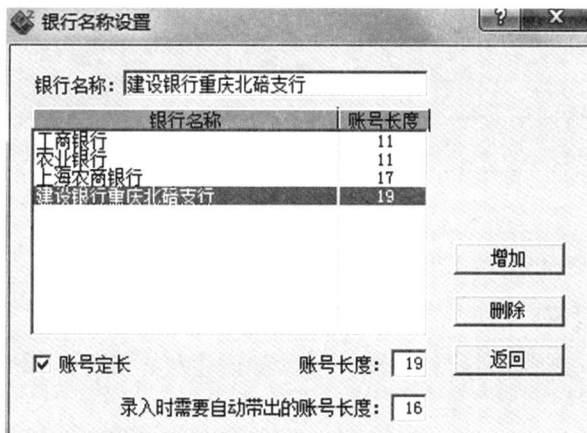

图2-4-6　"银行名称设置"对话框

（3）单击【返回】按钮，完成银行信息的设置。

3. 工资项目设置

(1)在用友T3主界面,执行【工资】→【设置】→【工资项目设置】命令,打开"工资项目设置"对话框。

(2)单击"增加"按钮,录入工资项目名称"基本工资",或单击"名称参照"下拉列表框的 ▼ 按钮,选择"基本工资"选项。再单击"基本工资"所在行"类型"单元格的下拉按钮,选择"数字"选项,依次选择长度为"10"、小数位为"2",增减项为"增项"。

(3)按照上述方法继续依次增加其他的工资项目。

(4)逐项单击选中新增的工资项目后,再单击上下"移动"按钮,将每个工资项目移动到相应位置,如图2-4-7所示。

图2-4-7 "工资项目设置"对话框

(5)确认信息无误后,单击"确认"按钮,工资项目设置完成。

4. 人员档案设置

(1)在用友T3主界面,执行【工资】→【设置】→【人员档案】命令,打开"人员档案"对话框。

(2)在"人员档案"对话框中,单击按钮" 🔳 "(增加人员),进入"人员档案"窗口,根据表2-4-2依次完善人员档案信息,以"张四"为例,如图2-4-8所示。

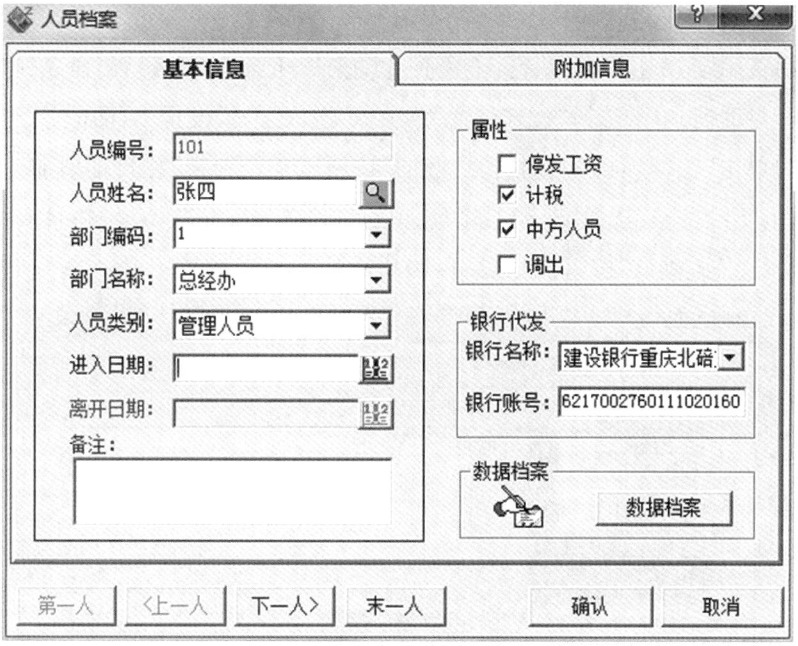

图2-4-8　张四人员档案基本信息

（3）录入完张四的人员档案基本信息后，单击【确认】按钮，照此法继续新增其他人员档案信息，如图2-4-9所示。

图2-4-9　全部人员档案

5. 工资计算公式设置

(1)在用友T3主界面,执行【工资】→【设置】→【工资项目设置】命令,打开"工资项目设置"对话框,单击选择"公式设置"选项卡,进入"公式设置"对话框。

(2)单击"工资项目"设置栏的"增加"按钮,"工资项目"栏自动增加一行,单击该行右面的下拉按钮,选择"养老保险"选项,在"养老保险公式定义"栏录入"缴费基数×0.08"单击"公式确认"按钮,如图2-4-10所示。

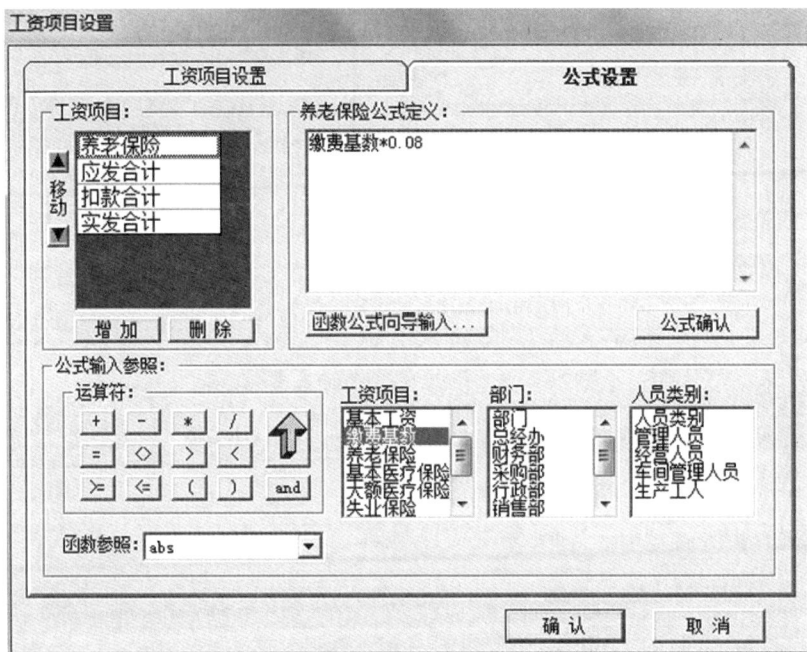

图2-4-10　设置养老保险计算公式

(3)按照上述方法,根据表2-4-3继续增加其他工资计算公式,所有计算公式录入完成后单击【确认】按钮退出公式设置。

6. 权限设置

(1)在用友T3主界面,执行【工资】→【设置】→【权限设置】命令,打开"权限设置"对话框。

(2)选择操作员"102明亮",单击【修改】按钮,选择"001(重庆轻工机电设备有限公司)"工资类别,选中"工资类别主管"复选框,单击【保存】按钮,如图2-4-11所示。

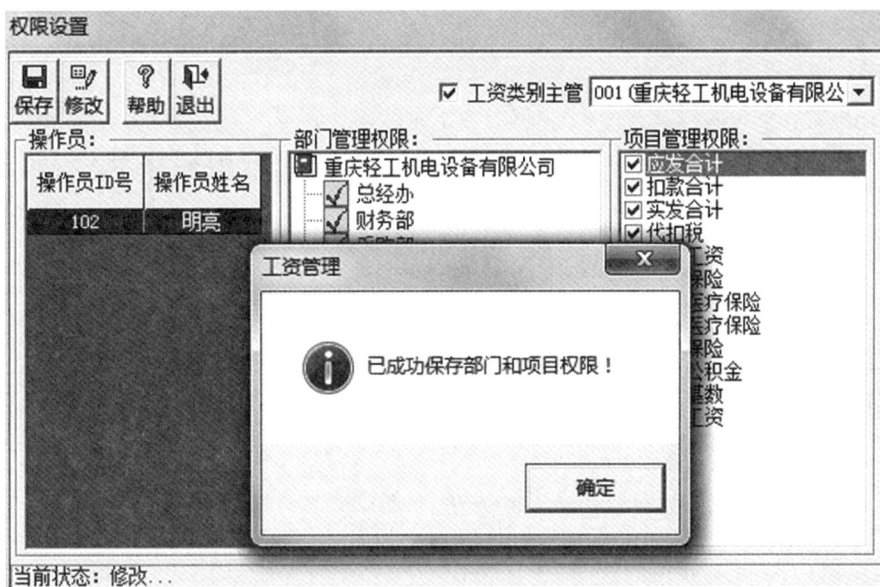

图 2-4-11　"权限设置"对话框

(3)单击【确定】按钮,再单击【退出】按钮,完成权限设置。

任务小结

(1)工资类别个数选择有"单个"与"多个"之分,若企业存在不同类别的人员,由于不同类别的人员工资发放项目不同,计算公式也不相同,但又要进行统一的工资核算管理,比如企业需要分别对在编职工、临时职工进行工资核算管理,就应选择"多个工资类别"方案。

(2)人员类别设置的目的是为"工资分摊"设置入账科目时使用。

(3)工资项目名称必须唯一,已使用的工资项目不可删除,也不能修改其数据类型。

(4)设置工资项目计算公式后必须单击【公式确认】按钮,否则不能保存已设置的计算公式。

(5)若是在新增人员档案时采用单个新增人员档案信息,由于在进行银行名称设置时已经设置了"录入时需要自动带出的账号长度",因此,在录入第1位人员档案信息后,其他的人员档案中的银行账号则会自动带出相应账号的位数;若是在新增人员档案时选择批量增加人员档案信息"银行账号"则无法自动带出相应账号的位数。

任务五 固定资产系统初始设置

任务目标

(1)掌握固定资产管理系统的工作原理和工作流程,准确设置固定资产初始控制参数。

(2)掌握固定资产初始卡片录入的方法。

(3)能根据固定资产的使用部门,确定折旧费用应计入的科目。

(4)能根据固定资产的增减方式,确定对应的入账科目。

任务描述

以操作员"101张大伟"的身份完成以下操作:

1. 设置控制参数(表2-5-1)

表2-5-1 控制参数

控制参数	参数设置
约定及说明	我同意
启用月份	2018年12月
折旧信息	• 本账套计提折旧 • 主要折旧方法:平均年限法(一) • 折旧汇总分配周期:1个月 • 当(月初已计提月份=可使用月份-1)时将剩余折旧全部提足
编码方式	• 资产类别编码方式:2112 • 固定资产编码方式:按"类别编码+部门编码+序号"自动编码,卡片序号长度为"3"

控制参数	参数设置
财务接口	·与账务系统进行对账 ·对账科目： 　固定资产对账科目：1601固定资产 　累计折旧对账科目：1602累计折旧 ·在对账不平情况下不允许固定资产月末结账
补充参数	·业务发生后立即制单 ·月末结账前一定要完成制单登账业务 ·可纳税调整的增加方式：直接购入 ·【固定资产】缺省入账科目：1601固定资产 ·【累计折旧】缺省入账科目：1602累计折旧 ·可抵扣税额入账科目：22210101进项税额

2. 设置资产类别(表2-5-2)

表2-5-2　资产类别

类别编码	类别名称	净残值率	计量单位	计提属性
01	经营用固定资产			
011	车辆	3%	辆	正常计提
012	房屋	3%	幢	正常计提
013	生产设备及其他	3%	台	正常计提
02	非经营用固定资产			
021	车辆	3%	辆	正常计提
022	房屋	3%	幢	正常计提
023	电子设备及其他	3%	台	正常计提

3. 设置部门对应折旧科目(表2-5-3)

表2-5-3　部门对应折旧科目

部门名称	折旧科目
总经办、财务部、采购部、行政部、仓储部	管理费用-折旧费(660201)
销售部	销售费用-折旧费(660101)

4. 设置增减方式对应入账科目(表2-5-4)

表2-5-4　增减方式对应入账科目

增减方式名称	对应入账科目
增加方式:直接购入	建行北碚支行(100201)
减少方式:报废	固定资产清理(1606)

5. 设置卡片项目

定义月折旧率的小数位长为"8"。

6. 录入固定资产原始卡片(表2-5-5)

表2-5-5　原始卡片

固定资产名称及规格型号	类别编号	部门名称	增加方式	使用状况	使用年限(年)	开始使用日期	原值(元)	累计折旧(元)
办公楼	022	行政部	在建工程转入	在用	20	2003-11-01	850,000.00	618,375.00
大车间	012	生产部	在建工程转入	在用	20	2003-11-01	456,000.00	331,740.00
小车间	012	生产部	在建工程转入	在用	20	2003-11-01	282,000.00	205,155.00
车床(CM625)	013	生产部	直接购入	在用	10	2013-11-01	39,000.00	18,915.00
钻床(Z3063)	013	生产部	直接购入	在用	10	2013-11-01	120,000.00	58,200.00
电机模具(56型)	013	生产部	直接购入	在用	10	2017-11-01	13,400.40	1,299.84
小汽车(奥迪A6)	021	总经办	直接购入	在用	4	2017-05-01	450,000.00	163,687.50
面包车(长安之星)	011	销售部	直接购入	在用	4	2015-11-01	58,000.00	42,194.88
电脑	023	财务部	直接购入	在用	5	2013-11-01	101,000.00	97,970.00
打印机	023	财务部	直接购入	在用	5	2013-11-01	35,600.00	34,532.00
空调	023	财务部	直接购入	在用	5	2013-11-01	48,500.00	47,045.00
合计							2,453,500.40	1,619,114.22

任务实施

一、设置控制参数

（1）以"101张大伟"的身份在用友T3主界面单击【固定资产】选项，系统弹出"这是第一次打开此账套，还未进行过初始化，是否进行初始化？"信息提示框，单击【是】按钮，打开"固定资产初始化向导"对话框。

（2）在"固定资产初始化向导—约定及说明"对话框中，仔细阅读相关条款，选中【我同意】单选按钮，如图2-5-1所示。

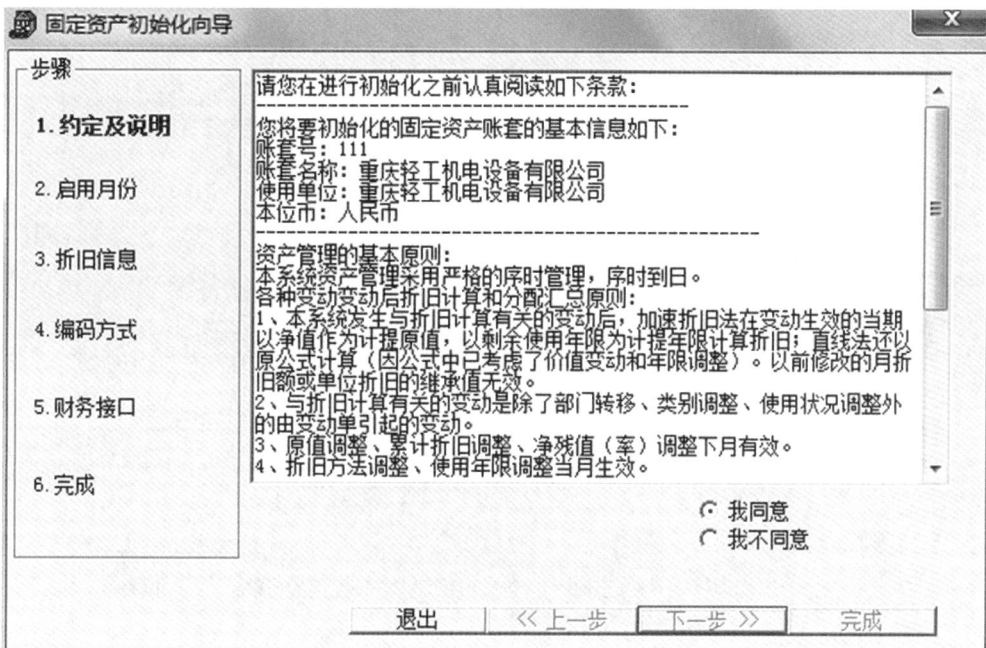

图2-5-1　约定及说明

（3）单击【下一步】按钮，打开"固定资产初始化向导—启用月份"对话框，如图2-5-2所示，启用月份由系统默认为当前月份。

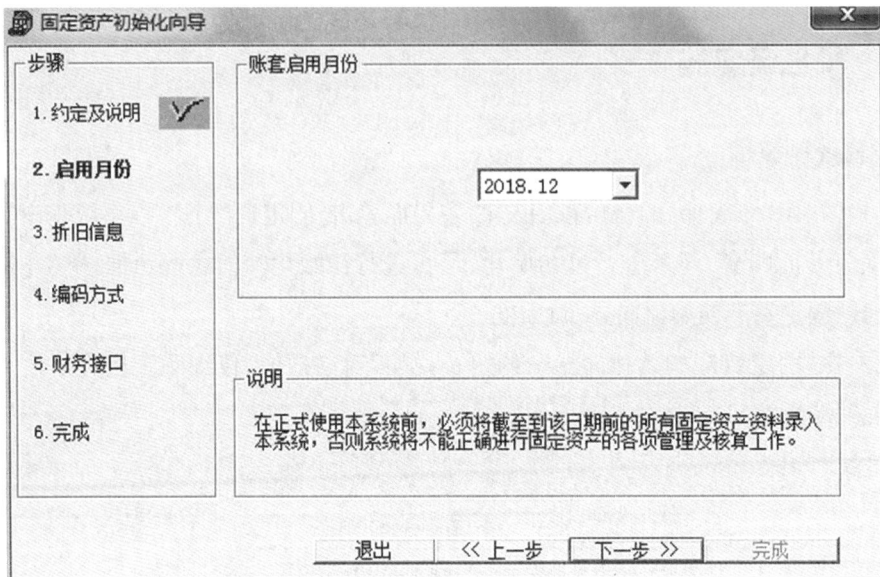

图 2-5-2　启用月份

(4)单击【下一步】按钮,打开"固定资产初始化向导—折旧信息"对话框,如图 2-5-3 所示。

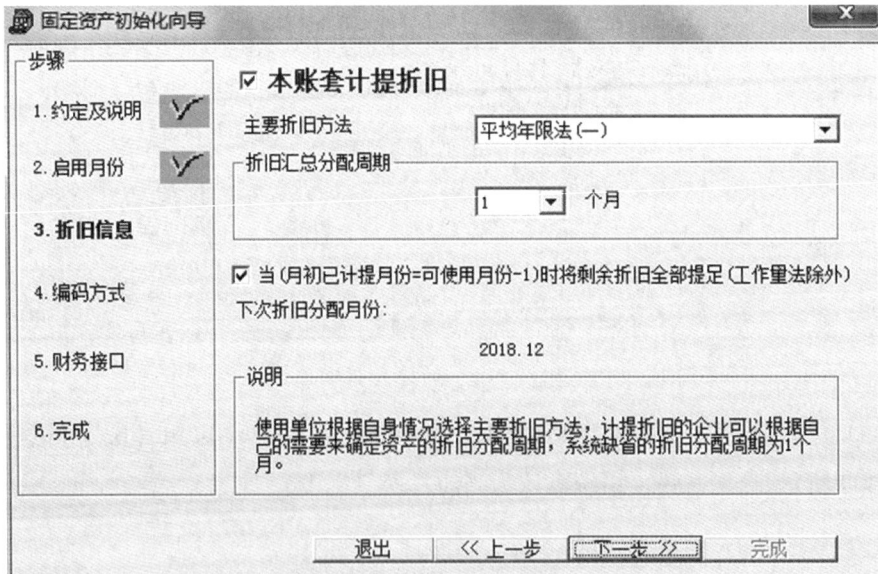

图 2-5-3　折旧信息

(5)单击【下一步】按钮,打开"固定资产初始化向导—编码方式"对话框,如图 2-5-4 所示。

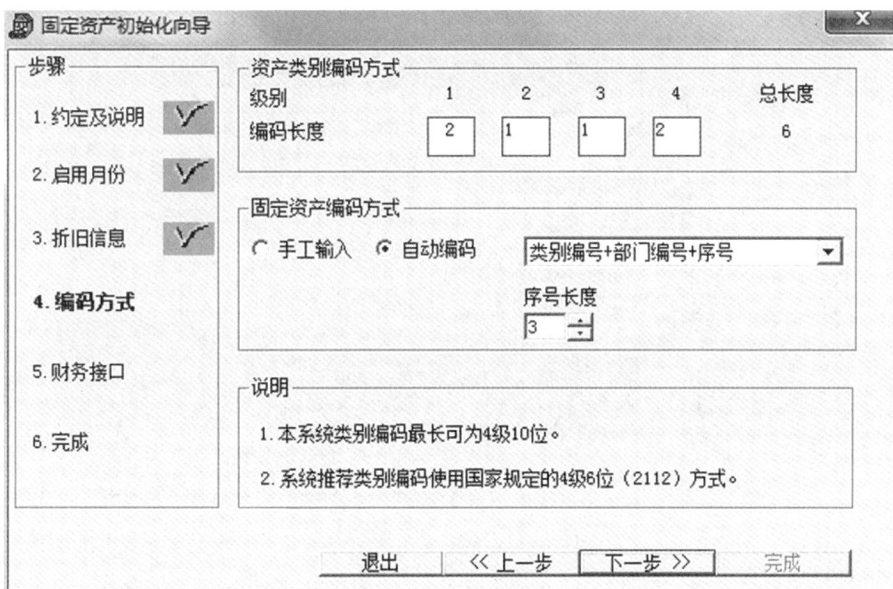

图 2-5-4　编码方式

（6）单击【下一步】按钮，打开"固定资产初始化向导—财务接口"对话框，如图 2-5-5 所示。

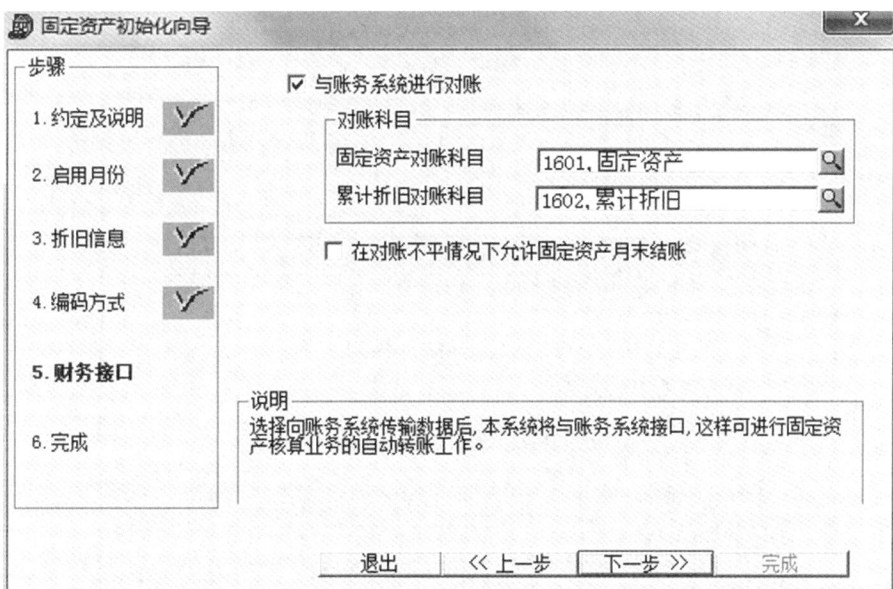

图 2-5-5　财务接口

（7）单击【下一步】按钮，打开"固定资产初始化向导—完成"对话框，如图 2-5-6 所示。

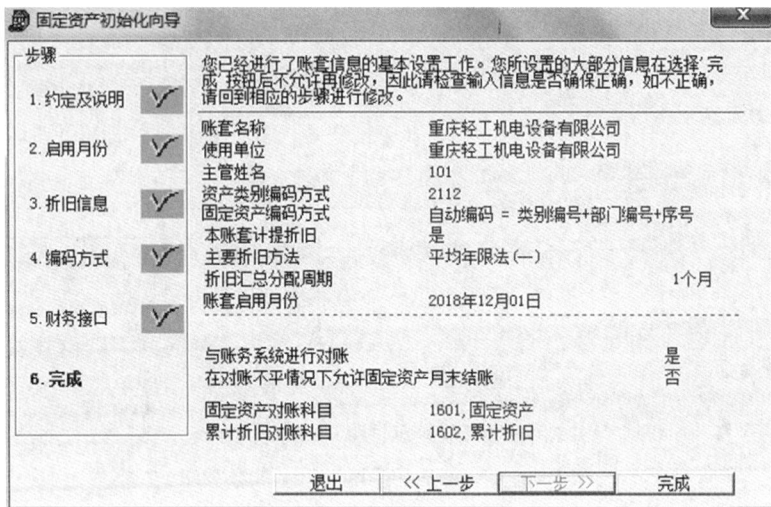

图 2-5-6　设置信息汇总

(8)确认以上设置信息无误后,单击【完成】按钮,系统提示"已经完成了新建账套的所有设置工作。是否确定所设置的信息完全正确并保存对新账套的所有设置?"对话框,单击【是】按钮,系统提示"已成功初始化本固定资产账套!"对话框,单击【确定】按钮,进入"固定资产"工作台窗口。

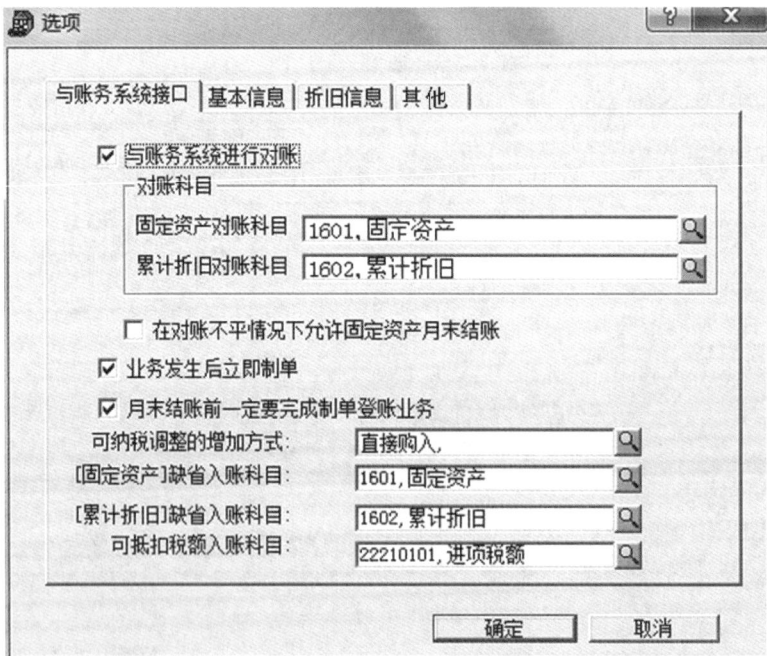

图 2-5-7　"选项—与账务系统接口"对话框

（9）在"固定资产"工作窗口，执行【设置】→【选项】命令，进入"选项"对话框，选择"与账务系统接口"选项卡，补充完参数后如图2-5-7所示。

（10）核对无误后，单击【确定】按钮退出。

二、设置资产类别

（1）在"固定资产"工作窗口，执行【设置】→【资产类别】命令，进入"类别编码表"窗口。

（2）单击【增加】按钮，根据表2-5-2录入资产类别名称"经营用固定资产"，净残值率"3%"，其余参数默认系统设置，如图2-5-8所示。

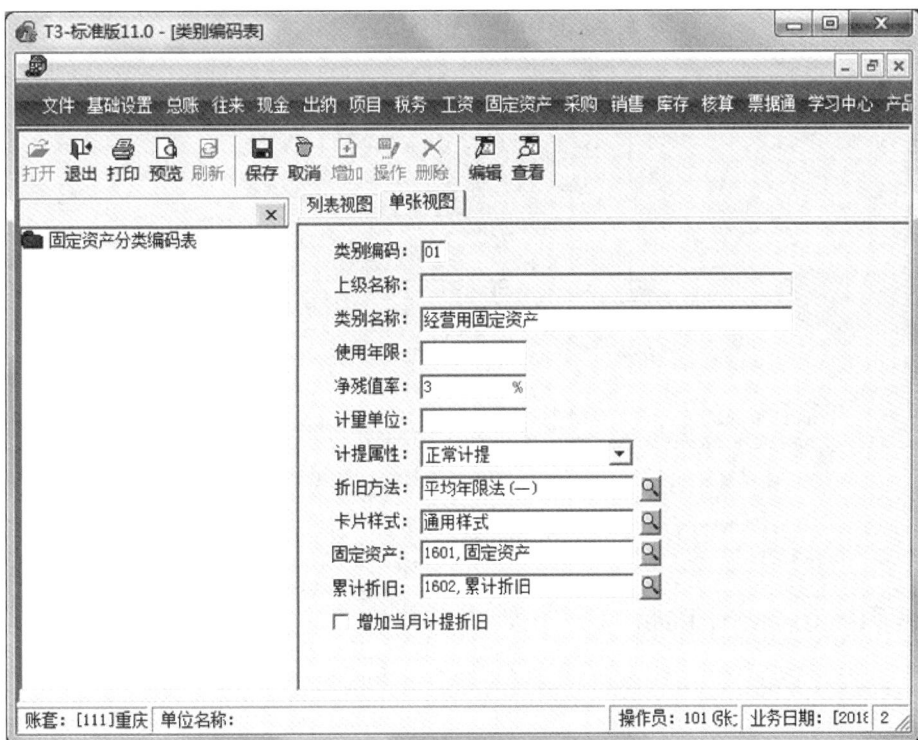

图2-5-8   "固定资产类别"录入对话框1

（3）单击【保存】按钮，系统保存信息后，自动转入下一类固定资产的信息录入对话框，根据表2-5-2的资料录入"02"类固定资产的相关信息。

（4）单击【保存】按钮，系统保存相关信息后，自动转入下一类固定资产的信息录入对话框，单击【取消】按钮，系统弹出"是否取消本次操作"的提示对话框，单击【是】按钮，系统退回到"类别编码表"窗口。

（5）单击选择"类别编码表"窗口左边的"01经营用固定资产"，再单击【增加】按钮，弹出"固定资产类别"录入对话框，根据表2-5-2的资料录入"011"类固定资产的相关信息，如图2-5-9所示，并单击【保存】按钮。

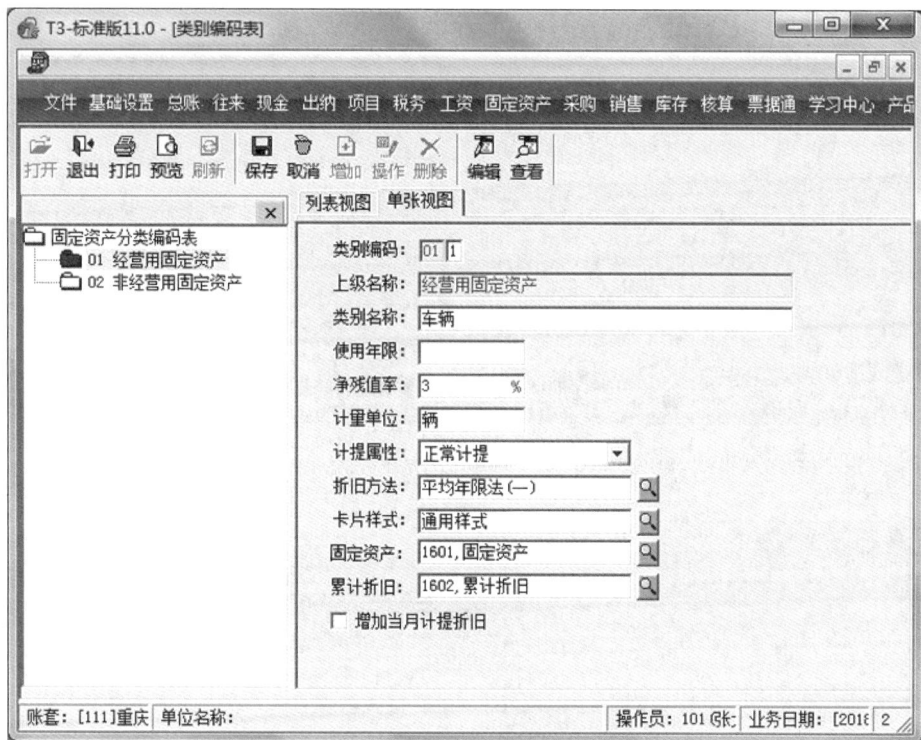

图2-5-9 "固定资产类别"录入对话框2

（6）按照上述方法根据表2-5-2的资料继续录入其余信息，在此不再赘述。

三、设置部门对应折旧科目

（1）在"固定资产"工作窗口，执行【设置】→【部门对应折旧科目】命令，进入"部门编码表"窗口。

（2）单击选择"部门编码表"窗口左边的"1总经办"，再单击【操作】按钮，打开总经办"单张视图"选项卡，单击"折旧科目"后的 🔍 按钮，从"科目参照"表中选择录入或直接用键盘输入"660201"科目，如图2-5-10所示。

（3）单击【保存】按钮，其他部门的对应折旧科目参照上述方法设置，在此不再赘述。

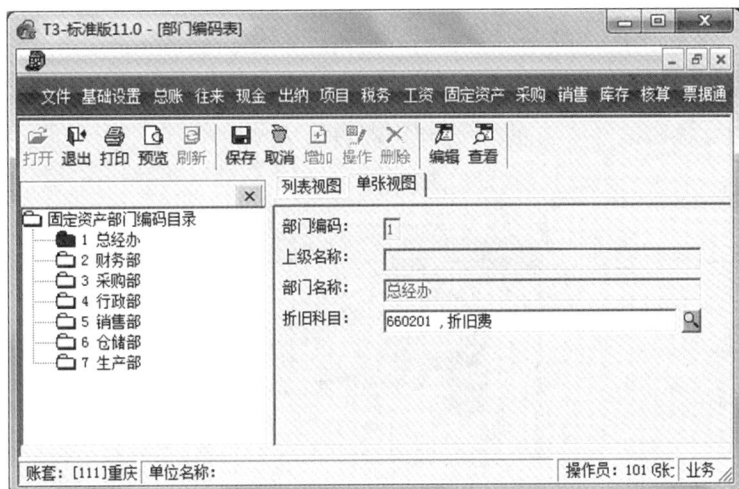

图 2-5-10 "总经办"单张视图录入

四、设置增减方式对应入账科目

在"固定资产"工作窗口,执行【设置】→【增减方式】命令,根据表2-5-4输入相关信息。

五、设置卡片项目

在"固定资产"工作窗口,执行【卡片】→【卡片项目】命令,修改月折旧率的小数位长为"8",如图2-5-11所示。

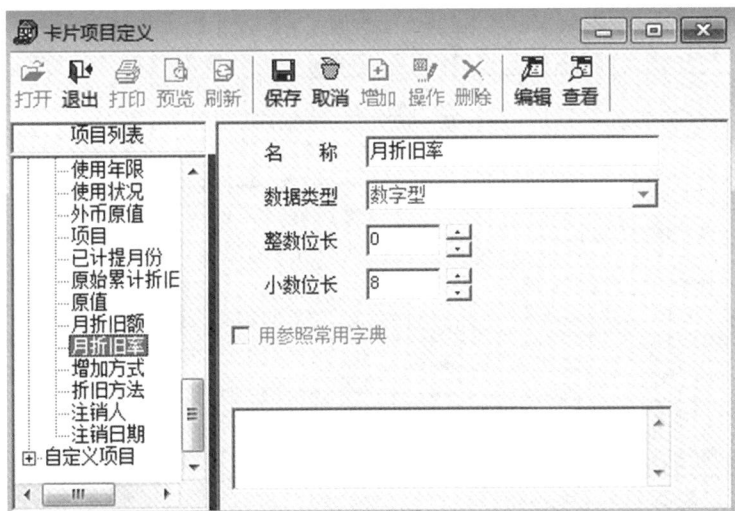

图2-5-11 "卡片项目定义"窗口

六、录入固定资产原始卡片

(1)在"固定资产"工作窗口,执行【卡片】→【录入原始卡片】命令,打开"资产类别参照"对话框,根据表2-5-5的原始卡片资料录入顺序所示,选中"022 房屋",如图2-5-12所示。

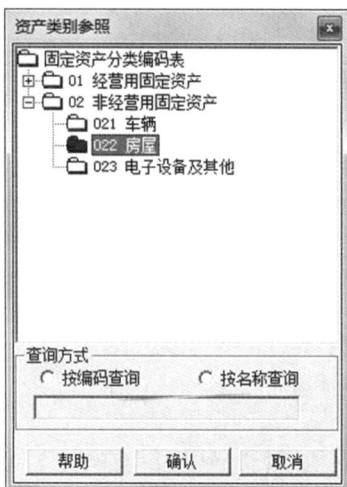

图2-5-12 "资产类别参照"对话框

(2)单击【确认】按钮,打开"固定资产卡片【录入原始卡片:00001号卡片】"对话框,并根据表2-5-5中的资料,录入办公楼的相关信息,如图2-5-13所示。

图2-5-13 固定资产卡片录入

（3）单击【保存】按钮，弹出"数据成功保存"的提示对话框。

（4）单击【确定】按钮，依次方法继续录入其他的固定资产原始卡片。

（5）录入的固定资产原始卡片，可单击【固定资产】→【卡片】→【卡片管理】，在"卡片管理"窗口查看全部卡片信息，如图2-5-14所示。

图2-5-14　"卡片管理"窗口

任务小结

（1）固定资产账套的开始使用日期不得大于系统管理中的建立账套的日期。

（2）固定资产卡片录入时，录入人自动显示为当前操作人员，录入日期系统自动带入当前登录日期不能修改。

（3）固定资产卡片的开始使用日期，必须按YYYY-MM-DD的日期格式录入，其中年和月对折旧计提有影响，日不会影响折旧的计提，但必须录入正确。

项目描述

项目内容:总账系统日常业务处理、购销存管理系统日常业务处理、工资管理系统日常业务及期末处理、固定资产系统日常业务及期末处理。

项目要求:

(1)掌握总账管理系统的业务流程、总账的日常账务处理;

(2)掌握购销存管理系统的业务流程、购销存的日常业务处理;

(3)掌握工资档案的日常维护、工资计算、个人所得税扣缴等日常业务处理及月末处理;

(4)掌握固定资产的增减变动、卡片的管理、折旧的计提等日常业务处理及月末处理。

项目知识:

(1)总账管理系统的业务流程、手工账与计算机账务处理程序的异同;

(2)购销存管理系统的业务流程;

(3)个人所得税的计算方法及社会保险的计提比例;

(4)固定资产的准确分类、使用年限的界定、折旧的计算方法。

说明:本项目仅抽取了附录二中比较典型的经济业务进行了详细的操作阐述,为简化操作,所有子系统生成的记账凭证,制单日期均为"2018-12-31",不考虑附单据张数。

任务一 总账系统日常业务处理

任务目标

（1）学会记账凭证的规范填制，并生成保存。

（2）能进行记账凭证的修改、审核、出纳签字和记账等操作。

任务描述

（1）填制凭证（以操作员"102明亮"的身份完成）。

业务一：12月1日以转账支票支付公司企业行政管理部门2018年12月至2019年5月永乐保险公司财产保险费18,000.00元，并做当月摊销。（见附录二2-1至2-3）

会计分录提示如下：

缴纳保费时：（涉及辅助核算的业务）

借：预付账款（1123）　　　　　　　　　18,000.00

　　贷：银行存款—建行北碚支行（100201）　　　18,000.00

摊销当月保费时：（无辅助核算的一般业务）

借：管理费用—保险费（660210）　　　　　3,000.00

　　贷：预付账款（1123）　　　　　　　　　3,000.00

（2）审核凭证（以操作员"101张大伟"的身份完成）。

（3）出纳签字（以操作员"103肖六"的身份完成）。

（4）凭证记账（以操作员"101张大伟"的身份完成）。

任务实施

一、填制凭证

1. 填制缴纳保费时的凭证

(1)以操作员"102明亮"的身份在"2018-12-31"登录用友T3主界面,单击【总账】→【凭证】→【填制凭证】,进入"填制凭证"窗口。

(2)单击【增加】按钮,系统自动增加一张空白记账凭证。

(3)输入制单日期"2018-12-31"、摘要"缴纳保费"、借方科目编码"1123",敲击键盘的回车键,弹出辅助项对话框,单击"供应商"旁的参照按钮,进入"参照"窗口。

(4)单击【编辑】按钮,进入"供应商档案卡片"窗口,单击【增加】按钮,增加供应商"永乐保险",如图3-1-1所示。

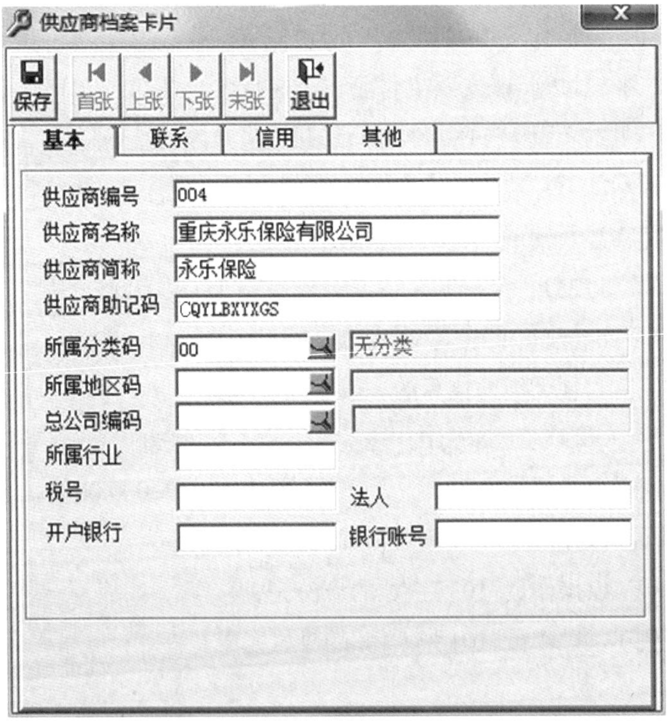

图3-1-1 "供应商档案卡片"窗口

(5)单击【保存】按钮,然后单击【退出】按钮,返回"供应商档案卡片"窗口,单击【退出】按钮,再次返回"参照"窗口,双击选中刚新增的"004永乐保险",系统自动过入辅助项,如图3-1-2所示。

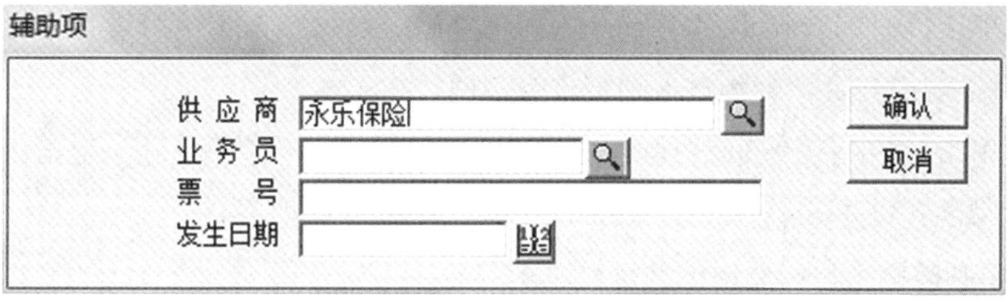

图 3-1-2　"辅助项"窗口

（6）单击【确认】按钮，继续录入借方金额"18,000.00"等信息，确认无误后，回车，摘要自动带到下一行，根据业务一继续填制相关内容，直至输入贷方科目代码"100201"回车后，弹出辅助项对话框，如图 3-1-3 所示。

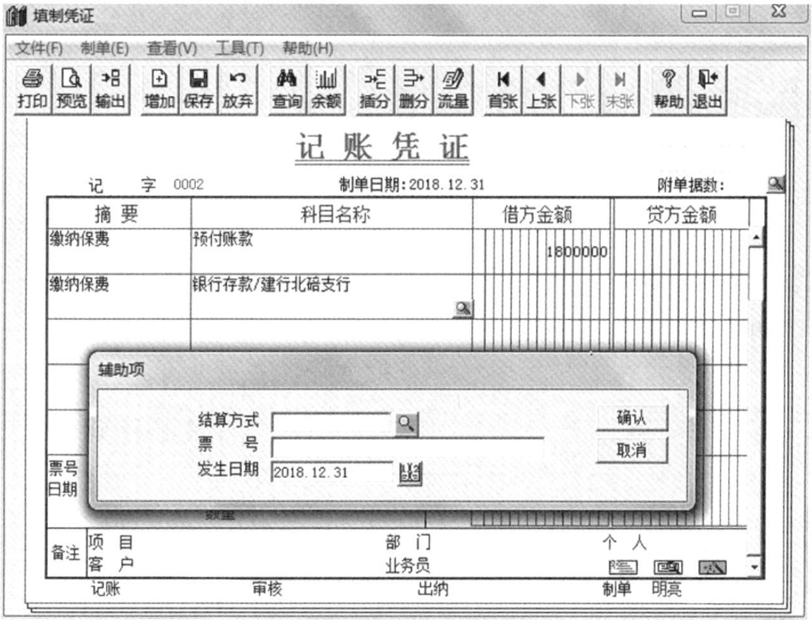

图 3-1-3　辅助核算项目

（7）在辅助项对话框中根据附录二的 2-2 号原始凭证录入相关信息，如图 3-1-4 所示。

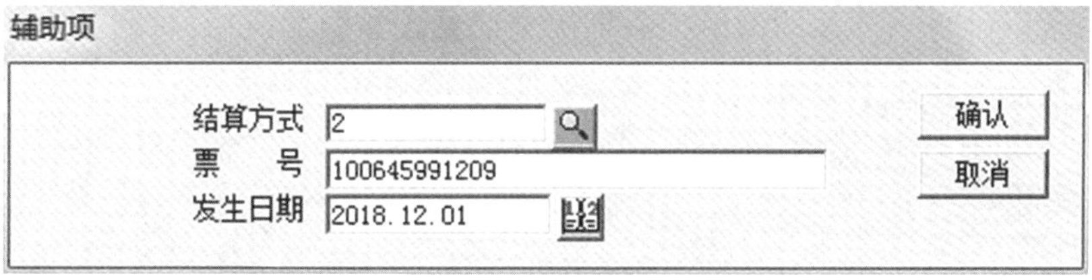

图 3-1-4　辅助项录入

（8）单击【确认】按钮退出，将光标定位在贷方金额栏，按下电脑键盘上的"="键，系统自动汇总借方合计金额过入到贷方金额栏。

（9）单击【保存】按钮，此时弹出信息提示框"凭证已成功保存！"，单击【确定】按钮，凭证保存成功。

2. 填制摊销当月保费时的凭证

（1）接上述操作，在"填制凭证"窗口，继续单击【增加】按钮，系统自动增加一张空白记账凭证。

（2）根据业务一录入新增凭证的相关信息，审核无误后保存凭证，如图3-1-5所示。

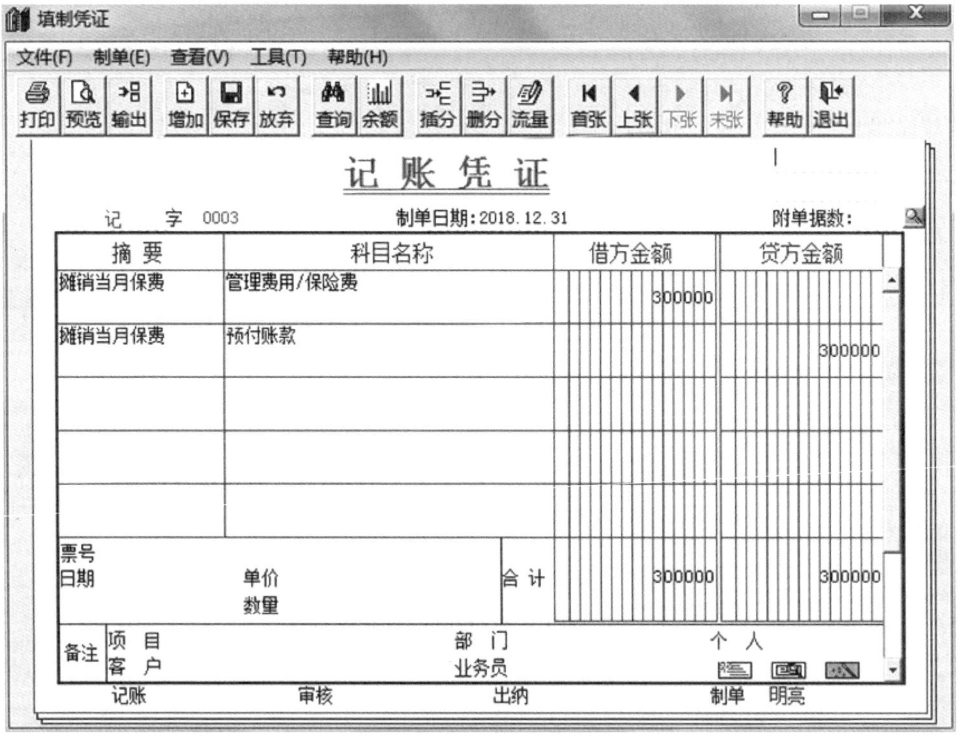

图3-1-5　"填制凭证"窗口

（3）至此，业务一涉及的两笔记账凭证全部录入并保存成功，总账系统新增凭证时均可参照此法处理。

二、审核凭证

（1）以操作员"101张大伟"的身份在"2018-12-31"登录用友T3主界面，执行

【总账】→【凭证】→【审核】命令,打开"凭证审核"查询条件对话框。

(2)单击【确认】按钮,进入"凭证审核"的凭证列表窗口。

(3)单击【确定】按钮,进入"凭证审核"的审核凭证窗口。

(4)检查所有要审核的凭证,确认无误后,单击"审核"菜单下的"成批审核凭证"菜单项,系统自动对所选凭证进行成批审核,并弹出"成批审核结果表",查看此表结果,确认所选凭证都已审核成功后,单击【确定】按钮。(注:对于审核未成功的凭证,应查明未审核原因,再返回此处重新审核。)

(5)单击【退出】按钮,完成凭证审核。(注:总账系统月末结账要求审核所有本月生成的凭证。)

三、出纳签字

(1)以操作员"103肖六"的身份在"2018-12-31"登录用友T3主界面,执行【总账】→【凭证】→【出纳签字】命令,打开"出纳签字"查询条件对话框。

(2)单击【确认】按钮,进入"出纳签字"的凭证列表窗口。

(3)单击【确定】按钮,进入"出纳签字"的签字窗口。

(4)单击"出纳"菜单下的"成批出纳签字"菜单项,系统自动对所选凭证进行出纳签字,并弹出"成批出纳签字结果表",查看此表结果,确认所选凭证都已签字成功后,单击【确定】按钮。

(5)单击【退出】按钮,完成出纳签字。

四、凭证记账

(1)以操作员"101张大伟"的身份在"2018-12-31"登录用友T3主界面,执行【总账】→【凭证】→【记账】命令,进入"记账"对话框。

(2)单击【全选】按钮,选择所有需记账的凭证。

(3)单击【下一步】按钮,显示出记账报告。

(4)单击【下一步】按钮,再单击【记账】按钮,系统弹出"期初试算平衡表"对话框,单击【确认】按钮,系统自动登记相关账簿,登记完毕后,弹出"记账完毕!"信息提示对话框。

(5)单击【确定】按钮,记账完毕。

任务小结

（1）若要修改凭证，在填制凭证窗口单击【修改】按钮进行修改后，再单击【保存】按钮保存即可，但是已经审核记账的凭证必须取消审核记账才能进行修改。

（2）若要作废凭证，在填制凭证窗口，单击"制单"菜单下的"作废/恢复"菜单项，即可作废凭证，若想要彻底删除凭证，在作废凭证的基础上，单击"制单"菜单下的"整理凭证"菜单项，即可彻底删除凭证。

（3）只有涉及库存现金、银行存款科目的记账凭证才需要进行出纳签字。

（4）若需要取消凭证审核，先得取消记账，取消记账只有账套主管才能操作，所以记账也应由账套主管记账；注意制单人和审核人不能是同一人。

（5）若要取消记账，须以账套主管的身份执行【总账】→【期末】→【对账】命令，进入"对账"窗口，选择取消记账的月份栏，同时按住电脑键盘的Ctrl+H+F6键，弹出"恢复记账前状态功能已被激活。"提示框后，执行【总账】→【凭证】→【恢复记账前状态】命令，即可取消记账。

任务二　购销存管理系统日常业务处理

任务目标

（1）能正确填制入库单、发货单等单据并据以生成对应的采购发票、销售发票。

（2）掌握采购过程中的现付、转账、核销等业务的处理。

（3）掌握销售过程中的现收、转账、核销等业务的处理。

（4）掌握库存系统日常业务处理。

任务描述

一、采购日常业务处理

1. 业务一：（采购现付业务）

12月3日，采购员用办理的银行汇票到重庆钢材有限公司购进原材料45#碳钢5,000 kg，价税合计24,570.00元。材料已经验收入库，已收到对方开具的增值税专用发票。（见附录二4-1至4-4）

采购现付业务操作步骤指引表				
序号	操作日期	操作员	模块	操作内容
1	2018-12-31	202	采购	采购专用发票录入并现付
2	2018-12-31	202	采购	利用采购专用发票流转生成采购入库单并保存
3	2018-12-31	201	采购	复核采购专用发票
4	2018-12-31	401	库存	审核采购入库单
5	2018-12-31	202	采购	采购结算
6	2018-12-31	202	核算	正常单据记账
7	2018-12-31	202	核算	购销单据制单

2. 业务二：(采购转账业务)

12月7日，采购员到重庆物资有限公司赊购了一批原材料：漆包线456.00 kg，含税货款32,470.03元；锡钢片2,515.00 kg，含税货款16,036.90元。已经收到相关票据，货已入库。(见附录二9-1至9-3)

采购转账业务操作步骤指引表				
序号	操作日期	操作员	模块	操作内容
1	2018-12-31	202	采购	填制采购专用发票并保存
2	2018-12-31	202	采购	利用采购专用发票流转生成采购入库单并保存
3	2018-12-31	201	采购	复核采购专用发票
4	2018-12-31	401	库存	审核采购入库单
5	2018-12-31	202	采购	采购结算
6	2018-12-31	202	核算	正常单据记账
7	2018-12-31	202	核算	购销单据制单

3. 业务三：(采购付款核销业务)

12月16日，开出转账支票，支付重庆蓝天机械公司原欠款68,000.00元。(见附录二19-1至19-2)

采购付款核销业务操作步骤指引表				
序号	操作日期	操作员	模块	操作内容
1	2018-12-31	202	采购	填制付款单并核销
2	2018-12-31	202	核算	根据核销单据制单并生成凭证

二、销售日常业务处理

1. 业务四：(销售收款核销业务)

12月6日，收到重庆乐乐设备有限公司交来现金30,000.00元，网银转账收入20,000.00元，共计50,000.00元，用以偿还其原欠款，并将其现金送存银行。(见附录二8-1至8-3)

销售收款核销业务操作步骤指引表				
序号	操作日期	操作员	模块	操作内容
1	2018-12-31	302	销售	填制收款单并核销
2	2018-12-31	302	核算	根据两张核销单据合并制单并生成凭证
3	2018-12-31	102	总账	填制30 000.00元货款存现的记账凭证并保存

2. 业务五:(销售转账业务)

12月21日,向重庆华一仪表厂销售40W碳钢轴电机50台,价税合计22,500.00元,已开具增值税专用发票,以银行存款垫付运杂费600.00元,货款等未收。(见附录二24-1至24-3)

销售转账业务操作步骤指引表				
序号	操作日期	操作员	模块	操作内容
1	2018-12-31	302	销售	填制发货单保存并审核
2	2018-12-31	302	销售	根据发货单生成销售专用发票并保存
3	2018-12-31	302	销售	添加代垫费用单保存并审核
4	2018-12-31	301	销售	复核销售专用发票
5	2018-12-31	402	库存	根据发货单和销售专用发票生成出库单
6	2018-12-31	401	库存	审核出库单
7	2018-12-31	302	核算	正常单据记账
8	2018-12-31	302	核算	根据发票和应收单制单并生成凭证

3. 业务六:(销售现收业务)

12月22日,向重庆美美工贸有限公司销售40W碳钢轴电机120台,价税合计54,000.00元,销售不锈钢轴电机200台,价税合计120,000.00元,以上均已开具增值税专用发票,货款已收。(见附录二25-1至25-3)

销售现收业务操作步骤指引表				
序号	操作日期	操作员	模块	操作内容
1	2018-12-31	302	销售	填制发货单保存并审核
2	2018-12-31	302	销售	根据发货单生成销售专用发票并保存
3	2018-12-31	302	销售	添加销售现结记录

续表

销售现收业务操作步骤指引表				
序号	操作日期	操作员	模块	操作内容
4	2018-12-31	301	销售	复核销售专用发票
5	2018-12-31	402	库存	根据发货单和销售专用发票生成出库单
6	2018-12-31	401	库存	审核出库单
7	2018-12-31	302	核算	正常单据记账
8	2018-12-31	302	核算	现结制单并生成凭证

三、库存/存货日常业务处理

1. 业务七:(填制其他出库单并记账)

30日,库房因意外火灾毁损电路板20块,经确认,成本金额为272.82元,购进时增值税额为43.65元,价税合计316.47元。(见附录二35-1)

填制其他出库单并记账的操作步骤指引表				
序号	操作日期	操作员	模块	操作内容
1	2018-12-31	402	库存	填制其他出库单并保存
2	2018-12-31	401	库存	审核其他出库单
3	2018-12-31	402	核算	正常单据记账

2. 业务八:(填制材料出库单并记账)

31日,汇总当月领料单,生产部领用生产200台40W碳钢轴电机所需的原材料,领用生产300台40W不锈钢电机所需的原材料,行政部领用45#碳钢150 kg,销售部领用不锈钢68 kg。(见附录二37-1至37-13)

填制材料出库单并记账的操作步骤指引表				
序号	操作日期	操作员	模块	操作内容
1	2018-12-31	402	库存	填制材料出库单并保存
2	2018-12-31	401	库存	批量审核材料出库单
3	2018-12-31	402	核算	正常单据记账

3. 业务九:(填制产成品入库单并审核)

31日,40W碳钢电机产品入库170台,40W不锈钢电机入库270台,进行产品入库

成本核算。(见附录二 39-1 至 39-2)

<table>
<tr><th colspan="5">填制产成品入库单并审核的操作步骤指引表</th></tr>
<tr><th>序号</th><th>操作日期</th><th>操作员</th><th>模块</th><th>操作内容</th></tr>
<tr><td>1</td><td>2018-12-31</td><td>402</td><td>库存</td><td>填制产成品入库单并保存</td></tr>
<tr><td>2</td><td>2018-12-31</td><td>401</td><td>库存</td><td>审核产成品入库单</td></tr>
</table>

任务实施

一、采购日常业务处理

1. 采购现付业务处理

1. 以操作员"202 段琏"的身份在"2018-12-31"登录用友 T3 主界面,执行【采购】→【采购发票】命令,进入"采购发票"窗口。

2. 单击【增加】按钮旁的下拉箭头,在下拉菜单中选中"专用发票"菜单项,系统自动新增一张空白采购专用发票,根据业务一录入发票相关信息,如图 3-2-1 所示。

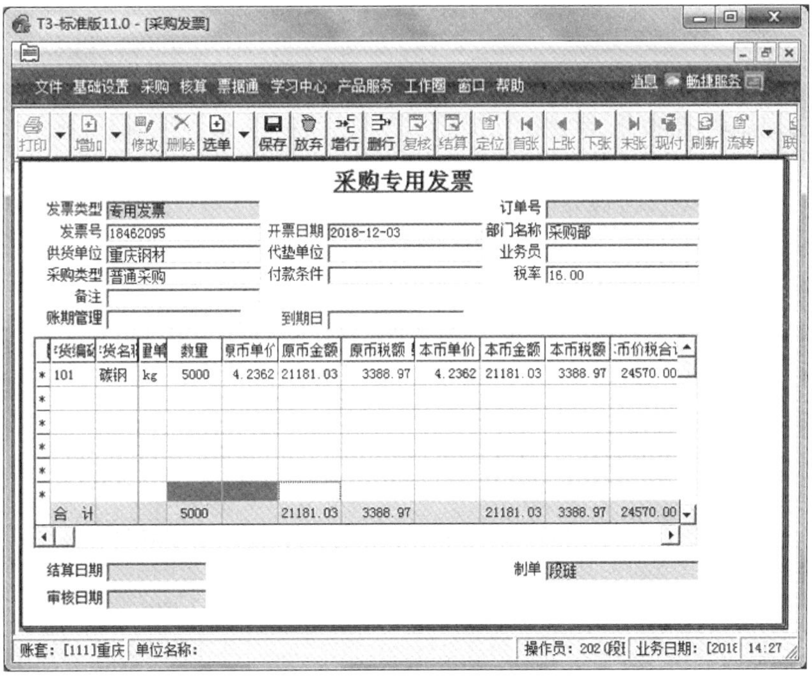

注:图中原币单价为 4.236206,但表格单价数据均保留四位小数,未完全显示,特此说明,后同。

图 3-2-1　采购专用发票录入

(3)单击【保存】按钮,再单击【现付】按钮,进入"采购现付"窗口,根据附录二的4-1号原始凭证录入相关信息,如图3-2-2所示。

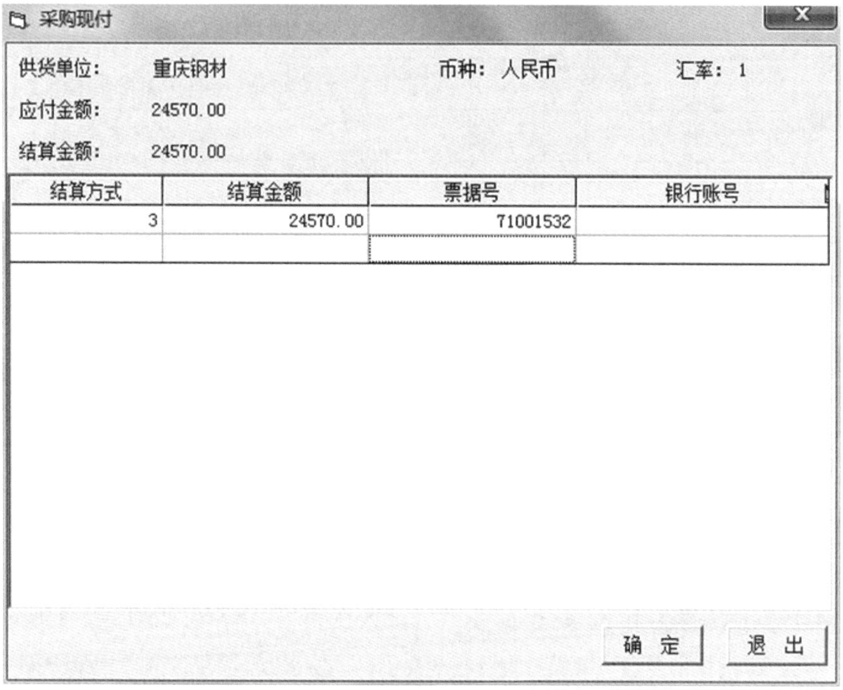

图 3-2-2　"采购现付"窗口

(4)单击【确定】按钮,系统弹出"现结记录已保存!"提示框,单击【确定】按钮,再点击【退出】按钮,系统提示"现付成功",单击【确定】按钮,完成现付录入,返回到"采购专用发票"窗口。

(5)在"采购发票"窗口,单击【流转】按钮旁的下拉箭头,在下拉菜单中选中"生成采购入库单"菜单项,进入"采购入库"窗口。

(6)在"采购入库单"窗口,根据附录二的4-4号原始凭证完善采购入库单,如图3-2-3所示。

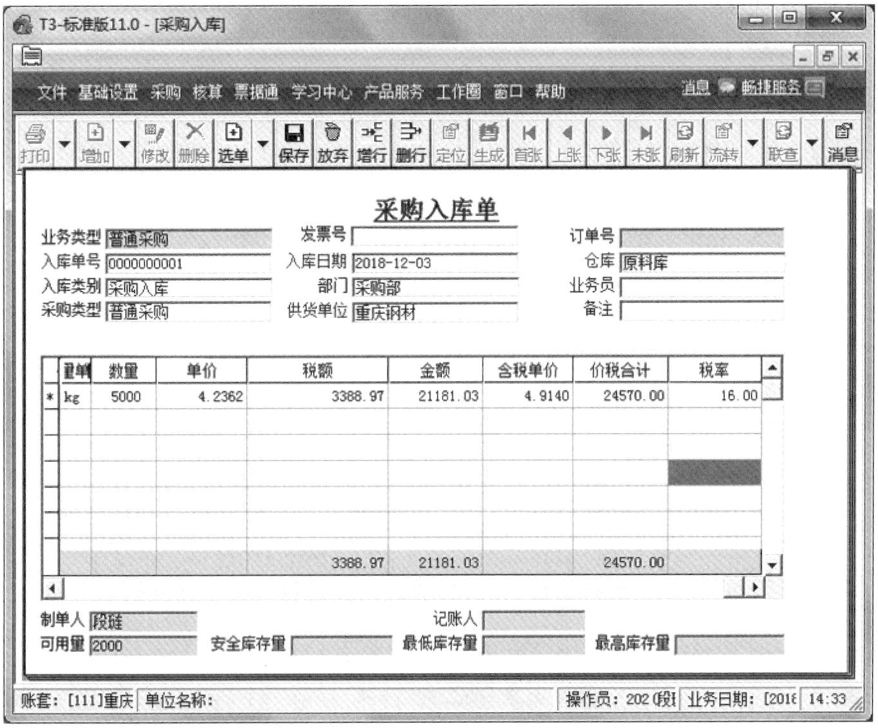

图 3-2-3　"采购入库单"窗口

（7）单击【保存】按钮,完成采购入库单的生成。依次退出"采购入库单""采购发票"窗口。

（8）以操作员"201郑洲"的身份在"2018-12-31"登录用友T3主界面,执行【采购】→【采购发票】命令,进入"采购发票"窗口。

（9）单击【复核】按钮,弹出"复核将发票登记应付账款,请在往来账中查询该数据是否只处理当前张?"对话框,单击【是】按钮,完成采购复核退出。

（10）以操作员"401张竞"的身份在"2018-12-31"登录用友T3主界面,执行【库存】→【采购入库单审核】命令,进入"采购入库单"窗口。

（11）在"采购入库单"窗口,单击【审核】按钮,完成采购入库单审核后退出。

（12）以操作员"202段琏"的身份在"2018-12-31"登录用友T3主界面,执行【采购】→【采购结算】→【手工结算】命令,打开"条件输入"对话框。

（13）单击【确认】按钮,打开"入库单和发票选择"窗口。在窗口左下角的"全选"复选框前面打"√",如图3-2-4所示。

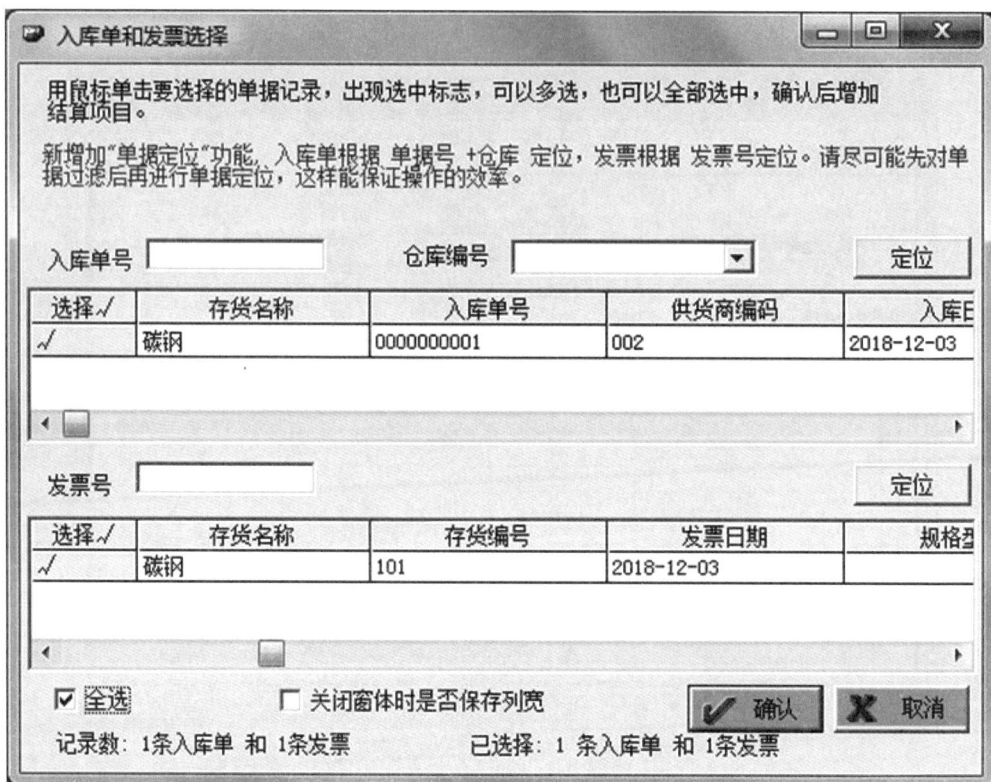

图 3-2-4　"入库单和发票选择"对话框

（14）单击【确认】按钮,返回"手工结算"窗口。

（15）单击【结算】按钮,弹出"完成结算"对话框,单击【确定】按钮,再单击【退出】按钮,返回用友T3主界面,完成采购结算。

（16）在用友T3主界面,执行【核算】→【核算】→【正常单据记账】命令,打开"正常单据记账条件"对话框。

（17）单击【确定】按钮,进入到"正常单据记账"窗口,系统列出所有未记账的出入库单据,如图3-2-5所示。

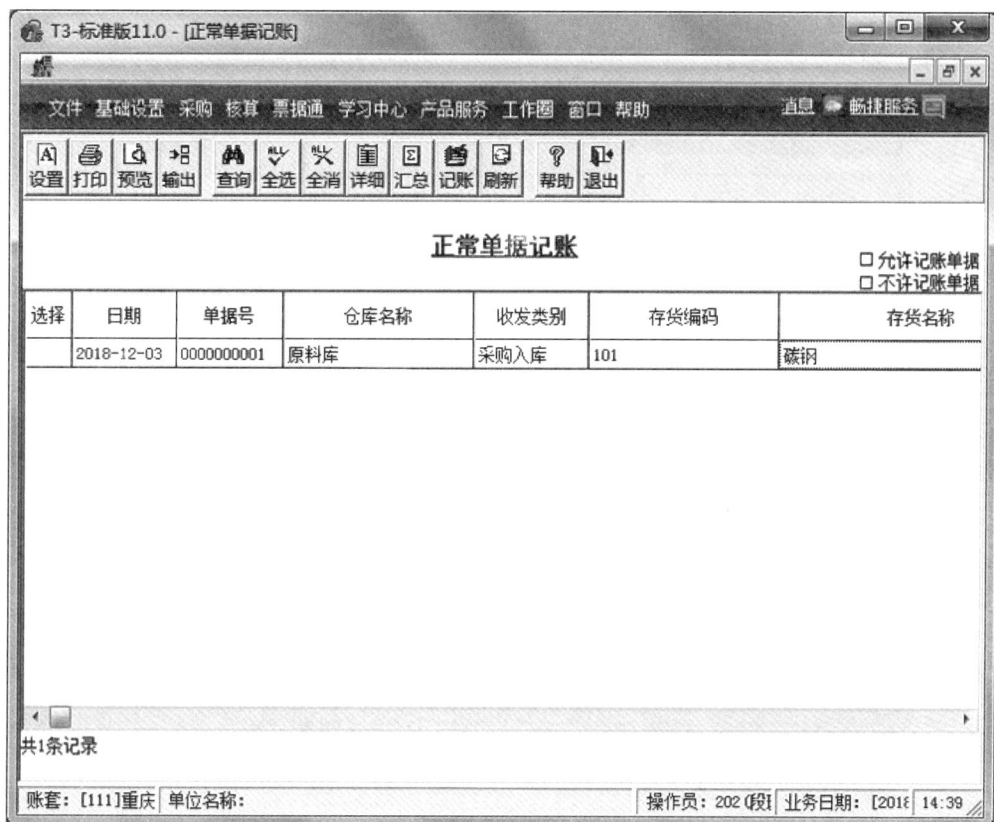

图3-2-5 "正常单据记账"窗口

(18)单击【全选】按钮,选中全部业务单据。

(19)单击【记账】按钮,系统对选中的业务单据自动执行记账处理。

(20)记账完毕,单击【退出】按钮,返回用友T3主界面。

(21)在用友T3主界面,执行【核算】→【凭证】→【购销单据制单】命令,打开"生成凭证"窗口。

(22)单击【选择】按钮,弹出"查询条件"对话框,单击【全选】,再单击【确认】按钮,打开"未生成凭证单据一览表",单击【全选】按钮,并勾选"已结算采购入库单自动选择全部结算单上单据(包括入库单、发票、付款单),非本月采购入库单按蓝字报销单制单"复选框,如图3-2-6所示。

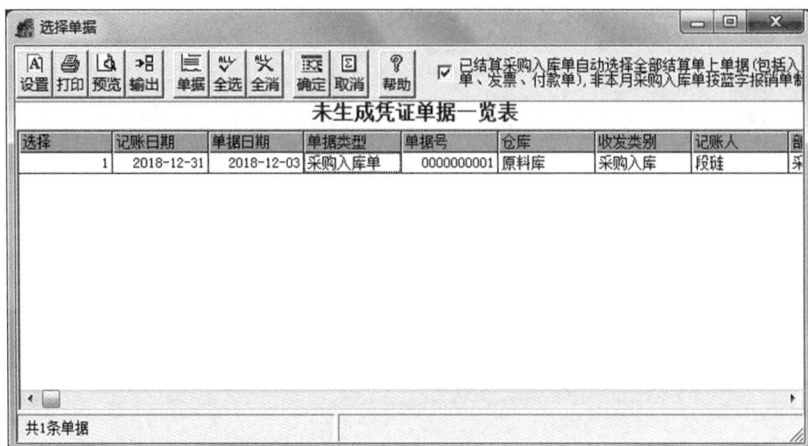

图 3-2-6　未生成凭证单据一览表

（23）单击【确定】按钮，系统列出采购入库凭证一览表，系统自动带入的科目为初始设置科目，需要按实际业务情况补充完整。

（24）补充完整后，单击【生成】按钮，如图 3-2-7 所示。

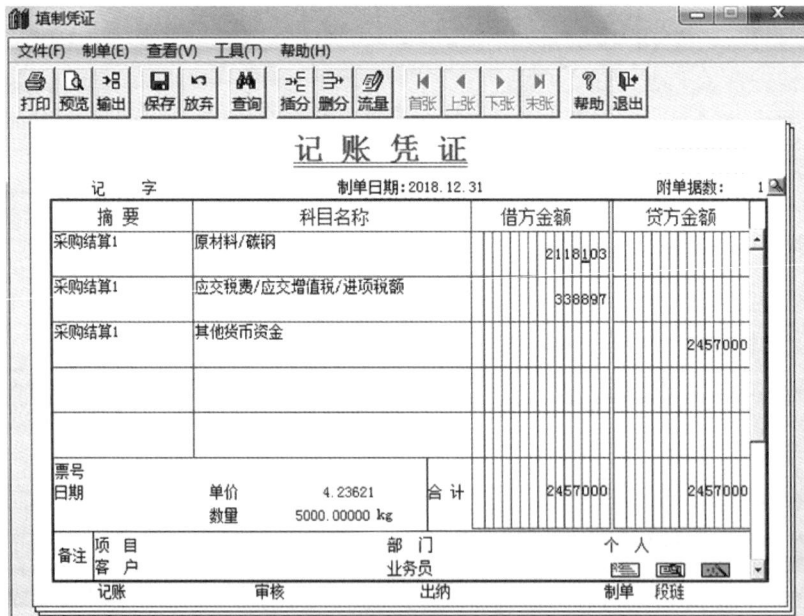

图 3-2-7　"填制凭证"窗口

（25）单击【保存】按钮，凭证左上角出现"已生成标志"，至此采购现付业务完成所有操作处理，退出返回主界面。其他采购现付业务可参照上述方法进行操作。

2. 采购转账业务处理

业务一与业务二操作步骤几乎类似,直接根据操作步骤指引表2操作简述如下:

(1)以操作员"202段琏"的身份填制采购专用发票并保存,如图3-2-8所示。

图3-2-8　采购专用发票填制并保存

(2)利用采购专用发票流转生成采购入库单并保存,如图3-2-9所示。

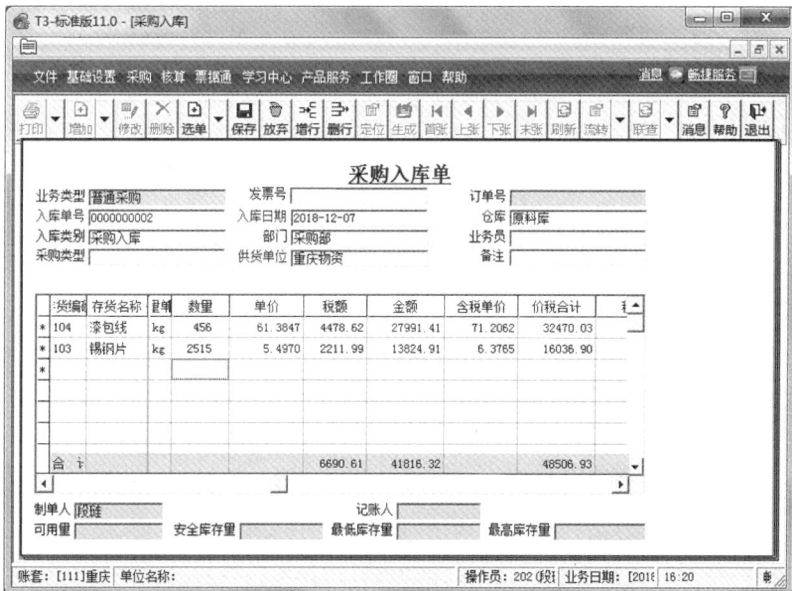

图3-2-9　采购发票流转生成的采购入库单

（3）更换操作员"201郑洲"的身份复核采购专用发票，图略。

（4）更换操作员"401张竞"审核采购入库单，图略。

（5）更换操作员"202段琏"进行采购结算，如图3-2-10所示。

图3-2-10　采购发票与采购入库单手工结算

（6）继续以操作员"202段琏"的身份进行正常单据记账，图略。

（7）继续以操作员"202段琏"的身份在用友T3主界面，执行【核算】→【凭证】→【购销单据制单】命令，打开"生成凭证"窗口，

（8）单击【选择】按钮，弹出"查询条件"对话框，单击【全选】，再单击【确认】按钮，打开"未生成凭证单据一览表"，单击【全选】按钮，并勾选"已结算采购入库单自动选择全部结算单上单据（包括入库单、发票、付款单），非本月采购入库单按蓝字报销单制单"复选框，再依次单击【全选】、【确定】按钮，系统列出采购入库凭证一览表，系统自动带入的科目为初始设置科目，需要按实际业务情况修改，修改后如图3-2-11。

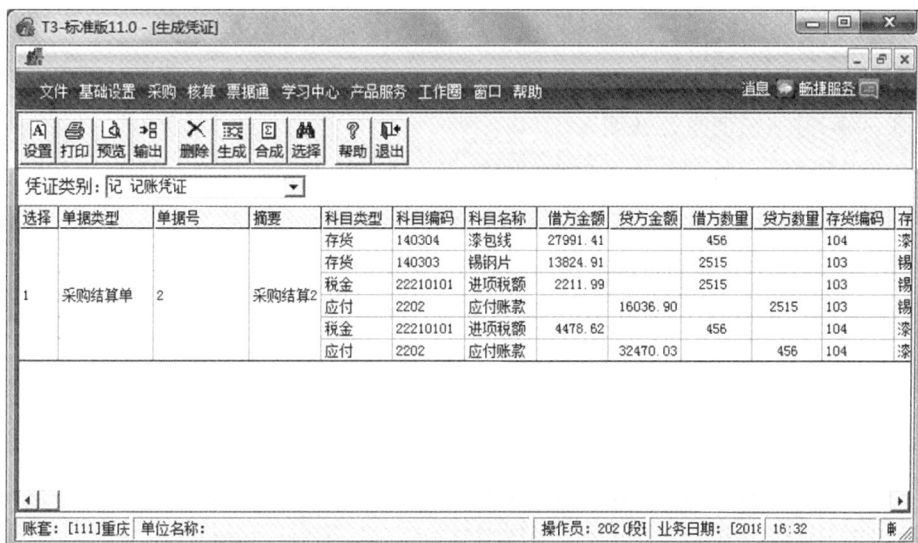

图 3-2-11　购销单据制单

(9)在生成凭证窗口单击【生成】按钮,再单击【保存】按钮,凭证保存后如3-2-12所示。

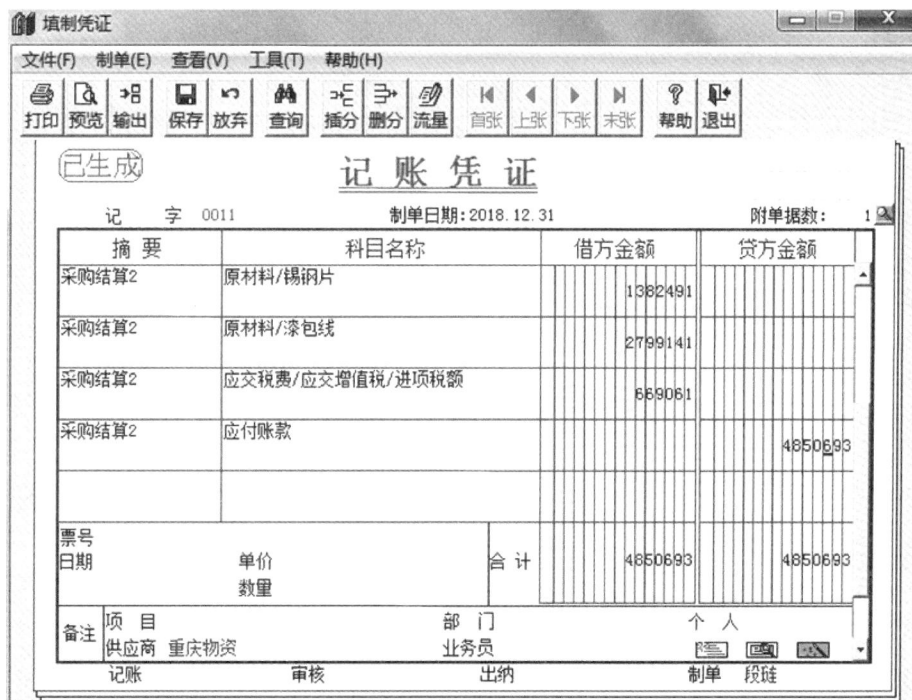

图 3-2-12　"填制凭证"窗口

(10)至此采购转账业务完成所有操作处理,退出返回主界面。其他采购转账业务可参照上述方法进行操作。

3. 采购付款核销业务处理

(1)以操作员"202段琏"的身份在"2018-12-31"登录用友T3主界面,执行【采购】→【供应商往来】→【付款结算】命令,进入"单据结算—付款单"窗口。

(2)单击"供应商"栏参照按钮,选择"001重庆蓝天机械公司",单击【增加】按钮,根据附录二19-1至19-2号原始凭证录入相关付款信息,如图3-2-13所示。

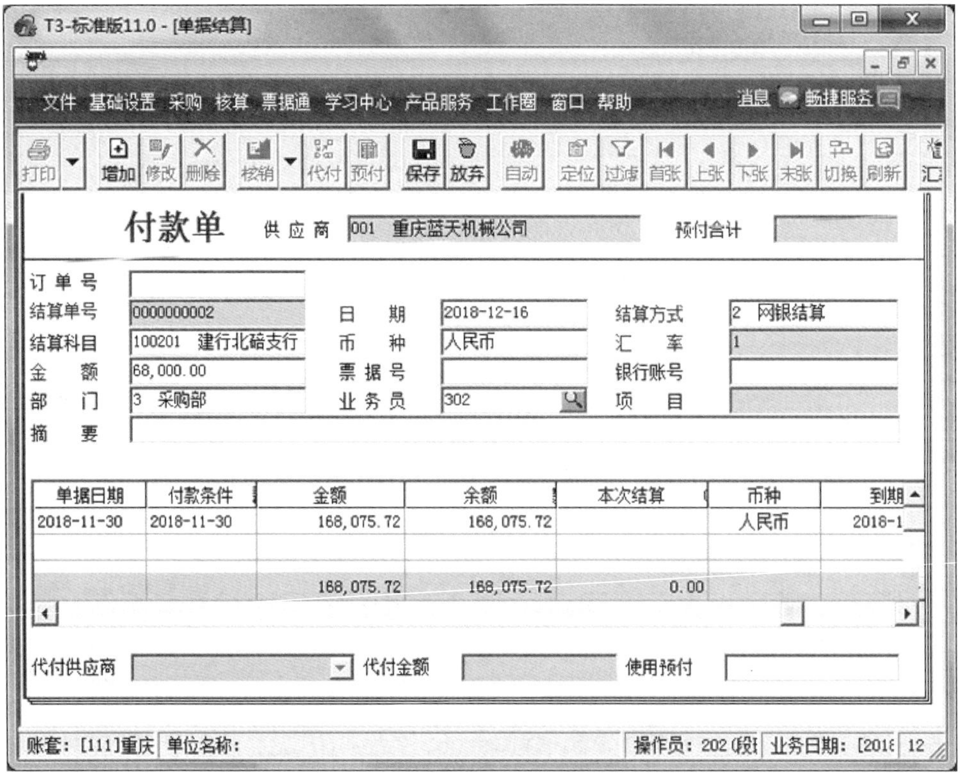

图3-2-13 "单据结算—付款单"窗口

(3)单击【保存】按钮,再单击【核销】按钮,在付款单的下半部分显示出了待核销的单据以及对应的金额,在"本次结算"栏录入"68,000.00",如图3-2-14所示。

(4)单击【保存】按钮,再单击【退出】按钮返回用友T3主界面。

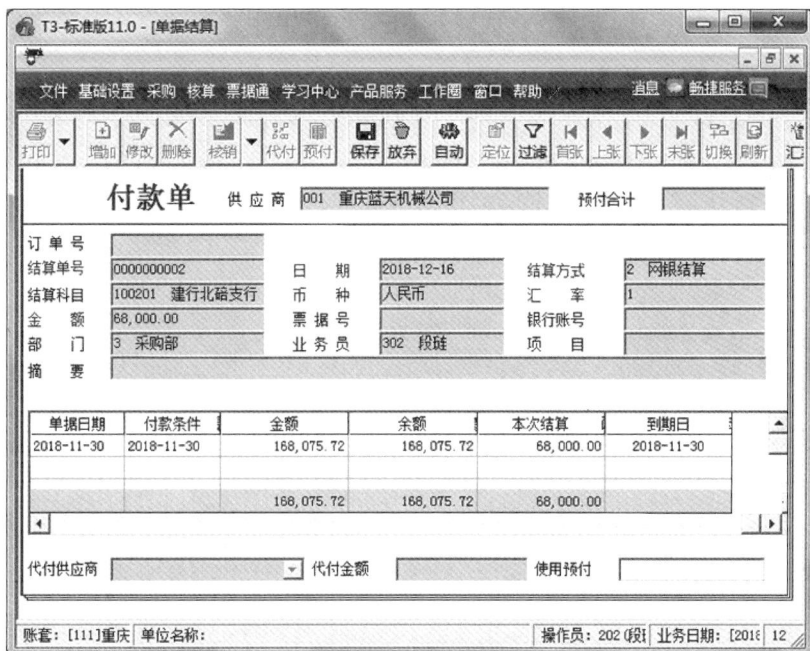

图3-2-14 已录入本次结算金额的付款单

(5)在用友T3主界面,执行【核算】→【凭证】→【供应商往来制单】命令,打开"供应商制单查询"对话窗,选择"核销制单"前的复选框,再单击【确认】按钮,进入"核销制单"窗口,如图3-2-15所示。

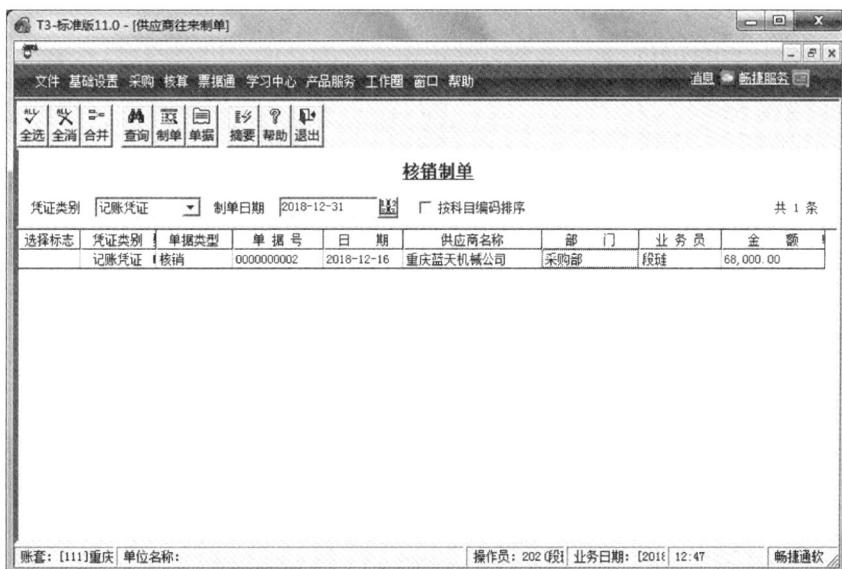

图3-2-15 "核销制单"窗口

(6)单击【全选】按钮,再单击【制单】按钮,打开"填制凭证"窗口,并单击【保存】按钮保存凭证,如图3-2-16所示。

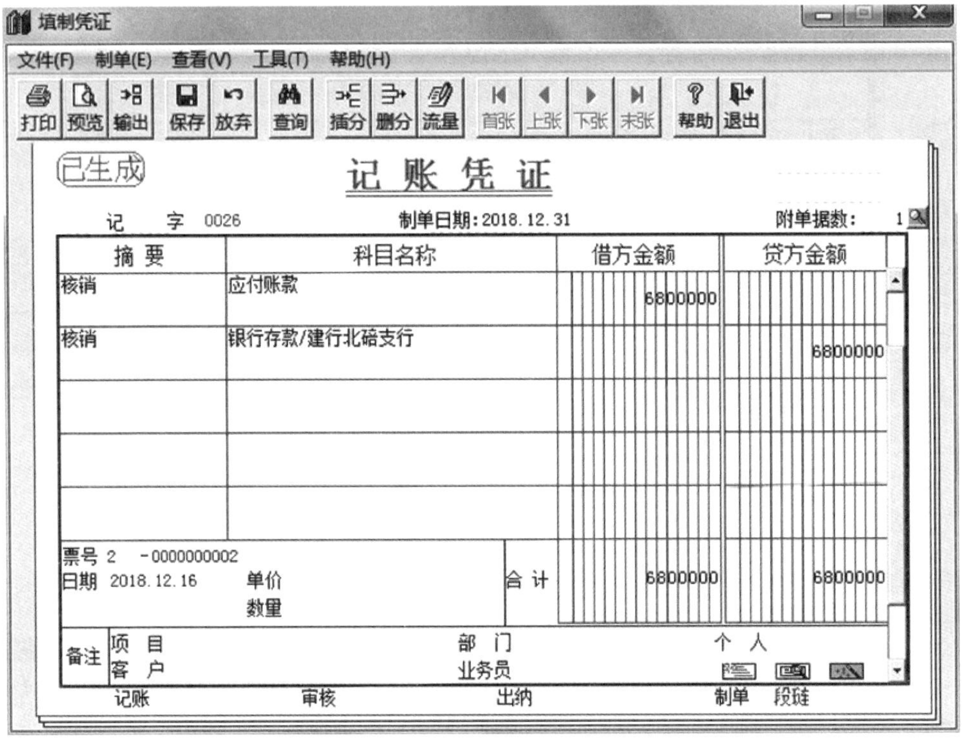

图3-2-16 "填制凭证"窗口

(7)单击【退出】按钮,完成采购付款核销业务的处理,其他采购付款核销业务均可参照此法处理。

二、销售日常业务处理

1. 销售收款核销业务

(1)以操作员"302何跃"的身份在"2018-12-31"登录用友T3主界面,执行【销售】→【客户往来】→【收款结算】命令,进入"单据结算—收款单"窗口。

(2)单击"客户"栏参照按钮,选择"002重庆乐乐设备公司",单击【增加】按钮,根据附录二8-1至8-3号原始凭证录入相关收款信息,如图3-2-13所示。

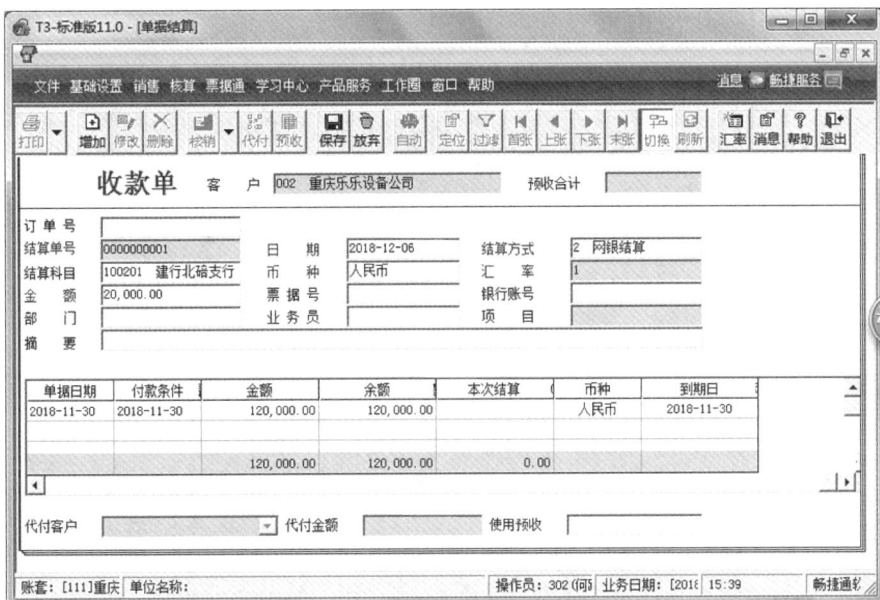

图3-2-17 "单据结算—收款单"窗口

（3）单击【保存】按钮，再单击【核销】按钮，在付款单的下半部分显示出了待核销的单据以及对应的金额，在"本次结算"栏录入"20,000.00"，如图3-2-18所示。

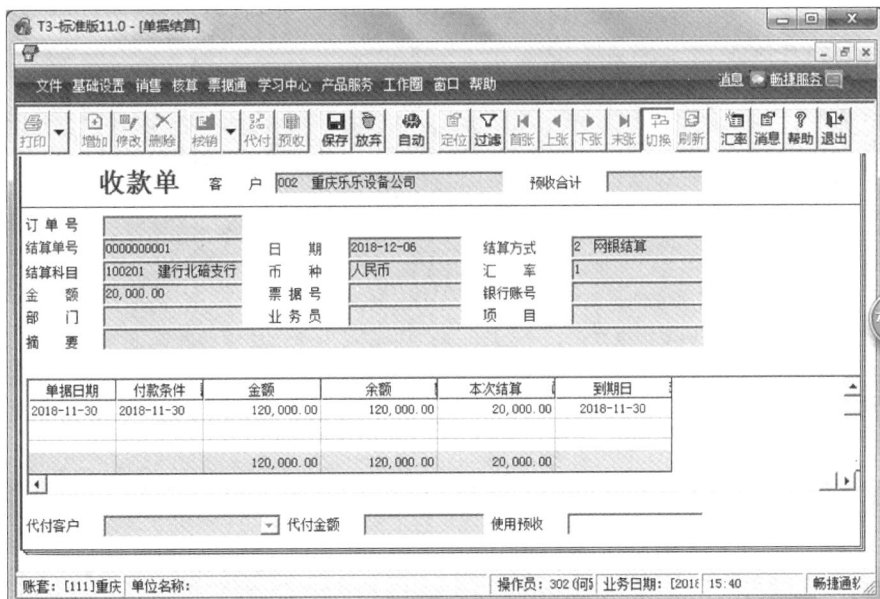

图3-2-18 已录入本次结算金额的收款单

（4）单击【保存】按钮，再单击【增加】按钮，继续核销"重庆乐乐设备公司"货款

30,000.00,单击【保存】按钮保存核销单据,如图3-2-19所示。

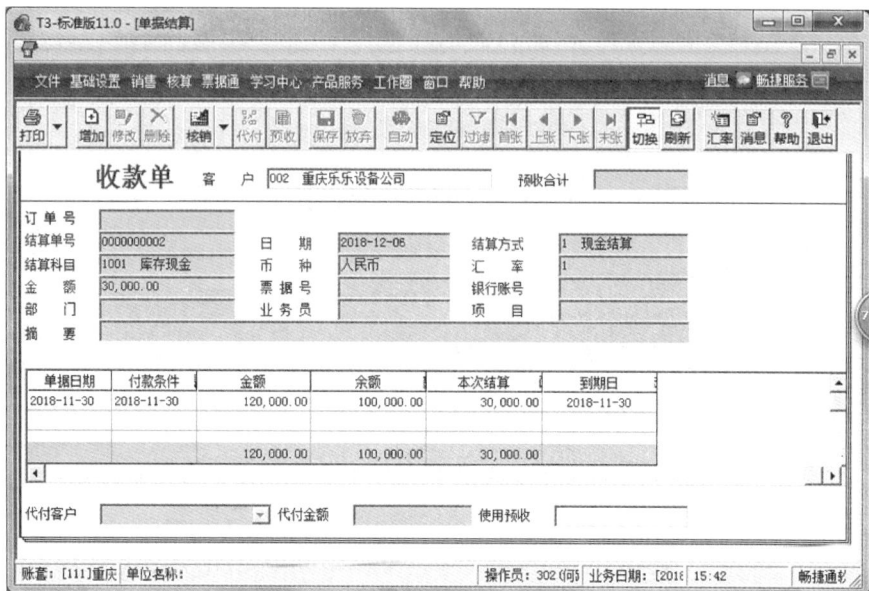

图3-2-19　　核销"重庆乐乐设备公司"货款

(5)单击【退出】按钮返回用友T3主界面,执行【核算】→【凭证】→【客户往来制单】命令,打开"客户制单查询"对话窗,选择"核销制单"前的复选框,再单击【确认】按钮,进入"核销制单"窗口,如图3-2-20所示。

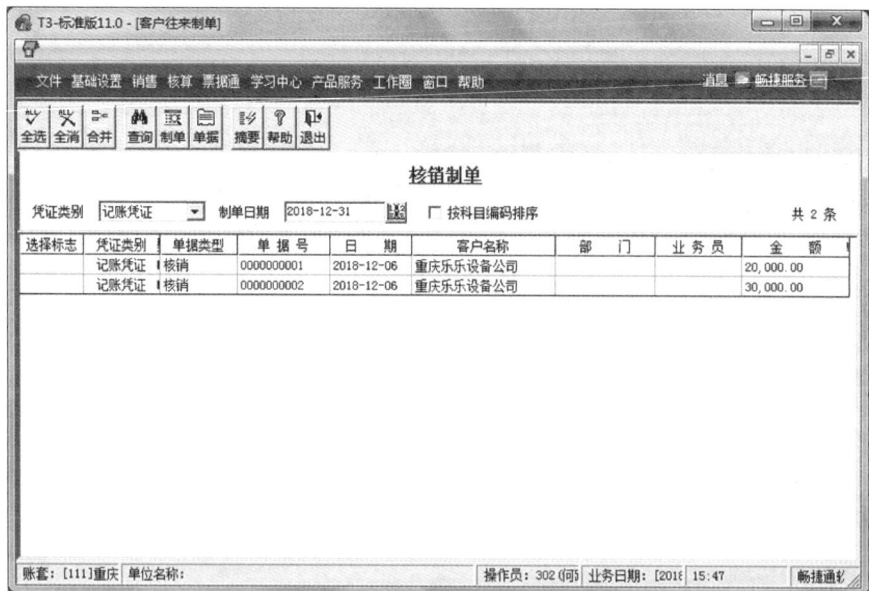

图3-2-20　"核销制单"窗口

(6)依次单击【全选】【合并】【制单】按钮,打开"填制凭证"窗口,并单击【保存】按钮保存凭证,如图3-2-21所示。

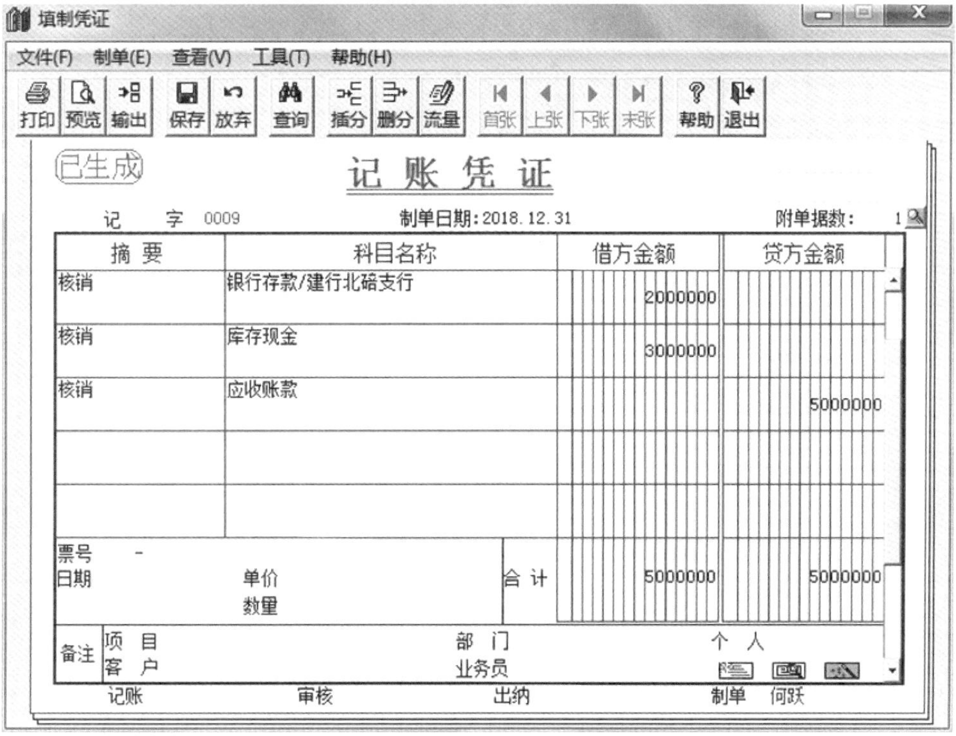

图3-2-21 "填制凭证"窗口

(7)单击【退出】按钮,完成销售收款核销业务的处理,其他销售收款核销业务均可参照此法处理。(注:业务四中将收到的30,000.00元现金货款存现的账务处理请自行在总账系统中直接填制凭证,故不在此赘述该部分处理。)

2. 销售转账业务处理

(1)以操作员"302何跃"的身份在"2018-12-31"登录用友T3主界面,执行【销售】→【销售发货单】命令,进入"发货单"窗口。单击【增加】按钮旁的下拉箭头,在下拉菜单中选中"发货单"菜单项,系统弹出"当前没有可提供参照的订单,是否继续?"信息提示框,单击【是】按钮,系统自动新增一张空白发货单。

(2)单击"客户名称"旁的参照按钮打开参照窗口,单击【编辑】按钮,进入客户档案窗口补录"重庆华一仪表公司"的纳税人识别号、开户银行及账号,否则无法开具销售专用发票,参照附录二24-1号原始凭证录入,如图3-2-22所示。

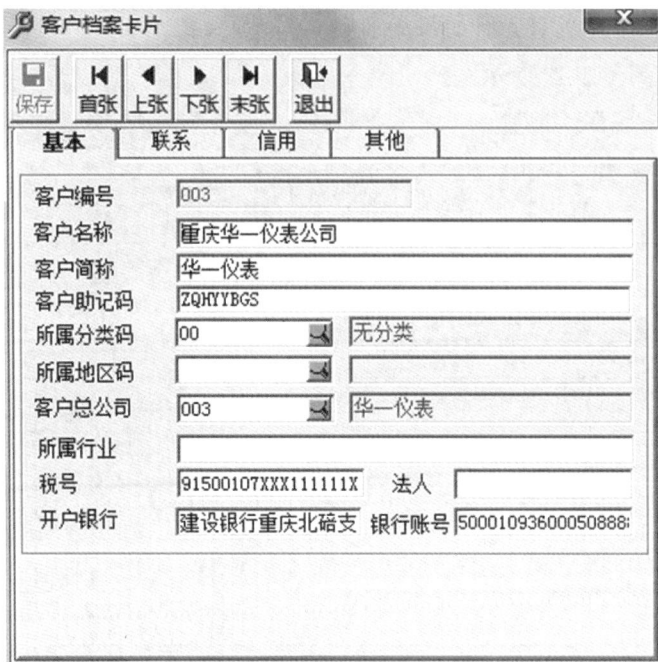

图3-2-22 补录客户档案信息

（3）根据业务五继续完善发货单，并单击【保存】按钮保存，如图3-2-23所示。

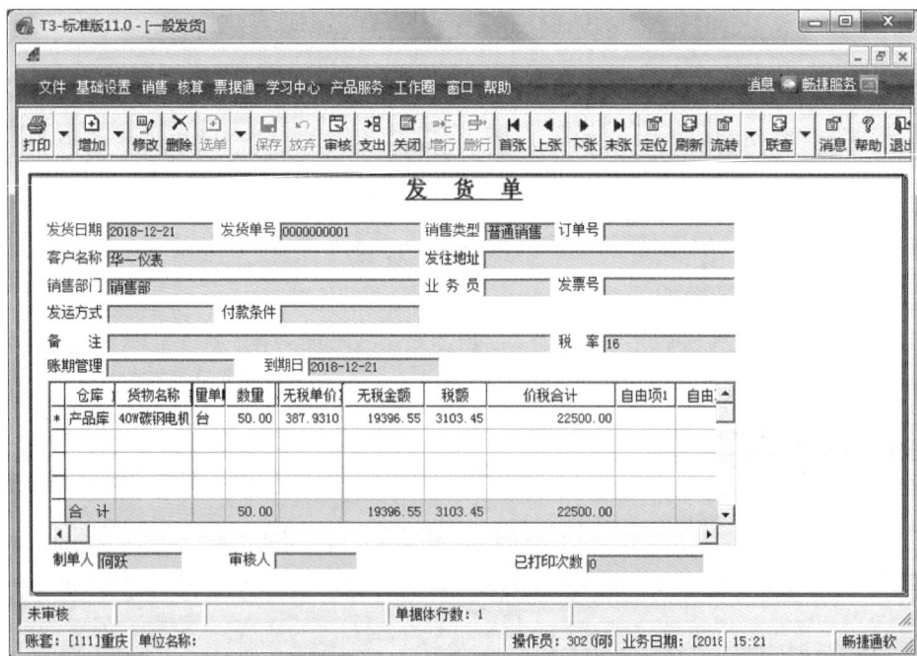

图3-2-23 "发货单"窗口

（4）单击【审核】按钮，弹出信息提示框，如图3-2-24所示。

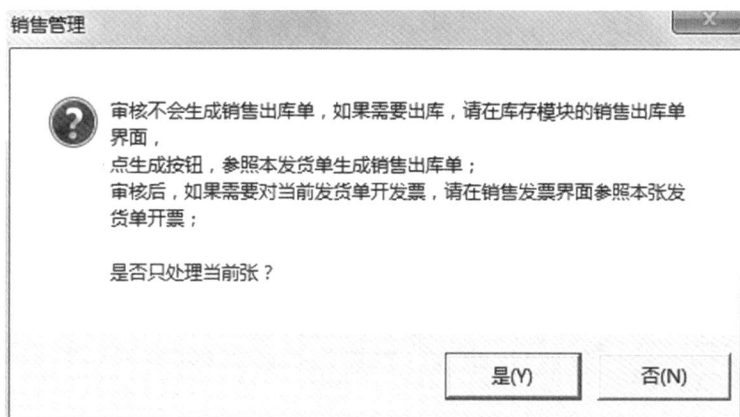

图3-2-24　"销售管理"信息提示框

（5）单击【是】按钮，弹出"0000000001号单据审核成功！"信息提示框，单击【确定】按钮，再单击【退出】按钮，完成发货单的填制和审核。

（6）在用友T3主界面，执行【销售】→【销售发票】命令，进入"销售发票"窗口。单击【增加】按钮旁的下拉菜单，选中"专用发票"菜单项，系统自动新增一张销售专用发票。

（7）单击【选单】按钮旁的下拉菜单，选中"发货单"菜单项，进入"选择发货单"窗口，直接单击【显示】按钮，并勾选所要引入的发货单信息，如图3-2-25所示。

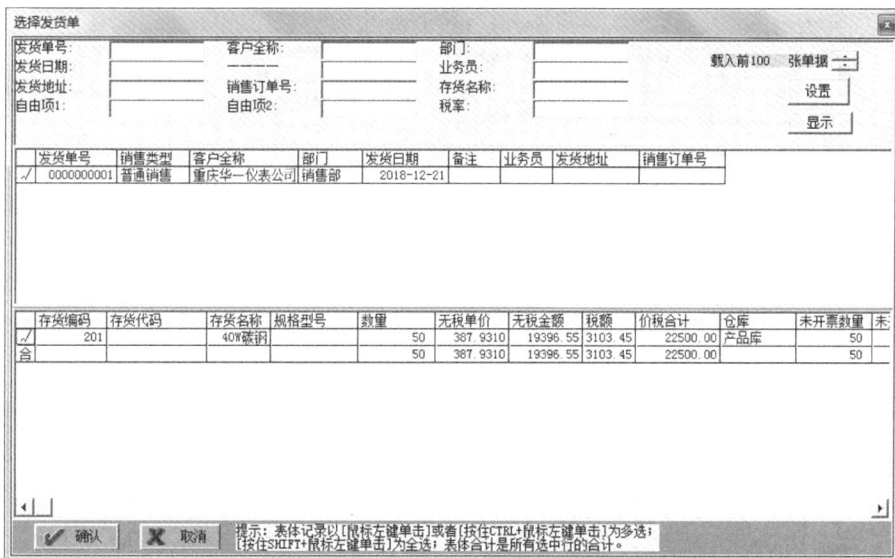

图3-2-25　"选择发货单"窗口

(8)单击【确认】按钮,系统根据发货单自动生成销售专用发票,修改发票信息与附录二24-1号原始凭证一致,单击【保存】按钮保存,如图3-2-26所示。

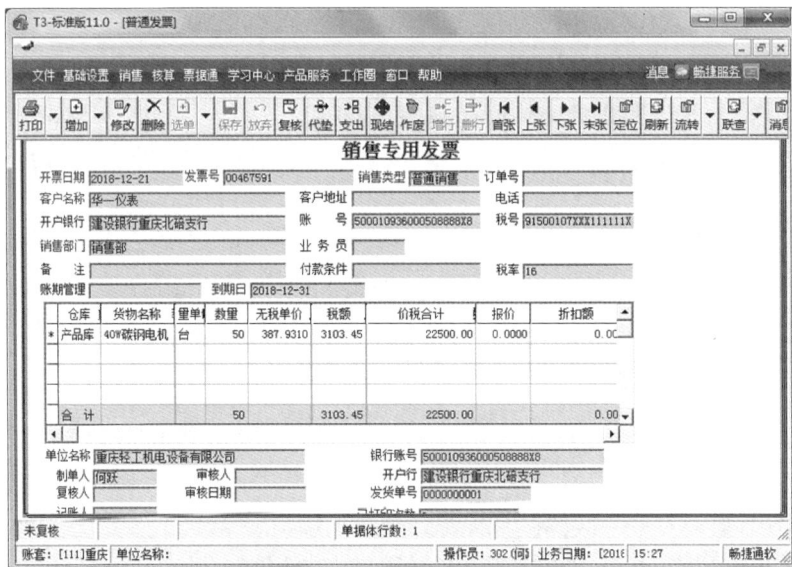

图3-2-26 "销售专用发票"窗口

(9)单击【代垫】按钮,进入"代垫费用单"窗口,单击【增加】按钮,根据附录二24-3号原始凭证录入代垫费用单,保存并审核此单,如图3-2-27所示。

图3-2-27 "代垫费用单"窗口

（10）单击【退出】按钮，返回"销售专用发票"窗口，单击【退出】按钮退出。

（11）以操作员"301 沈阳"的身份在"2018-12-31"登录用友 T3 主界面，执行【销售】→【销售】→【销售发票】命令，进入"销售专用发票"窗口，复核上述保存的销售发票。

（12）以操作员"402 李杰"的身份在"2018-12-31"登录用友 T3 主界面，执行【库存】→【销售出库单生成/审核】命令，进入"销售出库单"窗口，单击【生成】按钮，进入"发货单或发票参照"窗口，在"请选择："旁的下拉菜单中选择"全部"，系统显示如图 3-2-28 所示。

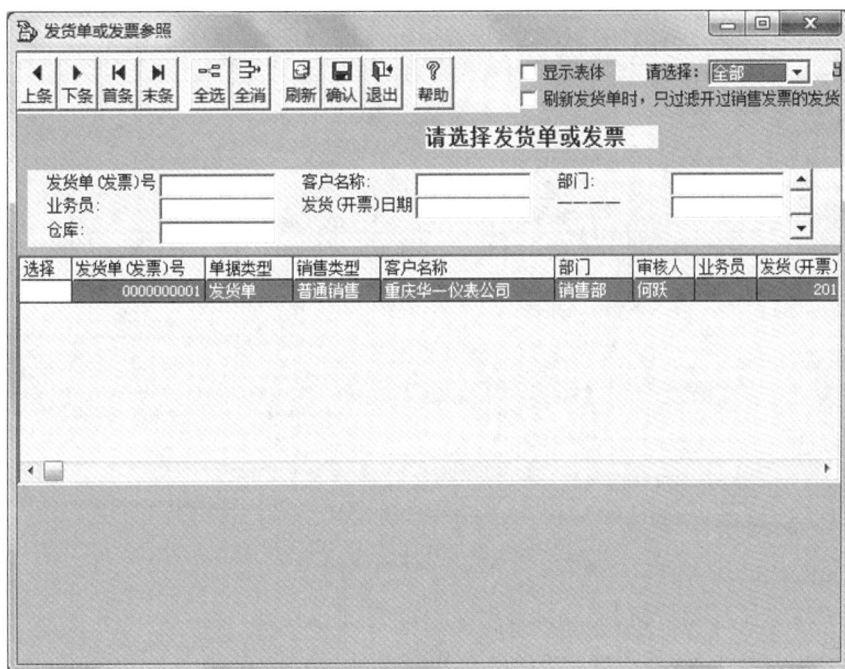

图 3-2-28 "发货单或发票参照"窗口

（13）单击【全选】按钮，再单击【确认】按钮，弹出系统提示框，如图 3-2-29 所示。

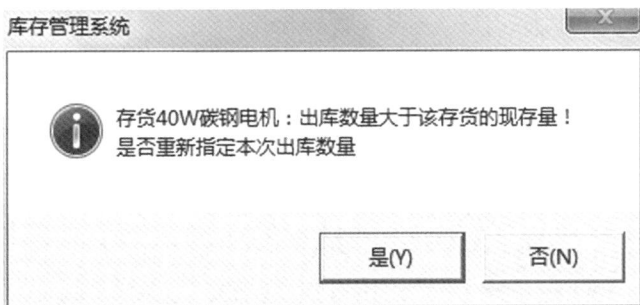

图 3-2-29 系统提示框

（14）单击【否】按钮，系统自动根据"发货单和发票"生成"销售出库单"，单击【退出】按钮，出库单已保存。

（15）以操作员"401张竞"的身份在"2018-12-31"登录用友 T3 主界面，执行【库存】→【销售出库单生成/审核】命令，进入"销售出库单"窗口，单击【审核】按钮，如图3-2-30所示。

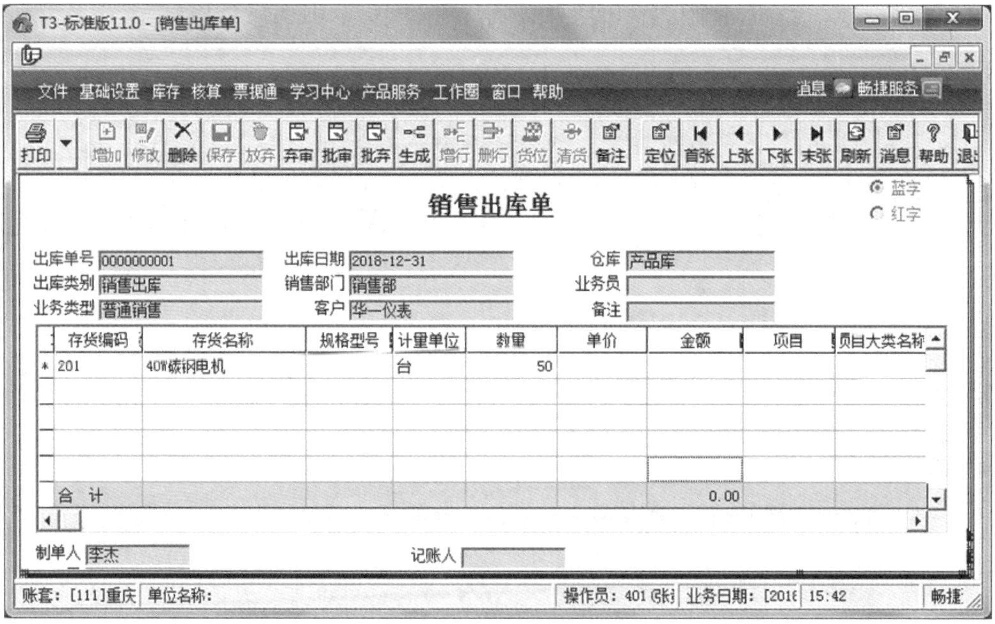

图 3-2-30　审核销售出库单

（16）单击【退出】按钮，完成销售出库单审核。

（17）以操作员"302何跃"的身份在"2018-12-31"登录用友 T3 主界面，执行【核算】→【核算】→【正常单据记账】命令，打开"正常单据记账条件"对话框。

（18）单击【确定】按钮，进入到"正常单据记账"窗口，系统列出所有未记账的出入库单据，如图3-2-31所示。

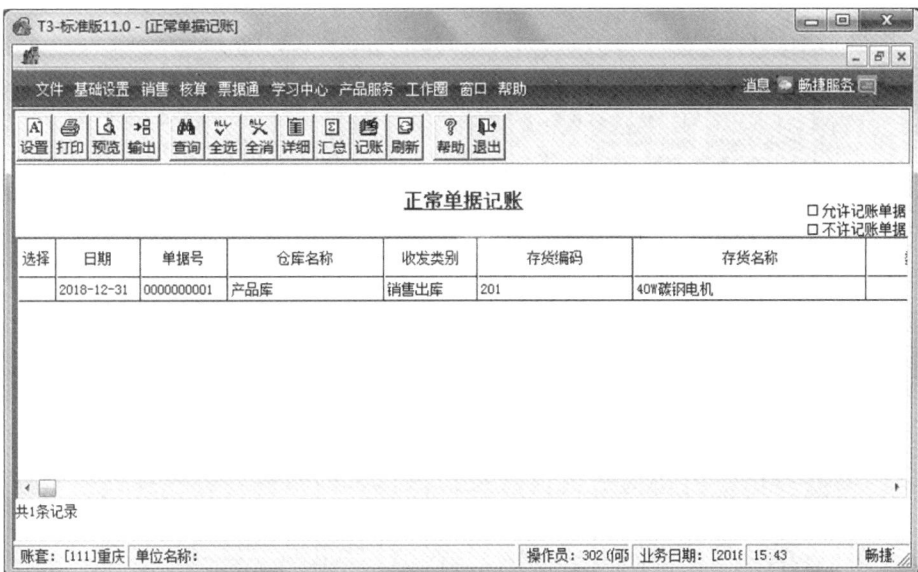

图 3-2-31　"正常单据记账"窗口

（19）单击【全选】按钮，选中全部业务单据。

（20）单击【记账】按钮，系统对选中的业务单据自动执行记账处理。

（21）记账完毕，单击【退出】按钮，返回用友 T3 主界面。

（22）在用友 T3 主界面，执行【核算】→【凭证】→【客户往来制单】命令，进入"客户制单查询"窗口，选中"发票制单"和"应收单制单"前的复选框，如图 3-2-32 所示。

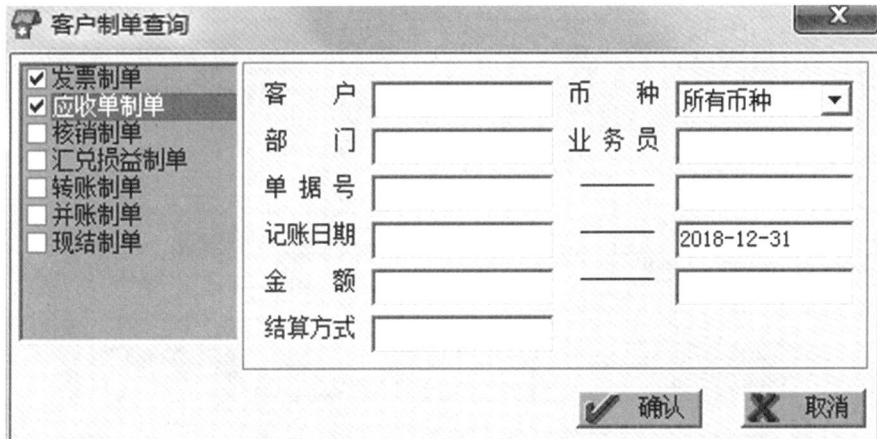

图 3-2-32　"客户制单查询"窗口

（23）单击【确认】按钮，进入"发票、应收单制单"窗口，如图 3-2-33 所示。

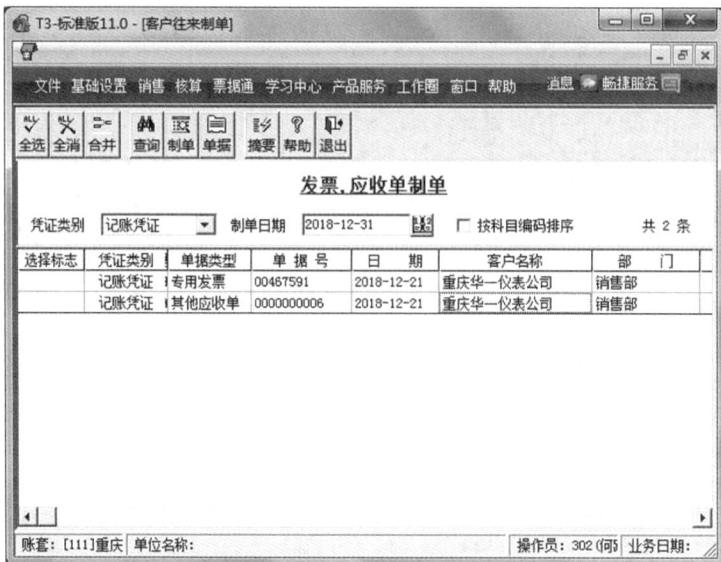

图 3-2-33　"发票、应收单制单"窗口

　　(24)依次单击【全选】【合并】【制单】等按钮,进入"填制凭证"窗口,根据附录二24-3 号原始凭证完善凭证信息,如图 3-2-34 所示。

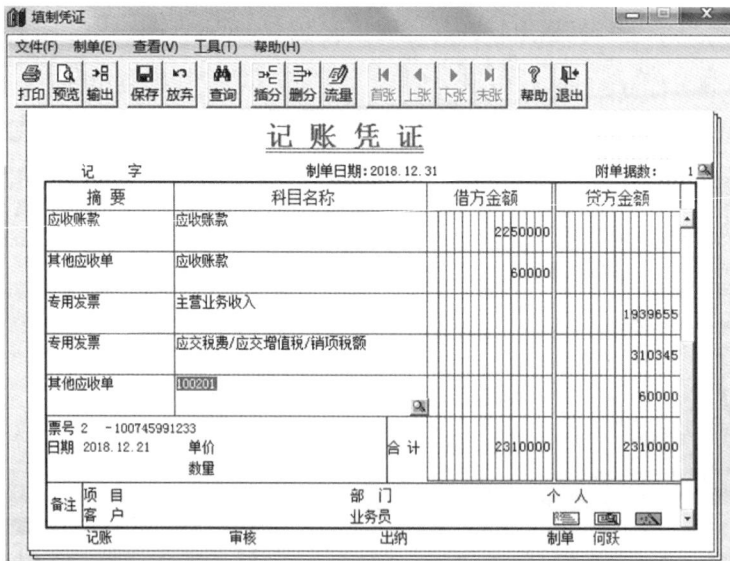

图 3-2-34　"填制凭证"窗口

　　(25)单击【保存】按钮,生成该凭证。

　　(26)单击【退出】按钮,至此销售转账业务的处理已全部完成,其他销售转账业务均可参照此法处理。

3. 销售现收业务处理

业务五与业务六操作步骤类似,直接根据操作步骤指引表6操作简述如下:

(1)以操作员"302何跃"的身份填制发货单并审核,如图3-2-35、图3-2-36所示。

图3-2-35　补录美美工贸税号、开户银行及银行账号

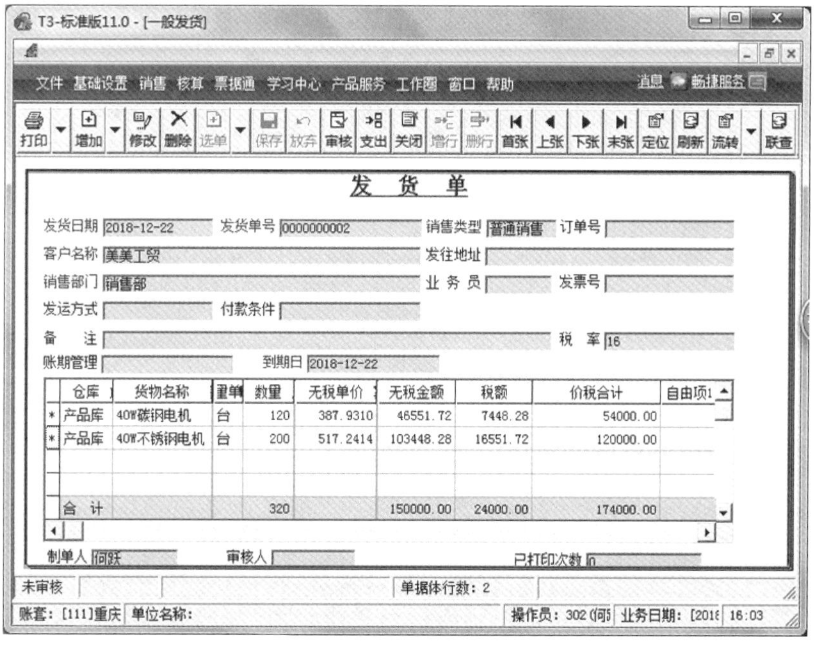

图3-2-36　"发货单"窗口

（2）根据发货单生成销售专用发票，根据附录二25-1号的原始凭证完善发票并保存，如图3-2-37所示。

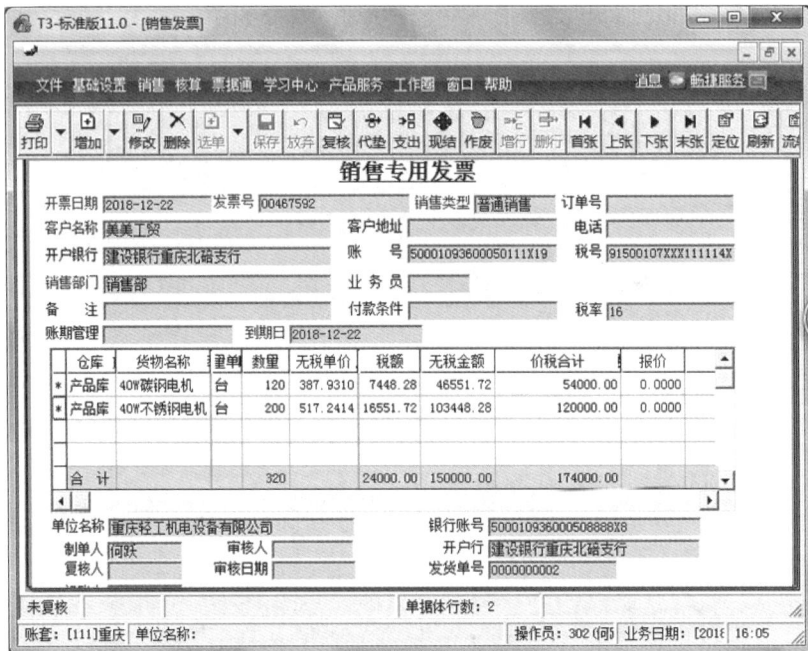

图3-2-37 "销售专用发票"窗口

（3）在"销售专用发票"窗口，单击【现结】按钮，添加销售现结记录，如图3-2-38所示。

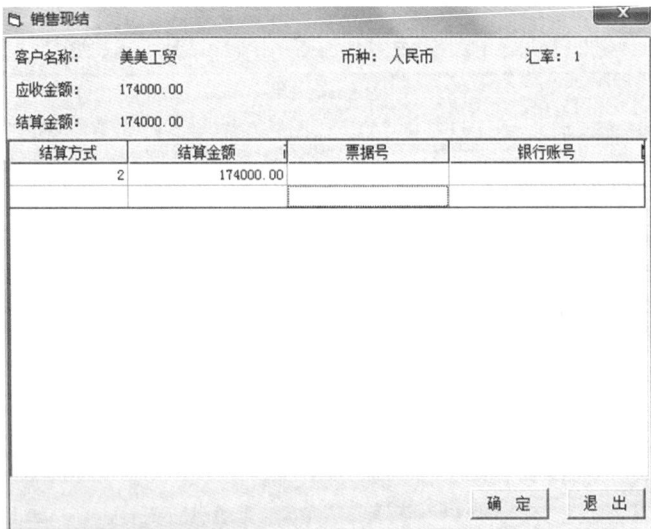

图3-2-38 "销售现结"窗口

（4）更换操作员"301沈阳"复核销售专用发票,图略。

（5）更换操作员"402李杰"根据发货单和销售专用发票生成出库单,如图3-2-39所示。

图3-2-39　"销售出库单"窗口

（6）更换操作员"401张竞"审核出库单,图略。

（7）更换操作员"302何跃"正常单据记账,图略。

（8）继续以操作员"302何跃"的身份在用友T3主界面,执行【核算】→【凭证】→【客户往来制单】命令,进入"客户制单查询"窗口,选中"现结制单"前的复选框,单击【确认】按钮,进入"现结制单"窗口,单击【全选】,再单击【制单】按钮,进入"填制凭证"窗口,完善记账凭证并保存,如图3-2-40所示。

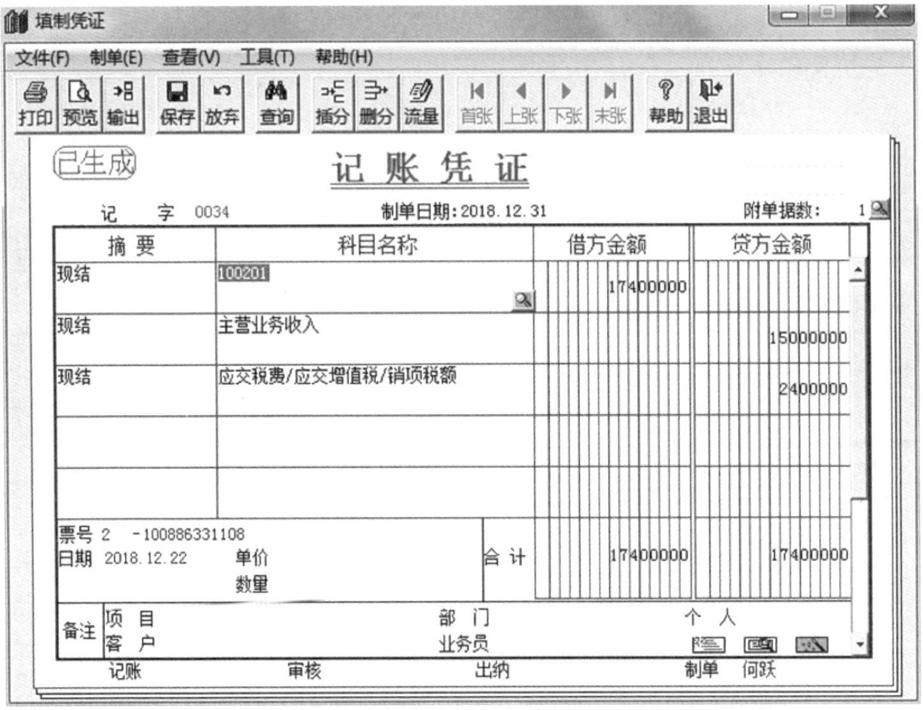

图 3-2-40 "填制凭证"窗口

(9)单击【退出】按钮,至此销售现收业务的处理已全部完成,其他销售现收业务均可参照此法处理。

三、库存\存货日常业务处理

1. 业务七操作步骤如下

(1)以操作员"402李杰"的身份在"2018-12-31"登录用友T3主界面,执行【库存】→【其他出库单】命令,进入"其他出库单"窗口。

(2)单击【增加】按钮,根据附录二35-1填制其他出库单,如图3-2-41所示。

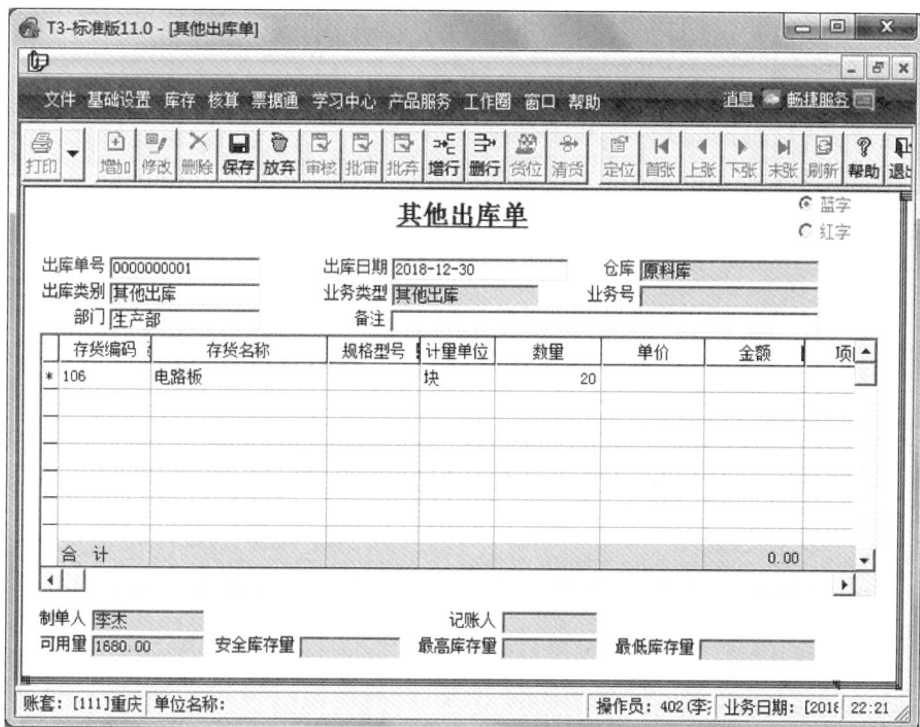

图 3-2-41　"其他出库单"窗口

（3）单击【保存】按钮，再单击【退出】按钮。

（4）以操作员"401 张竞"的身份在"2018-12-31"登录用友 T3 主界面，执行【库存】→【其他出库单】命令，进入"其他出库单"窗口，单击【审核】按钮，再单击【退出】按钮，完成其他出库单是审核。

（5）以操作员"402 李杰"的身份在"2018-12-31"登录用友 T3 主界面，执行【核算】→【核算】→【正常单据记账】命令，单击【全选】，再单击【记账】按钮，完成正常单据记账。

（6）后续操作步骤详见项目四任务一，此处不做后续操作处理。

2. 业务八操作步骤如下：

（1）以操作员"402 李杰"的身份在"2018-12-31"登录用友 T3 主界面，执行【库存】→【材料出库单】命令，进入"材料出库单"窗口。

（2）单击【增加】按钮，根据附录二 37-1 至 37-13 依次填制材料出库单，如图 3-2-42 所示。

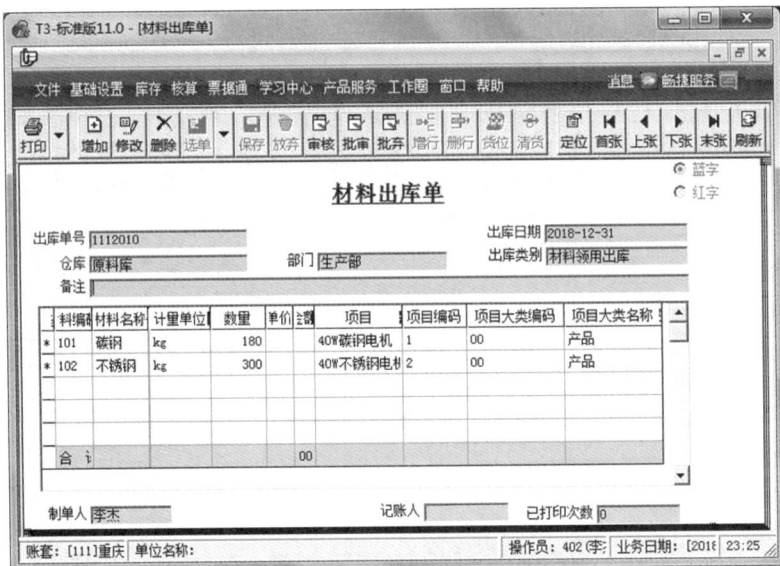

图3 2-42 材料出库单填制

（3）单击【保存】按钮，然后单击【增加】按钮，参照此法继续录入余下的材料出库单，操作同前。

（4）更换操作人员"401张竞"在"2018-12-31"登录用友T3主界面，执行【库存】→【材料出库单】命令，进入"材料出库单"窗口。

图3-2-43 "批量审核"窗口

（5）单击【批审】按钮，进入"批量审核"窗口，单击【刷新】按钮，然后单击【全选】按钮，如图3-2-43所示。

（6）最后单击【确认】按钮，完成材料出库单批量审核。

（7）更换操作员"402李杰"的身份在"2018-12-31"登录用友T3主界面，执行【核算】→【核算】→【正常单据记账】命令，单击【全选】，再单击【记账】按钮，完成正常单据记账。

（8）后续操作步骤详见项目四任务一，此处不做后续操作处理。

3. 业务九操作步骤如下：

（1）以操作员"402李杰"的身份在"2018-12-31"登录用友T3主界面，执行【库存】→【产成品入库单】命令，进入"产成品入库单"窗口。

（2）单击【增加】按钮，根据附录二39-1、39-2填制产成品入库单并保存，如图3-2-44所示。

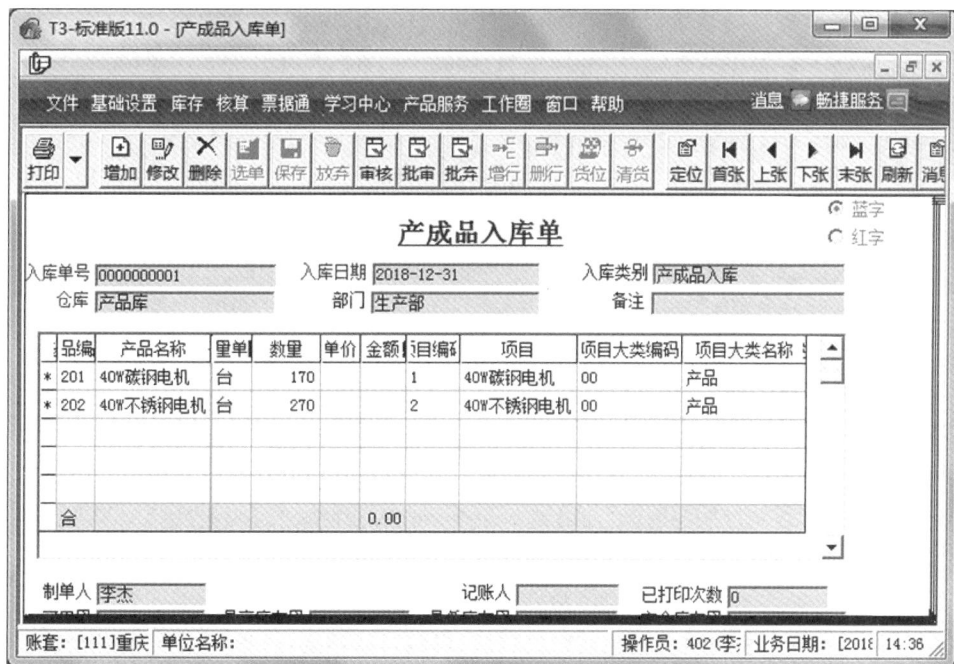

图3-2-44　"产成品入库单"窗口

（3）更换操作人员"401张竞"对产成品入库单进行审核，步骤略。

（4）后续操作步骤详见项目四任务一，此处不做后续操作处理。

任务小结

（1）购销存管理系统生成的凭证会自动传递到总账系统，但总账系统不能修改外部系统传来的凭证，若要修改需在核算模块才能修改。

（2）本企业存货核算制度采用全月平均法，平时存货发出时，出库单仅登记出库数量，待核算子系统通过月末处理核算出存货发出平均单价后再生成出库凭证。

（3）受存货核算制度的影响，产成品入库成本的核算，也只有待核算子系统经过月末处理后才能核算出产品成本，但核算子系统月末处理的前提是采购、销售、库存子系统必须进行月末结账处理，因此产成品入库时采购入库单仅登记入库数量，待核算出入库产品成本并进行产成品成本分配后系统自动完善入库单的产成品入库成本。

（4）材料出库单有"项目"和"项目大类名称"这两项，却无法进行选择也无法进行项目核算，此时需要到基础设置—单据设计—材料出库单设计中增加"项目编码""项目大类编码"这两项分类后，方能进行项目核算。

任务三　工资管理系统日常业务及期末处理

任务目标

（1）掌握工资管理系统的业务流程。

（2）掌握工资档案的日常维护、职工工资变动数据的录入与计算，掌握根据人员类别计提工资费用。

（3）掌握社会保险的计提比例，会计算、代扣社会保险。

（4）掌握个人所得税的计算与代扣。

任务描述

以操作员"102明亮"的身份注册进入用友T3主界面完成以下操作：

1. 工资变动处理

工资数据表，见表3-3-1。

表3-3-1　工资数据表

姓名	部门	基本工资(元)	缴费基数(元)	大额医疗保险(元/月/人)
张四	总经办	20,500.00	15,523.00	5.00
李三	总经办	18,500.00	15,523.00	5.00
王五	总经办	15,500.00	15,000.00	5.00
刘小明	总经办	4,000.00	3,500.00	5.00
王万明	财务部	5,000.00	4,500.00	5.00
张大伟	财务部	4,500.00	4,000.00	5.00
明亮	财务部	3,500.00	3,105.00	5.00
肖六	财务部	3,500.00	3,105.00	5.00

续表

姓名	部门	基本工资(元)	缴费基数(元)	大额医疗保险(元/月/人)
郑洲	采购部	4,500.00	4,000.00	5.00
段琏	采购部	3,000.00	3,105.00	5.00
徐一凡	行政部	4,500.00	4,000.00	5.00
吴江南	行政部	2,800.00	3,105.00	5.00
沈阳	销售部	4,500.00	4,000.00	5.00
何跃	销售部	3,300.00	3,105.00	5.00
张竞	仓储部	4,500.00	4,000.00	5.00
李杰	仓储部	3,500.00	3,105.00	5.00
宋明	生产部	5,000.00	4,500.00	5.00
何小纳	生产部	2,200.00	3,105.00	5.00
周民	生产部	2,300.00	3,105.00	5.00
邱海	生产部	2,500.00	3,105.00	5.00
张辉	生产部	3,300.00	3,105.00	5.00
徐大江	生产部	3,600.00	3,105.00	5.00
彭正	生产部	2,700.00	3,105.00	5.00
罗凯	生产部	2,800.00	3,105.00	5.00
黄开	生产部	2,900.00	3,105.00	5.00
沈鸿	生产部	1,400.00	3,105.00	5.00
蒋立	生产部	1,600.00	3,105.00	5.00
丁然	生产部	2,500.00	3,105.00	5.00

2. 扣缴个人所得税处理

个人所得税设置参数:扣税基数为税前工资,减除费用是5,000.00元,工资薪金所得适用的是七级超额累进税率。工资薪金所得适用的个人所得税税率表,见表3-3-2。

表3-3-2　工资薪金所得适用的个人所得税税率表

级数	全月应纳税所得额	税率	速算扣除数
1	不超过3000元的	3%	—
2	超过3000元至12000元的部分	10%	210.00
3	超过12000元至25000元的部分	20%	1,410.00
4	超过25000元至35000元的部分	25%	2,660.00
5	超过35000元至55000元的部分	30%	4,410.00
6	超过55000元至80000元的部分	35%	7,160.00
7	超过80000元的部分	45%	15,160.00

3. 分摊处理

（1）工资分摊设置，见表3-3-3。

表3-3-3　应发工资分摊设置

部门名称	人员类别	项目	借方科目	贷方科目
总经办、财务部、采购部、行政部、仓储部	管理人员	应发合计	660204	221101
销售部	经营人员	应发合计	660104	221101
生产部	车间管理人员	应发合计	510102	221101
生产部	生产工人	应发合计	510102	221101

注：应发工资的分摊计提比例为100%。

（2）工会经费分摊设置，见表3-3-4。

表3-3-4 工会经费分摊设置

部门名称	人员类别	项目	借方科目	贷方科目
总经办、财务部、采购部、行政部、仓储部	管理人员	应发合计	660206	221104
销售部	经营人员	应发合计	660206	221104
生产部	车间管理人员	应发合计	660206	221104
生产部	生产工人	应发合计	660206	221104

注：工会经费的分摊计提比例为2%。

（3）职工教育经费分摊设置，见表3-3-5。

表3-3-5 职工教育经费分摊设置

部门名称	人员类别	项目	借方科目	贷方科目
总经办、财务部、采购部、行政部、仓储部	管理人员	应发合计	660207	221105
销售部	经营人员	应发合计	660207	221105
生产部	车间管理人员	应发合计	660207	221105
生产部	生产工人	应发合计	660207	221105

注：职工教育经费的分摊计提比例为2.5%。

4. 分摊账务处理

业务一：12月9日，计提当月应发工资138,400.00元（见附录二11-1、11-2）。

业务二：12月12日根据工资结算汇总表计提工会经费（2%）、职工教育经费（2.5%）（见附录二13-1）。

任务实施

一、工资变动处理

（1）以操作员"102明亮"的身份在"2018-12-31"登录用友T3主界面，执行【工资】→【业务处理】→【工资变动】命令，打开"工资变动"窗口，如图3-3-1所示。

图 3-3-1　"工资变动"窗口

（2）在"工资变动"对话框中，根据表3-3-1的资料，分别录入基本工资、缴费基数。

（3）单击 按钮（数据替换），弹出"工资项数据替换"窗口，将"大额医疗保险"替换成"5"，如图3-3-2所示。

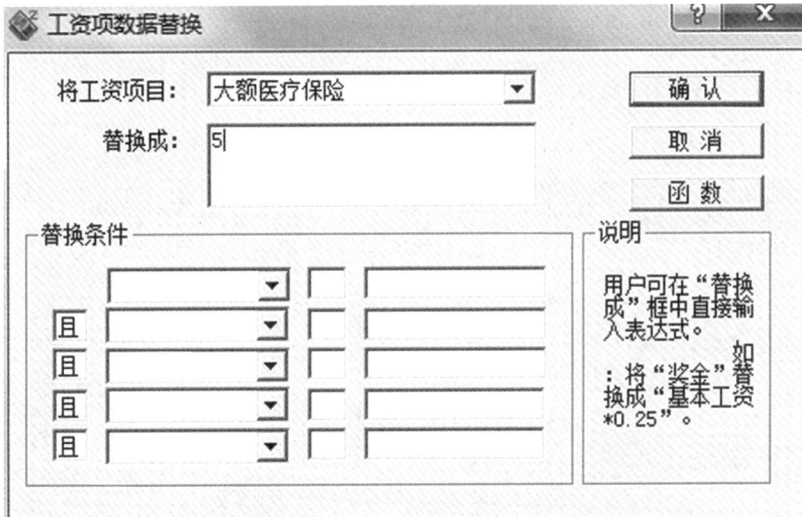

图 3-3-2　"工资项数据替换"窗口

（4）单击【确认】按钮，系统弹出"28条记录被替换，是否重新计算？"提示框，单击【是】按钮，系统自动计算出全部工资项目数据，如图3-3-3所示。

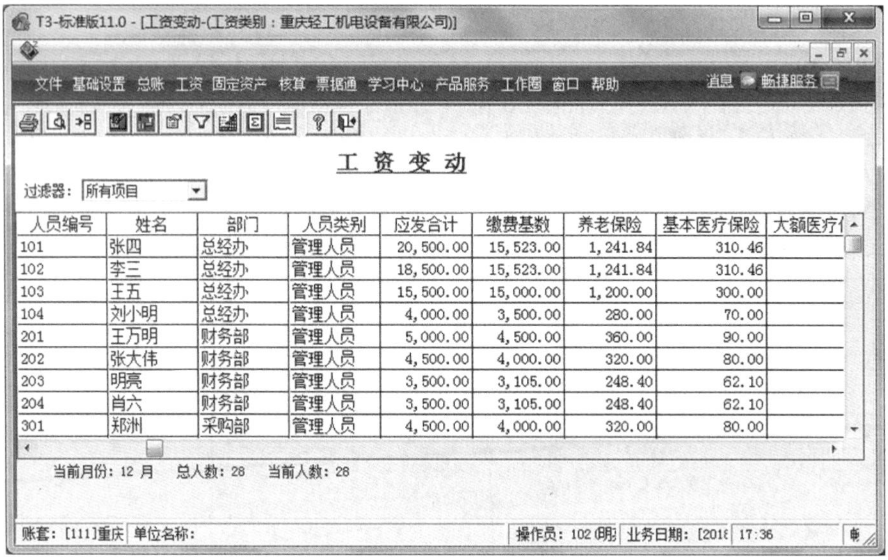

图 3-3-3　工资项目数据

（5）单击 ![退出按钮] 按钮（退出），系统弹出"数据发生变动后请进行工资计算和汇总，否则工资数据可能不正确！是否进行工资计算和汇总？"信息提示框，单击【是】按钮，退出工资变动对话框，完成工资业务变动的处理。

二、扣缴个人所得税处理

（1）在用友T3主界面，执行【工资】→【业务处理】→【扣缴所得税】命令，打开"栏目选择"对话框，将"对应工资项目"改为"税前工资"，如图3-3-4所示。

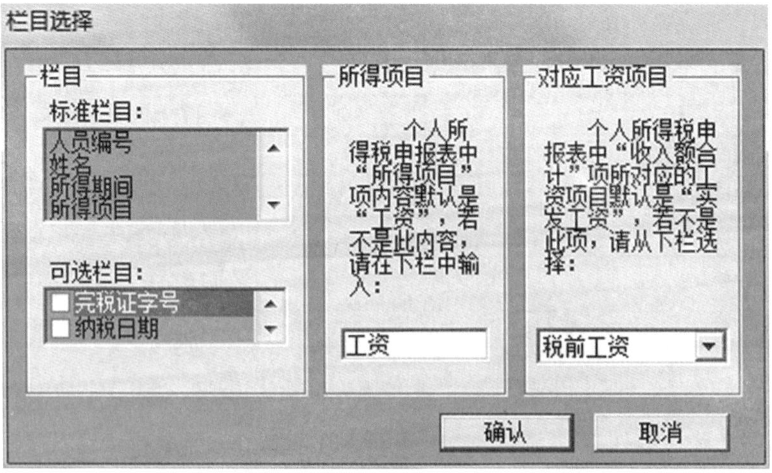

图3-3-4　"栏目选择"对话框

（2）单击【确认】按钮，打开"个人所得税扣缴申报表"窗口，单击 （税率），弹出"个人所得税申报表—税率表"对话框，根据表3-3-2设置，如图3-3-5所示。

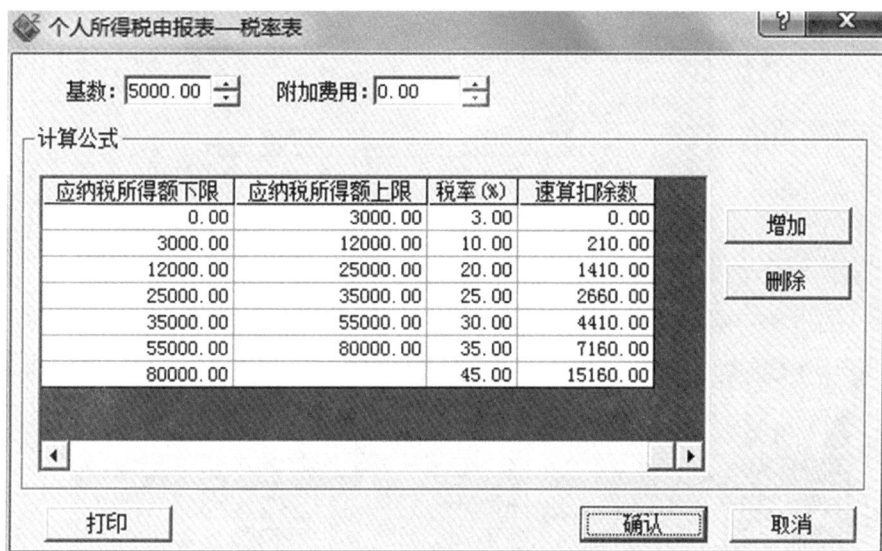

图3-3-5　"个人所得税申报表—税率表"对话框

（3）设置完成，单击【确认】按钮，系统提示"调整税率表后，个人所得税需重新计算。是否重新计算个人所得税？"，单击【是】按钮，返回"个人所得税扣缴申报表"窗口，单击 （退出）后退出。

（4）在用友T3主界面，执行【工资】→【业务处理】→【工资变动】命令，打开"工资变动"窗口。

（5）单击 按钮（重新计算），重新计算全部工资项目内容。

三、工资分摊处理

1. 工资分摊设置

（1）在用友T3主界面，执行【工资】→【业务处理】→【工资分摊】命令，打开"工资分摊"对话框，单击【工资分摊设置】按钮，打开"分摊类型设置"对话框，单击【增加】按钮，打开"分摊计提比例设置"对话框，在"计提类型名称"栏中录入"应发工资"，如图3-3-6所示。

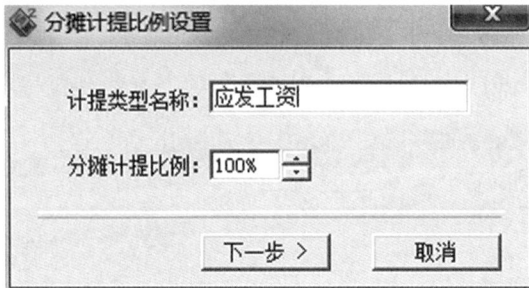

图 3-3-6 "分摊计提比例设置"对话框

（2）单击【下一步】按钮，打开"分摊构成设置"对话框。

（3）在"分摊构成设置"对话框中，参照表 3-3-3 设置各项内容，如图 3-3-7 所示。

分摊构成设置

部门名称	人员类别	项目	借方科目	贷方科目
总经办,财务部,采	管理人员	应发合计	660204	221101
销售部	经营人员	应发合计	660104	221101
生产部	车间管理人员	应发合计	510102	221101
生产部	生产工人	应发合计	510102	221101

图 3-3-7 "分摊构成设置"对话框

（4）单击【完成】按钮，返回到"分摊类型设置"对话框，继续参照上述方法增加"工会经费""职工教育经费"的分摊设置，完成后返回此处，如图 3-3-8 所示。

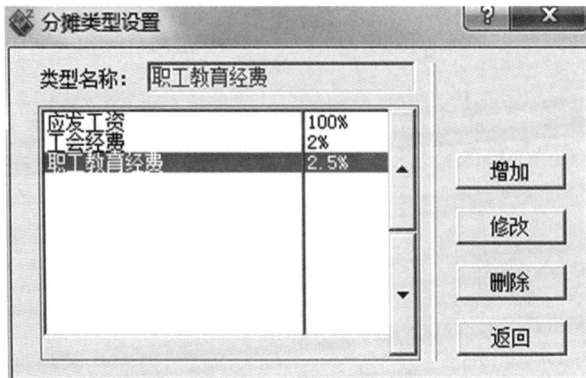

图 3-3-8 完成工资分摊设置

2. 工资分摊账务处理

(1)业务一操作步骤如下。

①接上述步骤,工资分摊设置完成后,单击【返回】按钮,返回到"工资分摊"对话框,单击选中"应发工资"前的复选框,并单击选中各个部门,再选中"明细到工资项目"复选框,如图3-3-9所示。

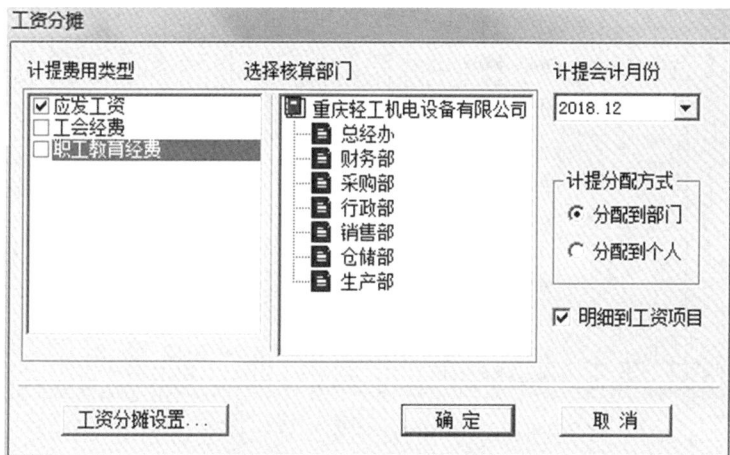

图3-3-9　"工资分摊"对话框

②单击【确定】按钮,打开"应发工资一览表",如图3-3-10所示。

图3-3-10　应发工资一览表

③单击【制单】按钮,进入"填制凭证"窗口,再单击【保存】按钮,凭证左上角显示"已生成"标记,如图3-3-11所示。

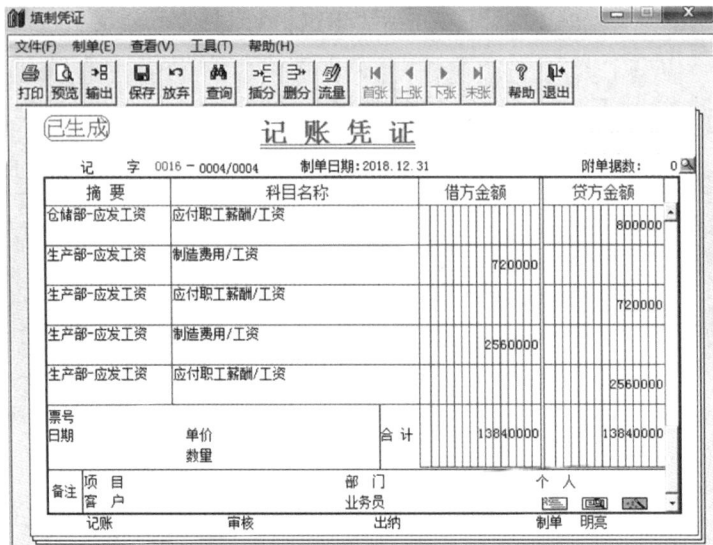

图3-3-11　生成应发工资记账凭证

④单击【退出】按钮,返回"应发工资一览表",退出返回用友T3主界面,执行【总账】→【凭证】→【填制凭证】命令,打开"填制凭证"窗口,单击【增加】按钮,根据附录二11-2号原始凭证"生产成本—工资分配表"的工时分配标准计算分配生产工人工资,如图3-3-12所示。

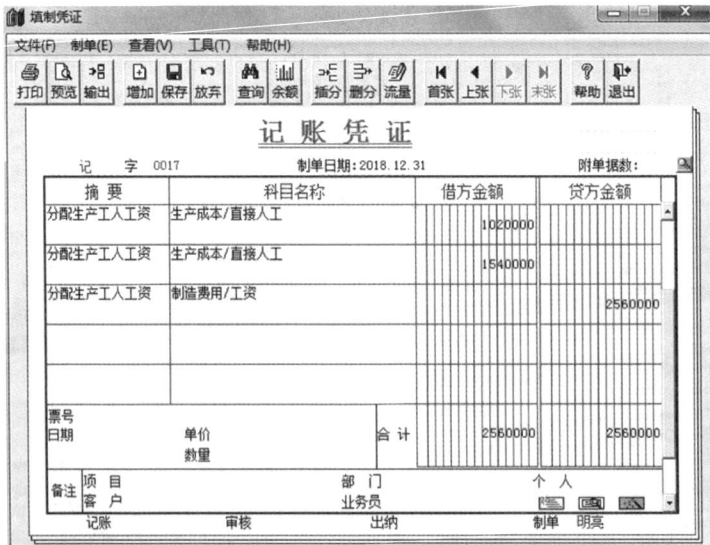

图3-3-12　分配生产工人工资的记账凭证

⑤单击【保存】按钮退出。

（2）业务二操作步骤如下。

①按照上述方法，执行【工资】→【业务处理】→【工资分摊】命令，继续生成"计提工会经费、职工教育经费"的凭证，在弹出的"工资分摊"对话框中，这次勾选还未制单的"工会经费"和"职工教育经费"前的复选框，如图3-3-13所示。

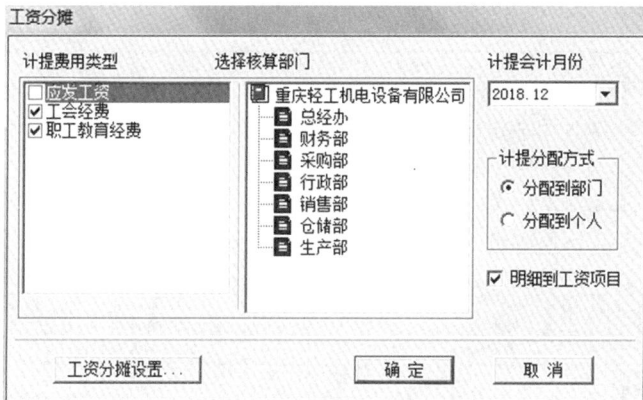

图3-3-13　"工资分摊"对话框

②单击【确定】按钮，打开"工会经费一览表"，并勾选"合并科目相同、辅助项相同的分录"前的复选框，再单击"类型"栏下三角按钮，选择"职工教育经费"，同样勾选"合并科目相同、辅助项相同的分录"前的复选框，如图3-3-14所示。

图3-3-14　职工教育经费一览表

③单击【批制】按钮,进入"填制凭证"窗口,单击【保存】按钮生成凭证,如图3-3-15所示。

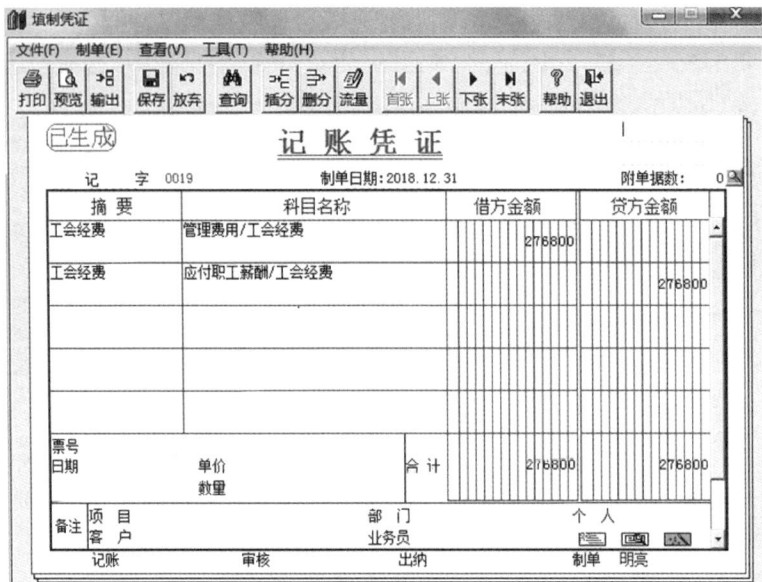

图 3-3-15　工会经费分摊的记账凭证

④单击【下张】按钮,并单击【保存】按钮,如图3-3-16所示。

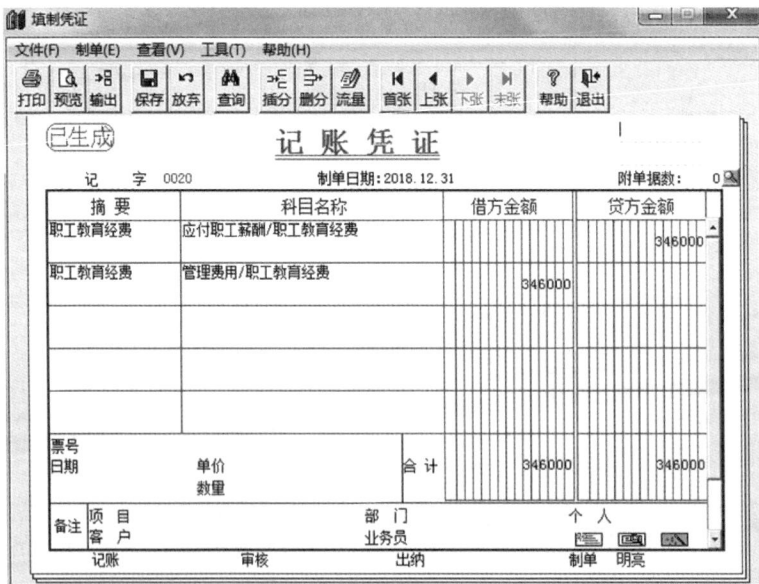

图 3-3-16　职工教育经费分摊的记账凭证

⑤单击【退出】按钮。

任务小结

（1）工资数据若进行了修改或者重新设置了工资项目计算公式又或者进行了扣税处理等影响工资数据变动的操作，必须调用"计算"和"汇总"功能对工资数据重新计算，以保证数据正确。

（2）工资管理系统生成的凭证系统会自动传递到总账系统，但若要修改凭证只能在工资管理系统修改。

（3）工资管理系统的月末处理只在1月至11月末处理，12月不做月结处理直接年结。

任务四　固定资产系统日常业务及期末处理

任务目标

(1)掌握固定资产增减的业务处理。

(2)掌握固定资产折旧业务的处理。

(3)掌握固定资产月末结账的处理。

任务描述

以操作员"102明亮"的身份注册进入用友T3主界面完成以下操作：

一、固定资产增加的处理

业务一：12月1日，从东方设备公司购入无心磨床一台，型号M1080，含税价款76，050.00元，增值税额10，489.66元，以转账支票支付设备款及对方代垫的运费2，000.00元（重庆北碚运输公司，增值税专用发票，税率10%），预计使用年限10年，净残值率3%。（见附录二1-1至1-7）

二、固定资产减少的处理

业务二：12月8日，长安之星面包车因突发事故获批准报废，原价58，000.00元，累计折旧43，366.96元，未计提减值准备。以现金支付清理费1，000.00元，收到残料变价收入现金800.00元，应由重庆平安财产保险公司赔偿8，000.00元，应由责任人何跃赔偿1，500.00元，赔偿款尚未收到。（见附录二10-1至10-3）

固定资产减少时：（固定资产）

借：累计折旧（1602）　　　　　　　　43，366.96

　　固定资产清理（1606）　　　　　　14，633.04

　　贷：固定资产（1601）　　　　　　　　58，000.00

发生清理费用时:(总账)

借:固定资产清理(1606)　　　　　　　　1,000.00

　　贷:库存现金(1001)　　　　　　　　　　　　1,000.00

　　　　产生清理收入时:(总账)

借:库存现金(1001)　　　　　　　　　　　800.00

　　其他应收款——平安财险(122102)　　8,000.00

　　其他应收款——何跃(122101)　　　　1,500.00

　　贷:固定资产清理(1606)　　　　　　　　　10,300.00

结转清理净损失时:(总账)

借:固定资产清理(1606)　　　　　　　　5,333.04

　　贷:营业外支出(6711)　　　　　　　　　　5,333.04

三、折旧处理

业务三:12月19日,根据固定资产明细计提折旧。(见附录二22-1)

四、月末结账

略。

任务实施

一、固定资产增加的处理

(1)以操作员"102明亮"的身份在"2018-12-31"日登录用友T3主界面,执行【固定资产】→【卡片】→【资产增加】命令,打开"资产类别参照"对话框,选中"013生产设备及其他"。

(2)单击【确认】按钮,打开"固定资产卡片【新增资产:00012号卡片】"对话框,根据业务一录入生产部购入的无心磨床的相关信息,如图3-4-1所示。

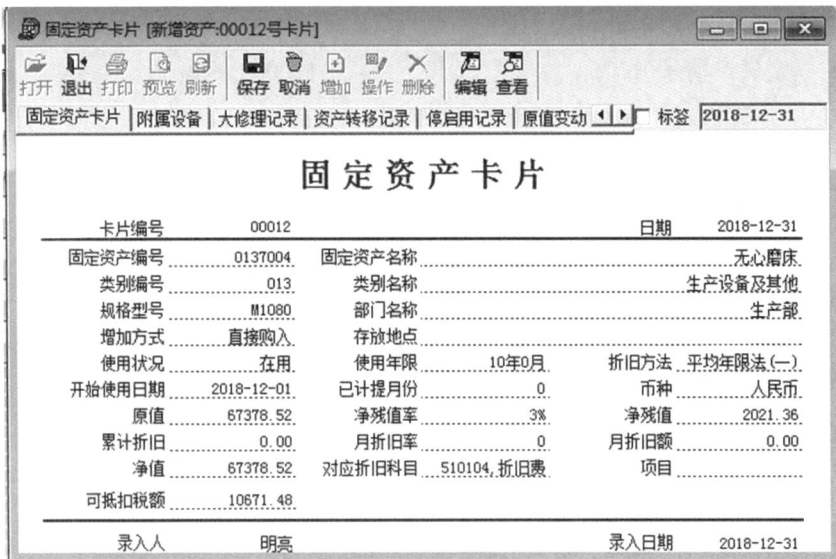

图 3-4-1 新增无心磨床固定资产卡片录入

（3）单击【保存】按钮，进入"填制凭证"窗口，系统自动按照前述设置自动生成本笔业务的记账凭证，如图3-4-2所示。

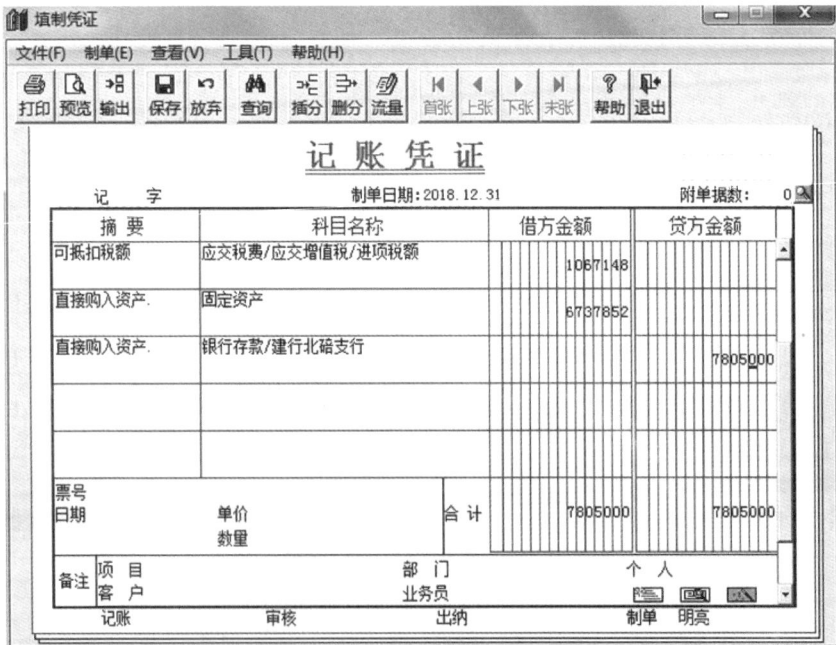

图 3-4-2 "填制凭证"对话框

（4）上述由系统自动生成的记账凭证尚不完整，需由操作员继续完成"100201建行北碚支行"辅助项的录入,如图3-4-3所示。

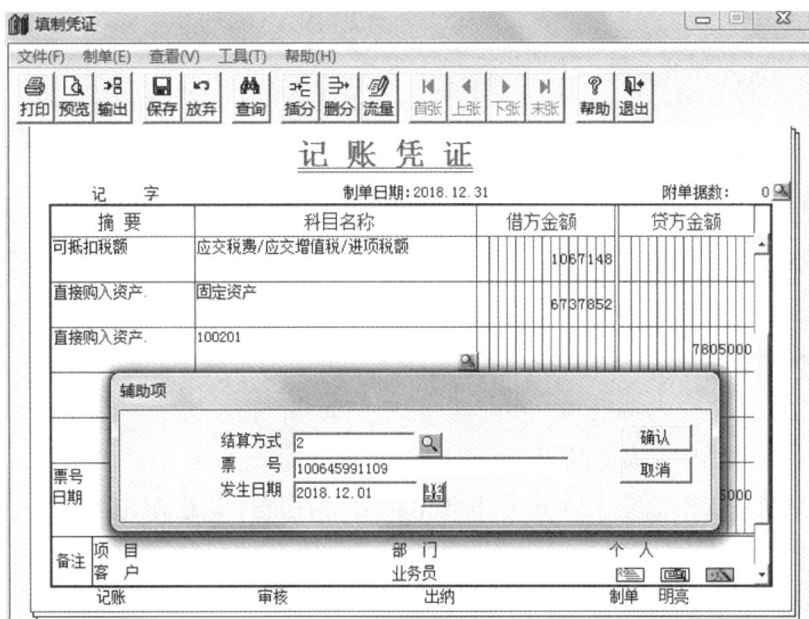

图3-4-3　补充辅助项

(5)辅助项录入完成后单击【确认】按钮,并保存凭证。系统提示该记账凭证"已生成",如图3-4-4所示。

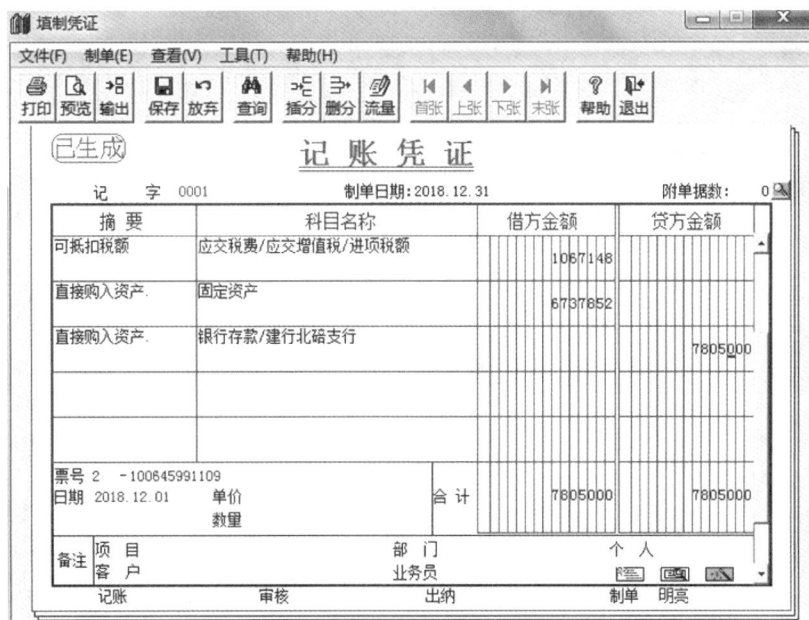

图3-4-4　生成记账凭证

(6)单击【退出】按钮,系统弹出"数据成功保存!"的提示对话框,再单击【确定】按钮,完成固定资产增加业务的全部操作。再退出"固定资产卡片"对话框,其他类型的固定资产增加业务可参照上述操作进行处理。

二、固定资产减少的处理

(1)以操作员"102明亮"的身份在"2018-12-31"登录用友T3主界面,执行【固定资产】→【卡片】→【资产减少】命令,弹出"本账套需要计提折旧后,才能减少资产!"提示框,单击【确定】按钮退出。

(2)在用友T3主界面,执行【固定资产】→【处理】→【计提本月折旧】命令,弹出"本操作将计提本月折旧,并花费一定时间,是否要继续?"提示框,单击【是】按钮。弹出"是否查看折旧清单?"提示框,单击【否】按钮。

(3)系统计提折旧完成后进入"折旧分配表"窗口,逐步退出不生成凭证,直至出现"计提折旧完成"提示框,单击【确定】按钮。完成折旧计提,否则不能作"资产减少"的处理。

(4)在用友T3主界面,再次执行【固定资产】→【卡片】→【资产减少】命令,进入"资产减少"窗口。

(5)选择卡片编号"00008",单击【增加】按钮。

(6)根据附录二10-1号原始凭证录入固定资产减少信息,如图3-4-5所示。

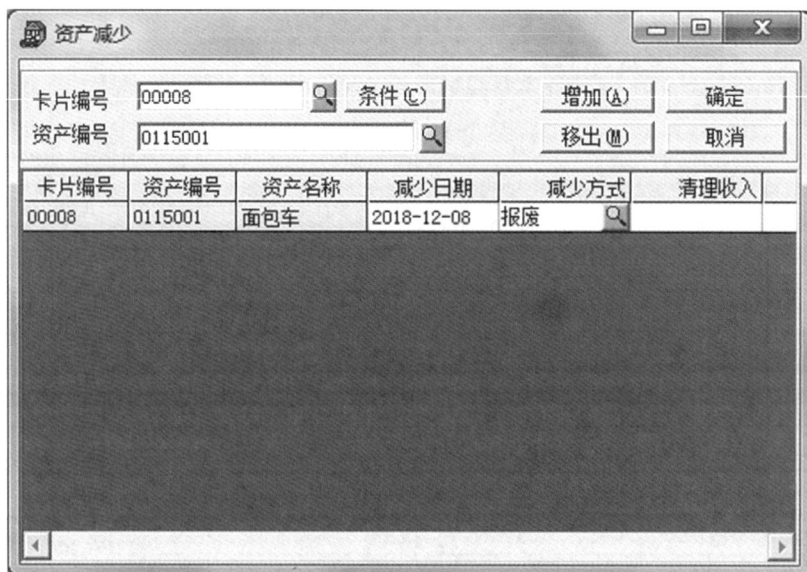

图3-4-5 "资产减少"窗口

（7）单击【确定】按钮，进入"填制凭证"窗口。

（8）单击【保存】按钮，生成凭证如图3-4-6所示。

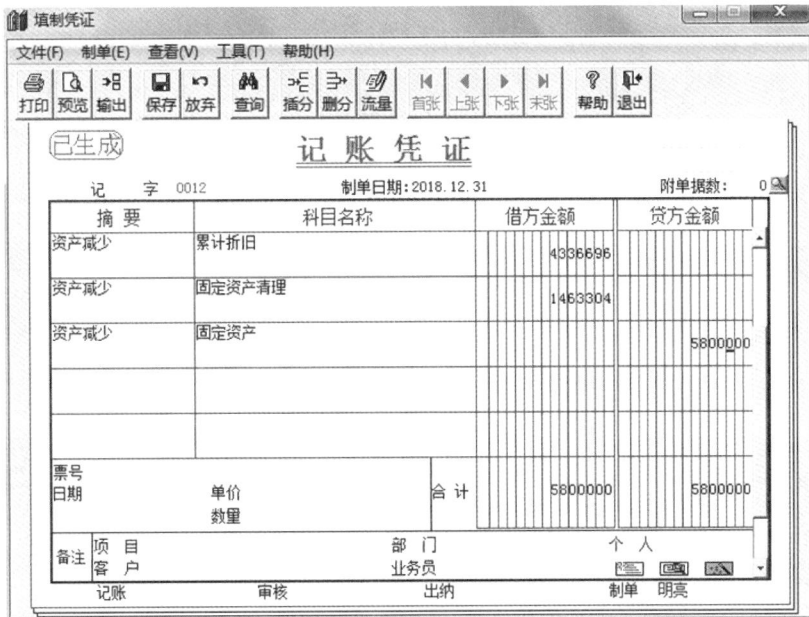

图3-4-6　"填制凭证"窗口

（9）单击【退出】按钮，弹出"所选卡片已经减少成功！"对话框，单击【确定】按钮退出，至此完成固定资产减少的业务处理，其他类型的固定资产减少业务可参照上述操作进行处理。

（10）后续业务的处理在总账系统直接填制并生成凭证，在此不再赘述，请参照任务一的操作自行完成。

三、折旧处理

（1）由于在作资产减少的处理时已经计提了折旧，现只需要生成折旧的凭证即可，在用友T3主界面，执行【固定资产】→【处理】→【批量制单】命令，打开"批量制单"窗口，如图3-4-7所示。

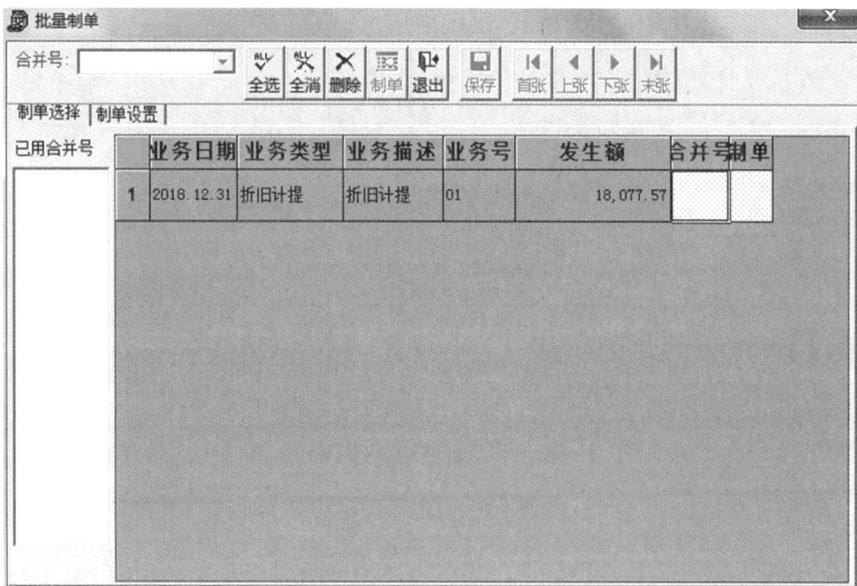

图3-4-7 "批量制单"窗口

（2）单击【全选】按钮，再单击选择"制单设置"选项卡，并勾选"合并（科目及辅助项相同的分录）"前的复选框，如图3-4-8所示。

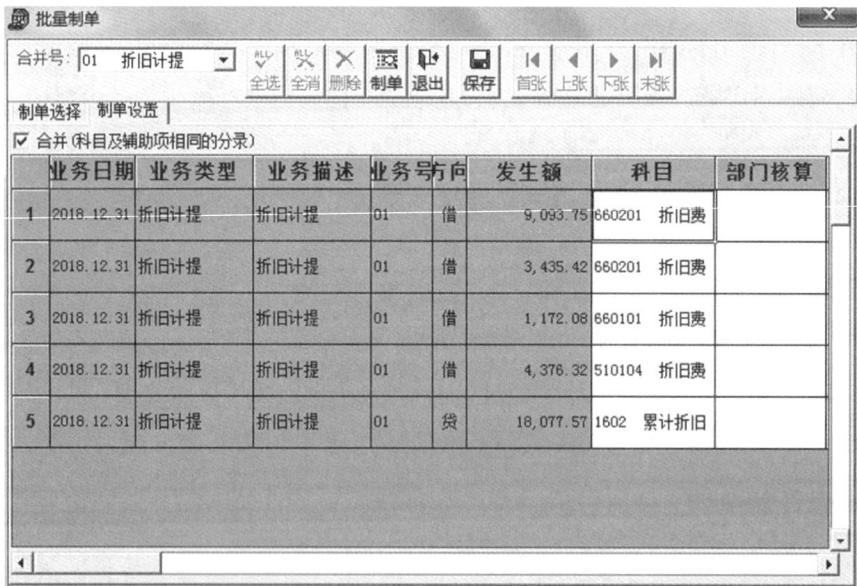

图3-4-8 "制单设置"选项卡

（3）单击【制单】按钮，进入"填制凭证"窗口，输入摘要"计提折旧"，再单击【保存】按钮生成凭证，如图3-4-9所示。

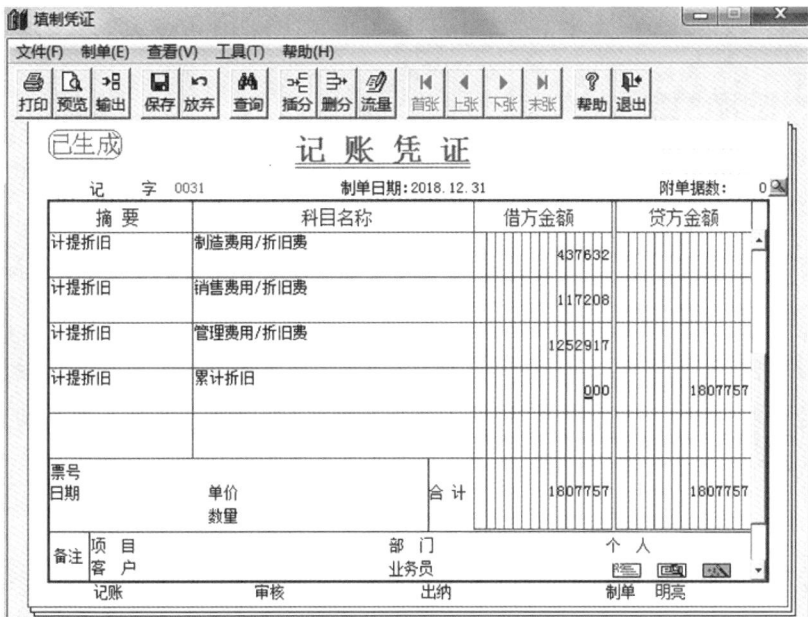

图 3-4-9　生成计提折旧的记账凭证

(4)单击【退出】按钮,完成固定资产折旧的处理。

四、月末结账

(1)以操作员"102 明亮"的身份在"2018-12-31"登录用友 T3 主界面,执行【固定资产】→【处理】→【月末结账】命令,进入"月末结账"对话框。

(2)单击【开始结账】按钮,系统自动检查与总账系统的对账结果,单击【确定】按钮后,弹出"月末结账成功完成!"提示框。

(3)单击【确定】按钮,弹出信息提示框,如图 3-4-10 所示。

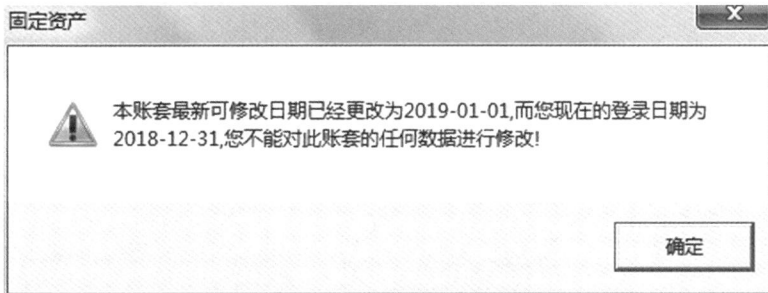

图 3-4-10　"固定资产"信息提示框

(4)单击【确定】按钮,完成固定资产系统月末结账。

任务小结

(1)建立的所有固定资产卡片,都可在"卡片管理"窗口查询,执行【固定资产】→【卡片】→【卡片管理】命令进入窗口。

(2)计提折旧后又对账套进行了影响折旧计算或分配的操作,必须重新计提折旧,否则系统不允许结账。

(3)若要恢复已减少的固定资产,在已生成记账凭证的情况下,必须删除记账凭证后才能恢复;在"卡片管理"窗口,选中需要恢复的固定资产,执行【固定资产】→【卡片】→【撤销减少】命令,则可恢复已减少的固定资产。

项目四　账套期末业务处理

项目描述

项目内容:购销存管理系统期末业务处理、总账系统期末业务处理、生成财务报表并输出。

项目要求:

(1)完成购销存管理系统的期末业务及月末结账处理;

(2)完成总账系统期末业务的处理;

(3)完成账套的备份工作;

(4)完成财务报表的生成和输出。

项目知识:

(1)总账系统与其他子系统的月末处理及对接;

(2)账套备份的方法;

(3)报表编制的原理等。

任务一　购销存管理系统期末业务处理

任务目标

（1）能在期末业务处理前，掌握采购、销售、库存子系统的工作原理和与总账数据的核对方法。

（2）应掌握采购、销售、库存子系统期末处理的流程与方法。

任务描述

（1）采购、销售、库存子系统月末结账。

（2）存货核算子系统期末业务处理。

①对原料库进行月末处理，并生成材料出库凭证（涉及业务32、35、37、42）。

②产成品成本分配处理，并生成产成品入库凭证（涉及业务39）。

③对产品库进行月末处理，并生成销售出库凭证（涉及业务42）。

（3）存货核算子系统月末结账。

任务实施

一、采购、销售、库存子系统月末结账

（1）以操作员"201郑洲"的身份在"2018-12-31"日登录用友T3主界面，执行【采购】→【月末结账】命令，进入"月末结账"对话框。选中要结账的月份，单击【结账】按钮。如图4-1-1所示。

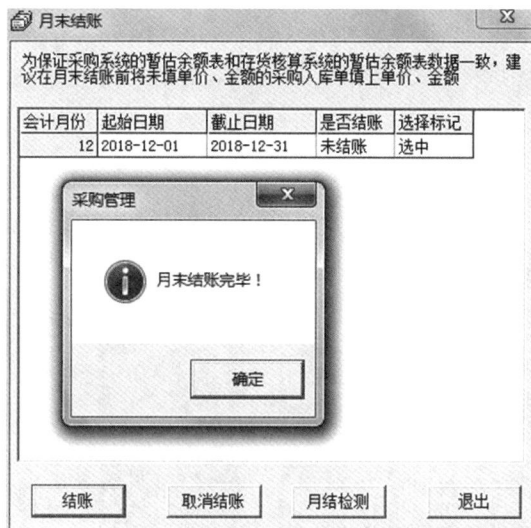

图 4-1-1　采购系统月末结账

（2）在弹出的信息提示框下,单击【确定】按钮,然后再单击【退出】按钮,完成采购系统月末结账。

（3）以操作员"301 沈阳"的身份在"2018-12-31"日登录用友 T3 主界面,执行【销售】→【月末结账】命令,进入"月末结账"对话框。选中要结账的月份,单击【结账】按钮。如图 4-1-2 所示。

图 4-1-2　销售系统月末结账

133

(4)单击【退出】按钮,完成销售系统月末结账。

(5)以操作员"401张竞"的身份在"2018-12-31"日登录用友 T3 主界面,执行【库存】→【月末结账】命令,进入"月末结账"对话框。选中要结账的月份,单击【结账】按钮。如图4-1-3所示。

图4-1-3 库存系统月末结账

(6)单击【退出】按钮,完成库存系统月末结账。

二、核算子系统期末业务处理

1. 对原料库进行月末处理,并生成材料出库凭证

(1)以操作员"402李杰"的身份在"2018-12-31"日登录用友 T3 主界面,执行【核算】→【月末处理】命令,进入"期末处理"窗口,选中原料库前的复选框,如图4-1-4所示。

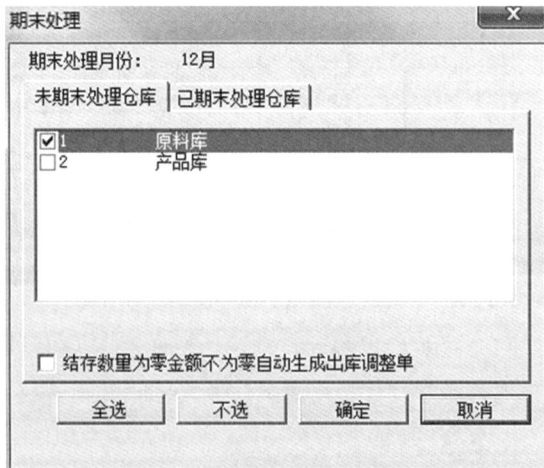

图4-1-4 "期末处理"窗口

(2)单击【确定】按钮,弹出“您将对所选仓库进行期末处理,确认进行吗?”信息提示框,单击【确定】按钮,显示“1仓库成本计算表”窗口,如图4-1-5所示。

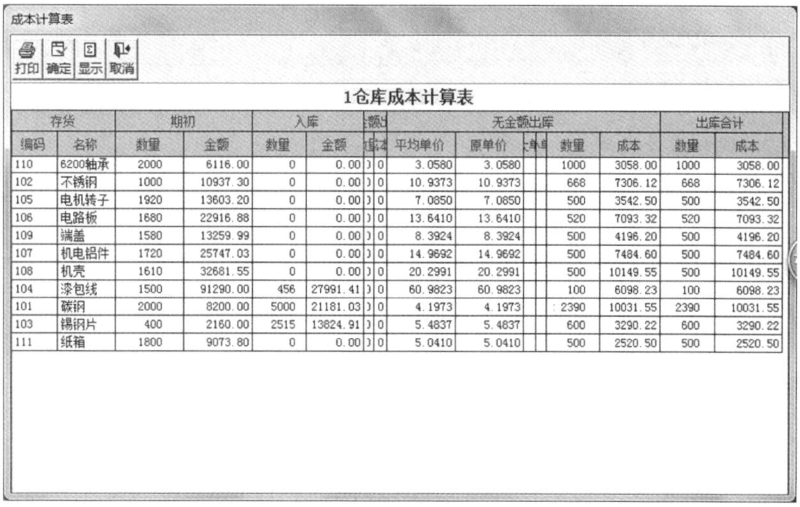

1仓库成本计算表

存货		期初		入库		额出		无金额出库						出库合计	
编码	名称	数量	金额	数量	金额	数量	成本	平均单价	原单价			数量	成本	数量	成本
110	6200轴承	2000	6116.00	0	0.00	)	0	3.0580	3.0580			1000	3058.00	1000	3058.00
102	不锈钢	1000	10937.30	0	0.00	)	0	10.9373	10.9373			668	7306.12	668	7306.12
105	电机转子	1920	13603.20	0	0.00	)	0	7.0850	7.0850			500	3542.50	500	3542.50
106	电路板	1680	22916.88	0	0.00	)	0	13.6410	13.6410			520	7093.32	520	7093.32
109	端盖	1580	13259.99	0	0.00	)	0	8.3924	8.3924			500	4196.20	500	4196.20
107	机电铝件	1720	25747.03	0	0.00	)	0	14.9692	14.9692			500	7484.60	500	7484.60
108	机壳	1610	32681.55	0	0.00	)	0	20.2991	20.2991			500	10149.55	500	10149.55
104	漆包线	1500	91290.00	456	27991.41	)	0	60.9823	60.9823			100	6098.23	100	6098.23
101	碳钢	2000	8200.00	5000	21181.03	)	0	4.1973	4.1973			2390	10031.55	2390	10031.55
103	锡钢片	400	2160.00	2515	13824.91	)	0	5.4837	5.4837			600	3290.22	600	3290.22
111	纸箱	1800	9073.80	0	0.00	)	0	5.0410	5.0410			500	2520.50	500	2520.50

图4-1-5　“1仓库成本计算表”窗口

(3)单击【确定】按钮,系统弹出“期末处理完毕!”信息提示框,单击【确定】按钮,完成原料库月末处理,单击【取消】按钮退出。

(4)执行【核算】→【凭证】→【购销单据制单】命令,进入“生成凭证”窗口,单击【选择】按钮,进入“查询条件”对话框,单击【全选】,再单击【确认】按钮,进入“选择单据”窗口,选中“其他出库单”单据类型,如图4-1-6所示。

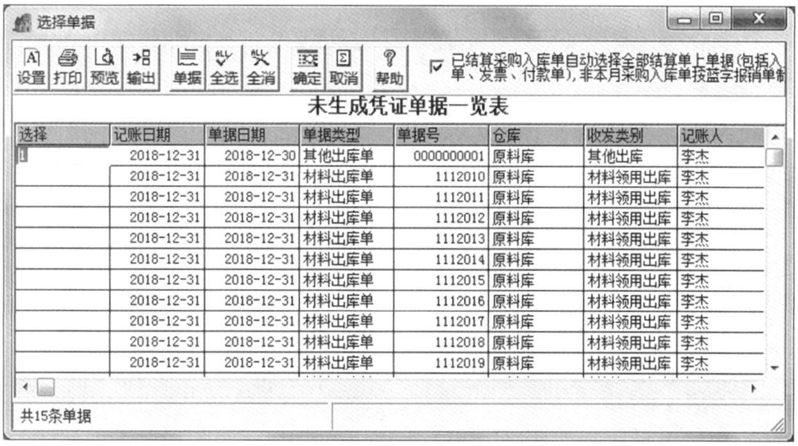

未生成凭证单据一览表

选择	记账日期	单据日期	单据类型	单据号	仓库	收发类别	记账人
1	2018-12-31	2018-12-30	其他出库单	0000000001	原料库	其他出库	李杰
	2018-12-31	2018-12-31	材料出库单	1112010	原料库	材料领用出库	李杰
	2018-12-31	2018-12-31	材料出库单	1112011	原料库	材料领用出库	李杰
	2018-12-31	2018-12-31	材料出库单	1112012	原料库	材料领用出库	李杰
	2018-12-31	2018-12-31	材料出库单	1112013	原料库	材料领用出库	李杰
	2018-12-31	2018-12-31	材料出库单	1112014	原料库	材料领用出库	李杰
	2018-12-31	2018-12-31	材料出库单	1112015	原料库	材料领用出库	李杰
	2018-12-31	2018-12-31	材料出库单	1112016	原料库	材料领用出库	李杰
	2018-12-31	2018-12-31	材料出库单	1112017	原料库	材料领用出库	李杰
	2018-12-31	2018-12-31	材料出库单	1112018	原料库	材料领用出库	李杰
	2018-12-31	2018-12-31	材料出库单	1112019	原料库	材料领用出库	李杰

图4-1-6　“选择单据”窗口

(5)单击【确定】按钮,系统列出出库凭证一览表,系统自动带入的科目为初始设置科目,需要按实际业务情况修改,修改后如图4-1-7所示。

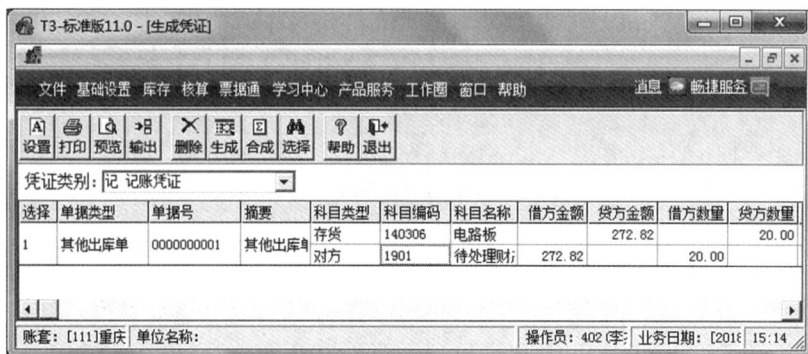

图 4-1-7　出库凭证一览表

（6）单击【生成】按钮，进入"填制凭证"窗口，单击【保存】按钮生成凭证。

（7）同理，生成其他的材料出库凭证，在此不再赘述。

2. 产成品成本分配处理，并生成产成品入库凭证

（1）以操作员"402 李杰"的身份在"2018-12-31"日登录用友 T3 主界面，执行【核算】→【产成品成本分配】命令，进入"产成品成本分配表"窗口。

（2）单击【查询】按钮，弹出"产成品成本分配表查询"对话框。

（3）单击选择仓库条件为"2 产品库"，选中"对已有成本的产成品入库单重新分配（包括无成本的单据）"前的复选框，如图 4-1-8 所示。

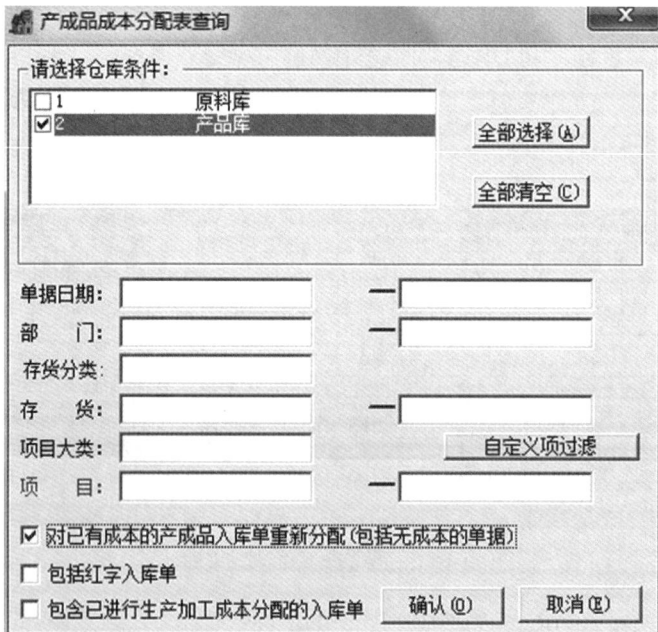

图 4-1-8　"产成品成本分配表查询"对话框

（4）单击【确认】按钮，进入"需要分配的产成品单据选择"窗口，单击【全选】按钮，然后单击【确定】按钮，打开"产成品成本分配表"窗口。

（5）在"产成品成本分配表"窗口中，分别输入201、202存货应分配的金额，如图4-1-9所示。

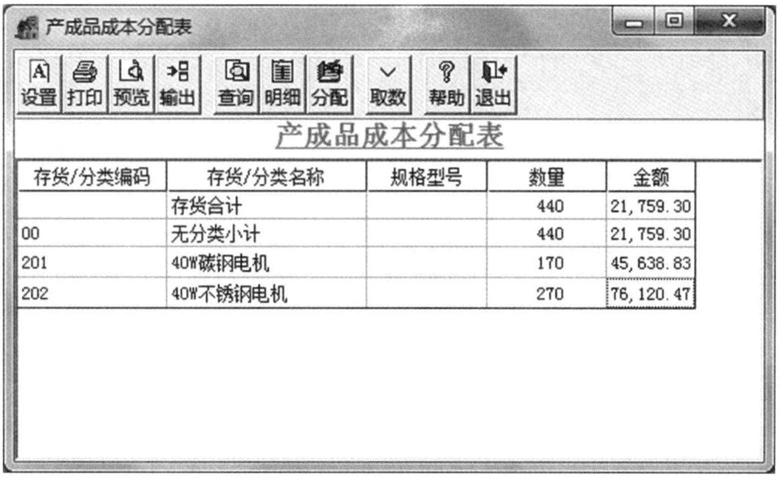

图4-1-9　"产成品成本分配表"窗口

（6）单击【分配】按钮，系统弹出"分配操作顺利完成！"提示信息框。

（7）单击【确定】按钮，产成品成本分配成功，单击【退出】按钮。

（8）执行【库存】→【产成品入库单】命令，进入"产成品入库单"窗口，查看产成品入库成本，如图4-1-10所示。

图4-1-10　"产成品入库单"窗口

（9）查询完毕，单击【退出】按钮。

（10）执行【核算】→【核算】→【正常单据记账】命令，进入"正常单据记账"窗口，如图4-1-11所示。

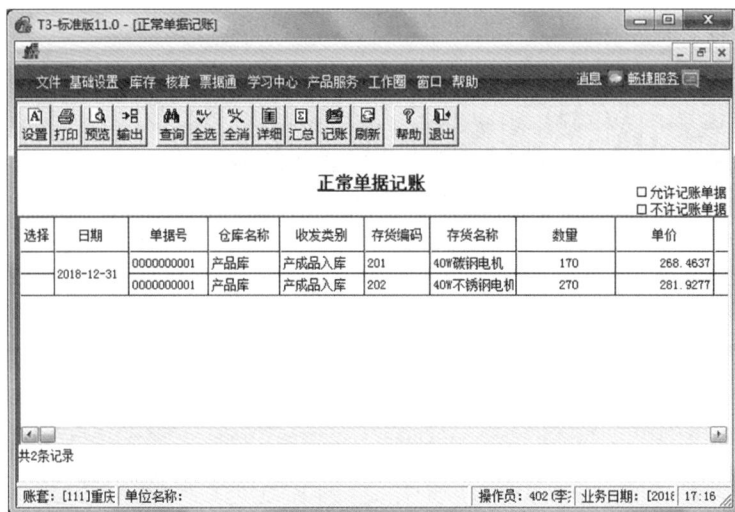

图4-1-11　"正常单据记账"窗口

（11）单击【全选】，再单击【记账】按钮，完成正常单据记账。

（12）执行【核算】→【凭证】→【购销单据制单】命令，进入"生成凭证"窗口，单击【选择】按钮，进入"查询条件"对话框，单击【全选】，再单击【确认】按钮，进入"选择单据"窗口，选中"产成品入库单"单据类型，单击【确定】按钮，系统列出产成品入库凭证一览表，系统自动带入的科目为初始设置科目，需要按实际业务情况修改，修改后如图4-1-12所示。

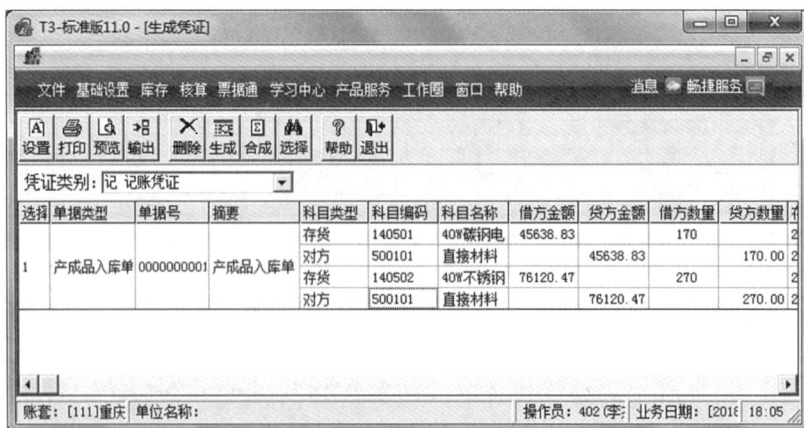

图4-1-12　产成品入库凭证一览表

（13）单击【生成】按钮,打开"填制凭证"窗口,系统自动带入的科目为初始设置科目,需一一转出生产成本下所有明细科目余额,修改后并保存,如图4-1-13所示。

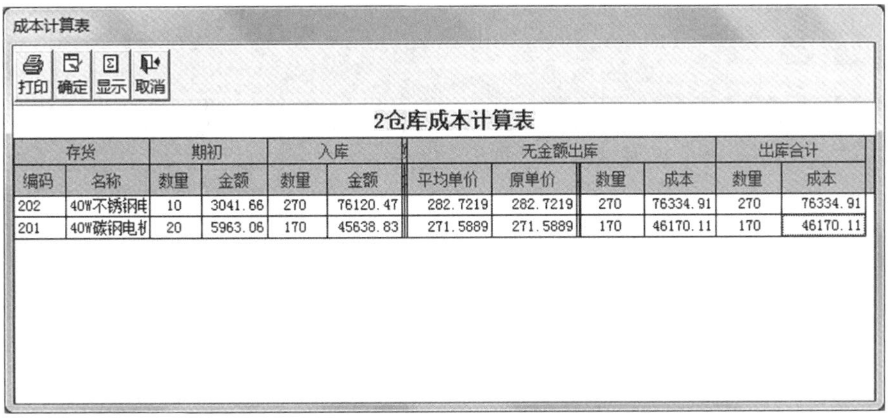

2仓库成本计算表

存货		期初		入库		无金额出库				出库合计	
编码	名称	数量	金额	数量	金额	平均单价	原单价	数量	成本	数量	成本
202	40W不锈钢电机	10	3041.66	270	76120.47	282.7219	282.7219	270	76334.91	270	76334.91
201	40W碳钢电机	20	5963.06	170	45638.83	271.5889	271.5889	170	46170.11	170	46170.11

图4-1-13　"2仓库成本计算表"窗口

（14）单击【退出】按钮,完成产成品入库的处理。

3. 对产品库进行月末处理,并生成销售出库凭证

（1）以操作员"402李杰"的身份在"2018-12-31"日登录用友T3主界面,执行【核算】→【月末处理】命令,进入"期末处理"窗口,选中产品库前的复选框,如图4-1-14所示。

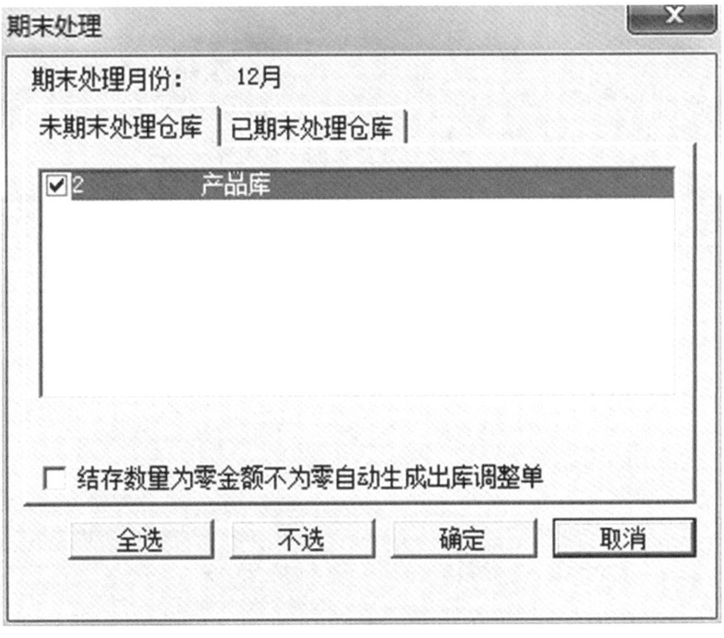

图4-1-14　"期末处理"窗口

(2)单击【确定】按钮,弹出“您将对所选仓库进行期末处理,确认进行吗?”信息提示框,单击【确定】按钮,显示“2仓库成本计算表”窗口,如图4-1-15所示。

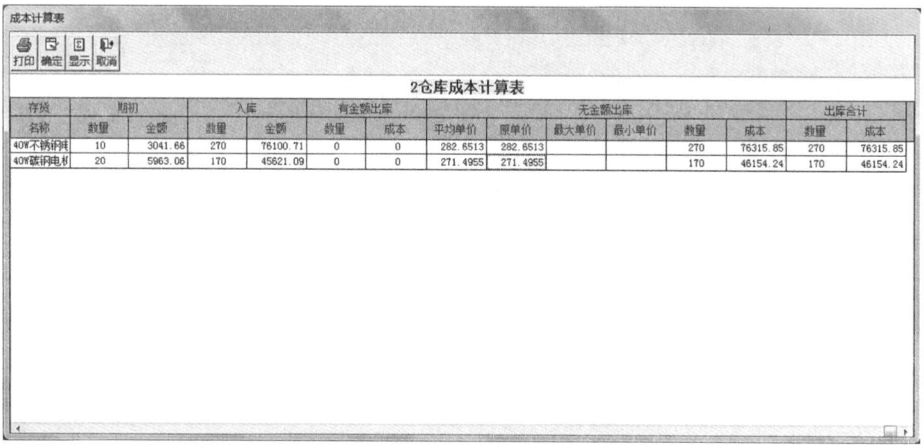

存货	期初		入库		有金额出库		无金额出库						出库合计	
名称	数量	金额	数量	金额	数量	成本	平均单价	原单价	最大单价	最小单价	数量	成本	数量	成本
40W不锈钢电	10	3041.66	270	76100.71	0	0	282.6513	282.6513			270	76315.85	270	76315.85
40W碳钢电机	20	5963.06	170	45621.09	0	0	271.4955	271.4955			170	46154.24	170	46154.24

图4-1-15 “2仓库成本计算表”窗口

(3)单击【确定】按钮,系统弹出“期末处理完毕!”信息提示框,单击【确定】按钮,完成产品库月末处理,单击【取消】按钮退出。

(4)执行【核算】→【凭证】→【购销单据制单】命令,进入“生成凭证”窗口,单击【选择】按钮,进入“查询条件”对话框,单击【全选】,再单击【确认】按钮,进入“选择单据”窗口,如图4-1-16所示。

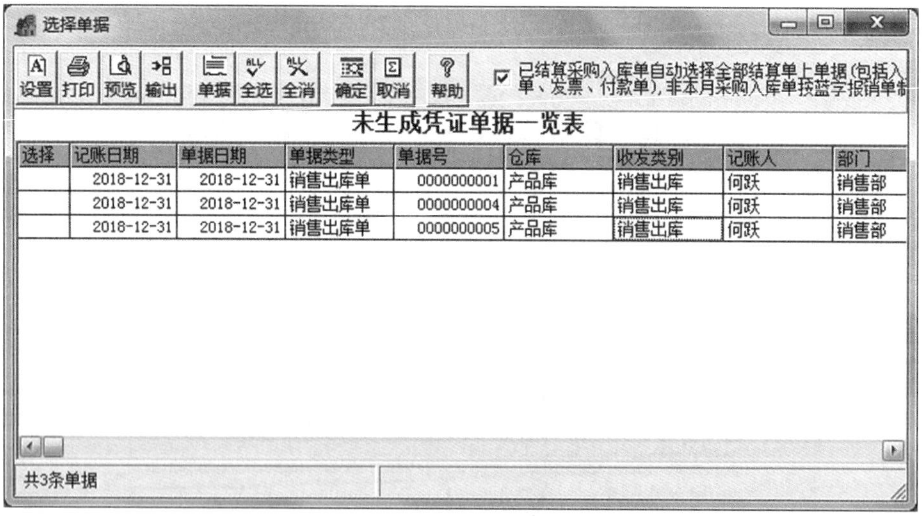

选择	记账日期	单据日期	单据类型	单据号	仓库	收发类别	记账人	部门
	2018-12-31	2018-12-31	销售出库单	0000000001	产品库	销售出库	何跃	销售部
	2018-12-31	2018-12-31	销售出库单	0000000004	产品库	销售出库	何跃	销售部
	2018-12-31	2018-12-31	销售出库单	0000000005	产品库	销售出库	何跃	销售部

图4-1-16 “选择单据”窗口

(5)单击【全选】,然后单击【确定】按钮,系统列出销售出库凭证一览表,系统自动带入的科目为初始设置科目,需要按实际业务情况修改,修改后如图4-1-17所示。

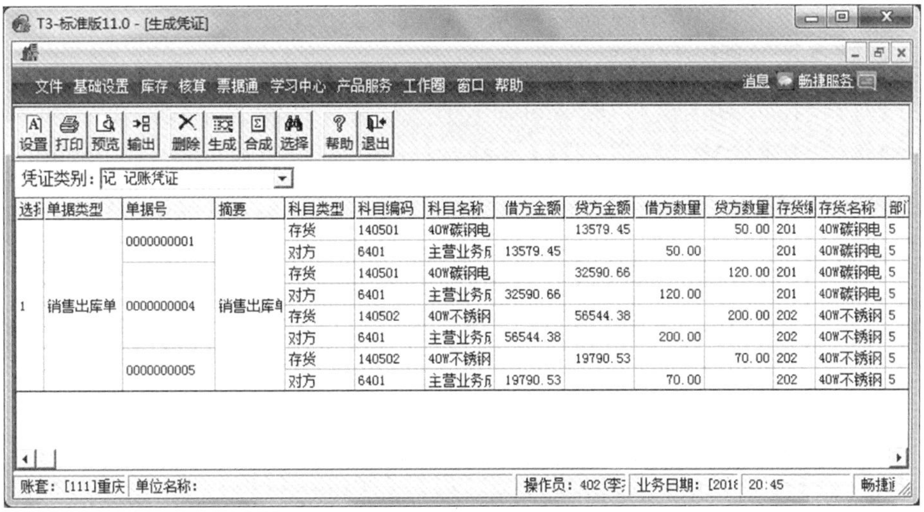

图4-1-17　出库凭证一览表

（6）单击【合成】按钮,进入"填制凭证"窗口,单击【保存】按钮生成凭证,如图4-1-18所示。

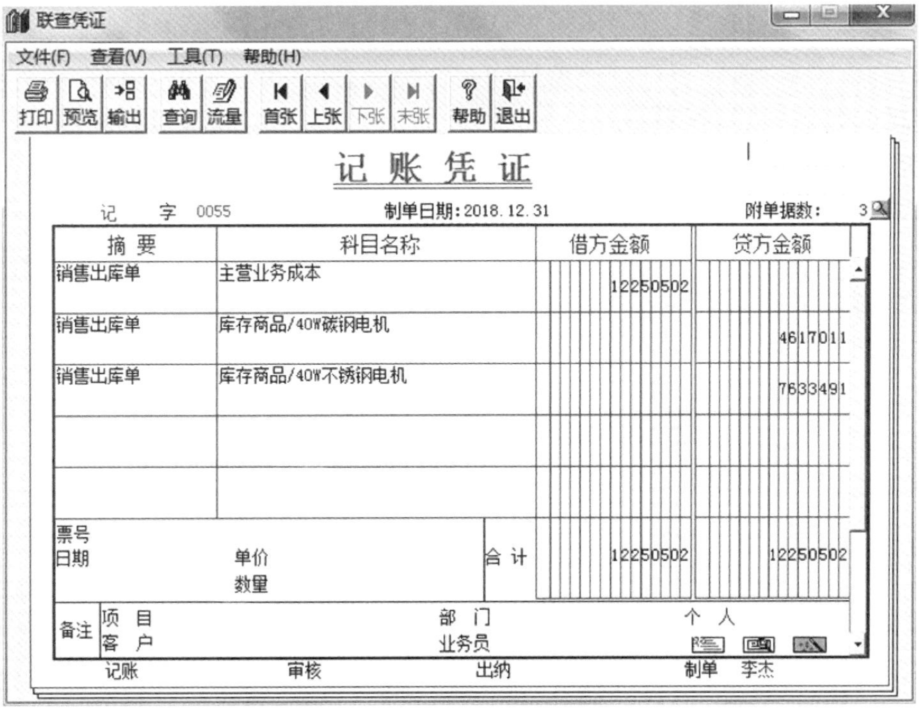

图4-1-18　生成销售出库凭证

（7）单击【退出】按钮，完成销售出库凭证的生成。

三、存货核算子系统月末结账

（1）以操作员"401张竞"的身份在"2018-12-31"日登录用友T3主界面，执行【核算】→【月末结账】命令，进入"月末结账"对话框，单击【确定】按钮。弹出信息提示框，如图4-1-19所示。

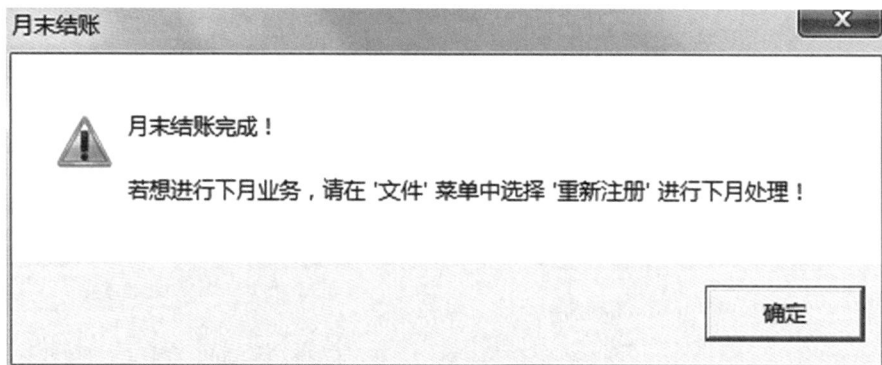

图4-1-19　"月末结账"信息提示框

（2）单击【确定】按钮，完成存货核算子系统月末结账。

任务小结

（1）购销存管理系统月结的顺序是：采购—销售—库存—核算。

（2）核算管理系统必须进行月末处理后才能月末结账，且在月末结账前不能存在还未生成的凭证。

任务二　　总账系统期末业务处理

任务目标

(1)掌握总账系统期末业务的处理。

(2)掌握账套备份的操作方法。

任务描述

一、月末转账

1. 结转期间损益

要求:通过转账定义设置并生成凭证,收入、支出分开制单。

2. 结转本年利润

自定义设置条件如下:

借:本年利润(4103)　　　QM(4103,月)

　　贷:利润分配(410401)　　JG( )

二、银行对账

(1)输入银行对账单期初余额。

单位日记账及银行对账单期初余额均为"620,650.45"。

(2)录入银行对账单(详见表4-2-1)。

(3)银行对账。

(4)输出银行存款余额调节表。

表4-2-1 中国建设银行股份有限公司活期存款明细账

币别:人民币 账号:50001093600050888×8 账户名称:重庆轻工机电设备有限公司 日期:20181201-20181231

日期	凭证种类	凭证号码	摘要	对方名称	发生额		借/贷	余额
					借方	贷方		
							贷	620,650.45
20181201	电子转账凭证	100645991109	购入资产	重庆东方设备有限公司	78,050.00	—	贷	542,600.45
20181201	电子转账凭证	100645991209	缴纳保费	重庆永乐保险公司	18,000.00	—	贷	524,600.45
20181202	电子转账凭证	100645991309	申请汇票	重庆轻工机电设备公司	24,570.00	—	贷	500,030.45
20181204	电子转账凭证	100645991311	付欠款	重庆味美饭店	11,300.00	—	贷	488,730.45
20181206	电子转账凭证	100645991313	付电费	重庆北碚电力公司	31,600.00	—	贷	457,130.45
20181206	电子转账凭证	100645991314	付水费	重庆市自来水公司	4,130.00	—	贷	453,000.45
20181206	电子转账凭证	100645991315	收款	重庆乐乐设备有限公司	—	20,000.00	贷	473,000.45
20181206	现金缴款凭证		货款存现	重庆轻工机电设备公司	—	30,000.00	贷	503,000.45
20181210	电子转账凭证	100700731676	发放工资	重庆轻工机电设备公司	106,427.74	—	贷	396,572.71
20181214	电子转账凭证		缴纳个人所得税	国家税务总局重庆市北碚区税务局	2,282.69	—	贷	394,290.02
20181214	电子转账凭证		缴纳社保费	国家税务总局重庆市北碚区税务局	52,672.97	—	贷	341,617.05
20181214	电子转账凭证	100700731680	缴纳住房公积金	重庆市住房公积金中心	31,519.44	—	贷	310,097.61
20181214	电子转账凭证		缴纳增值税	国家税务总局重庆市北碚区税务局	6,820.79	—	贷	303,276.82

日期	凭证种类	凭证号码	摘要	对方名称	发生额		借贷	余额
					借方	贷方		
20181214	电子转账凭证		缴纳附加税	国家税务总局重庆市北碚区税务局	818.50	—	贷	302,458.32
20181216	电子转账凭证	100700731700	付欠款	重庆蓝天机械公司	68,000.00	—	贷	234,458.32
20181217	电子转账凭证	100735881220	出售固定资产	重庆东方设备有限公司	—	123,800.00	贷	358,258.32
20181218	结算卡凭证		取现	重庆轻工机电设备公司	20,000.00	—	贷	338,258.32
20181220	电子转账凭证	100745991220	支付设备维修费	重庆东方设备有限公司	31,590.00	—	贷	306,668.32
20181221	电子转账凭证	100745991233	代垫运杂费	重庆北碚区华华运输公司	600.00	—	贷	306,068.32
20181224	电子转账凭证	100886331223	收款	重庆乐乐设备有限公司	—	42,000.00	贷	522,068.32
20181225	电子转账凭证	100886331230	还贷款利息	建行北碚支行	1,750.25	—	贷	520,318.07
20181227	电子转账凭证	100886332230	收款	重庆偃达设备有限公司	—	21,700.00	贷	542,018.07
20181228	电子转账凭证	100945991239	收款	重庆跃进公司	—	59,775.00	贷	601,793.07
20181231	电子转账凭证	100946991239	收货款	重庆乐乐设备有限公司	—	35,000.00	贷	636,793.07
20181231			本月合计		490,132.38	506,275.00	贷	636,793.07

三、账套备份（以操作员"admin"的身份完成）

略。

四、年结（以操作员"101张大伟"的身份完成）

（1）建立年度账，略。

（2）结转上年数据，略。

（3）年结后的对账，略。

任务实施

一、月末转账

1. 结转期间损益

（1）以操作员"102明亮"的身份在"2018-12-31"日登录用友T3主界面，执行【总账】→【期末】→【转账定义】→【期间损益】命令，进入"期间损益结转设置"窗口，录入本年利润科目"4103"，如图4-2-1所示。

图4-2-1　"期间损益结转设置"窗口

（2）单击【确定】按钮退出，完成期间损益结转设置。

（3）执行【总账】→【期末】→【转账生成】命令，进入"转账生成"窗口，选中"期间损益结转"，再在类型下拉菜单下选中"收入"类型，并勾选"包含未记账凭证"前的复选框。如图4-2-2所示。

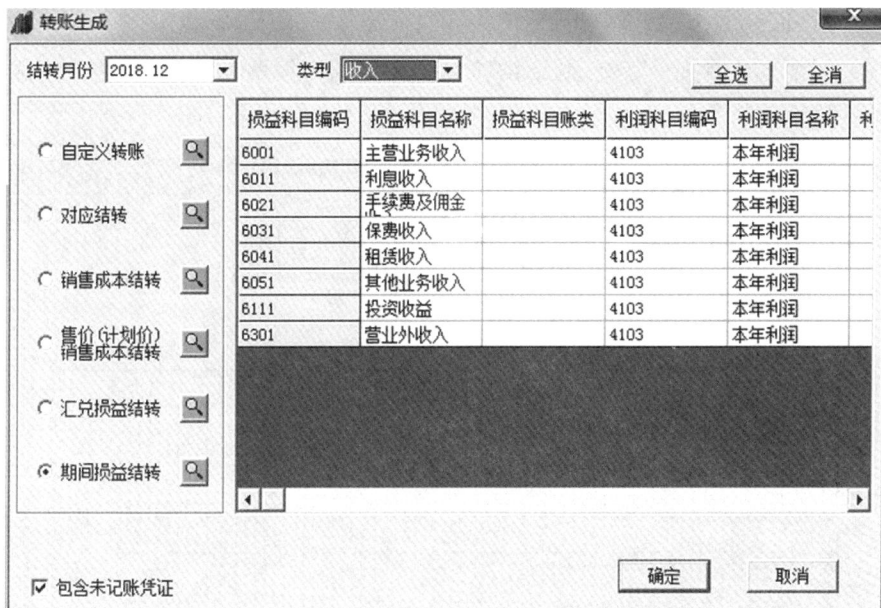

图4-2-2 "转账生成"窗口

(4)单击【全选】按钮,然后单击【确定】按钮,进入"填制凭证"窗口,如图4-2-3
所示。

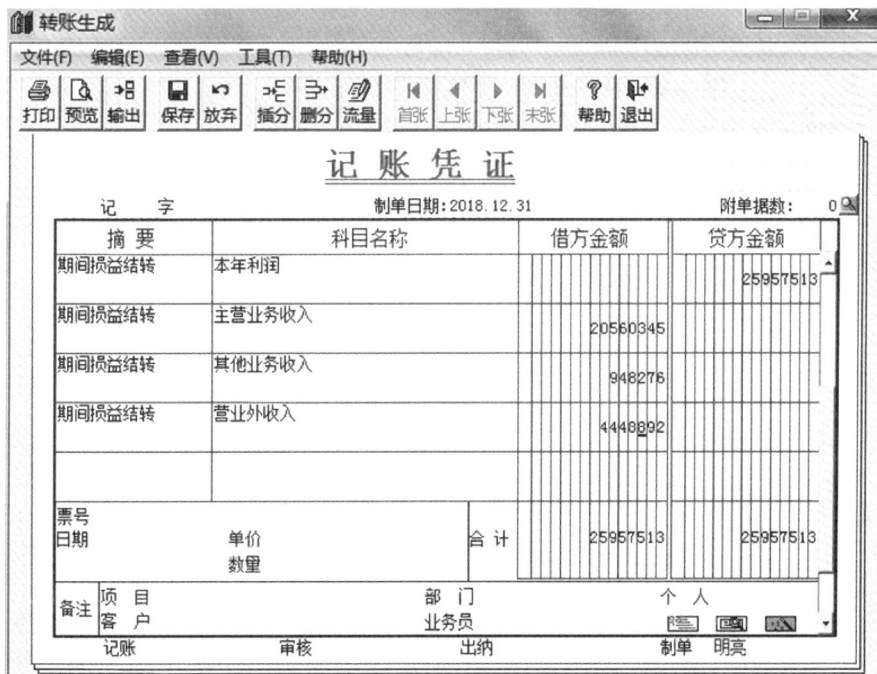

图4-2-3 结转收入类期间损益

（5）单击【保存】按钮，再单击【退出】按钮，完成凭证生成。

（6）返回"转账生成"窗口，继续结转"支出"类期间损益，操作步骤略。生成凭证如图4-2-4所示。

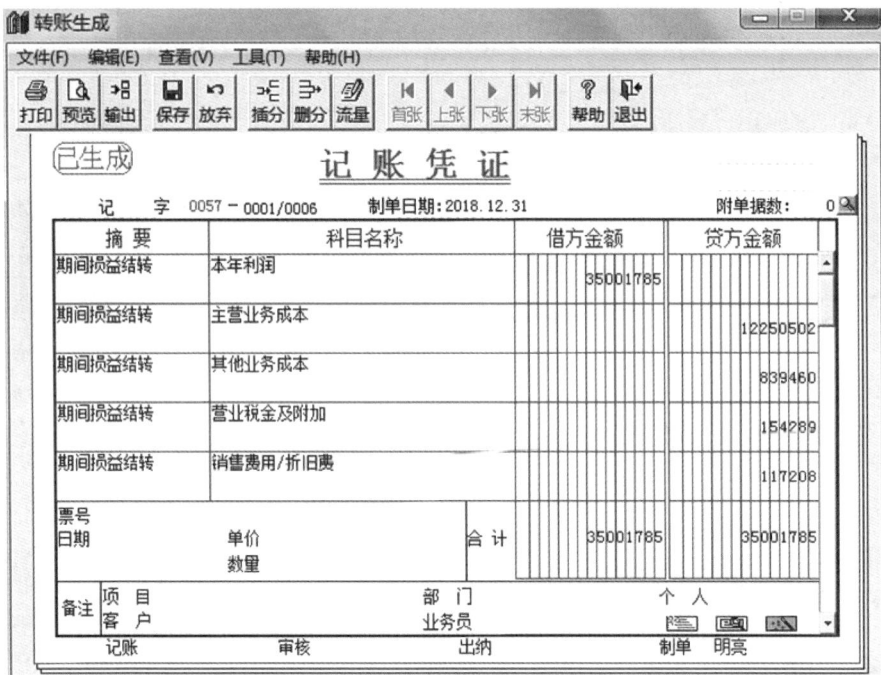

图4-2-4　结转支出类期间损益

2. 结转本年利润

（1）以操作员"102明亮"的身份在"2018-12-31"日登录用友T3主界面，执行【总账】→【期末】→【转账定义】→【自定义转账】命令，进入"自动转账设置"窗口，单击【增加】按钮，打开"转账目录"对话框，录入自定义凭证目录，如图4-2-5所示。

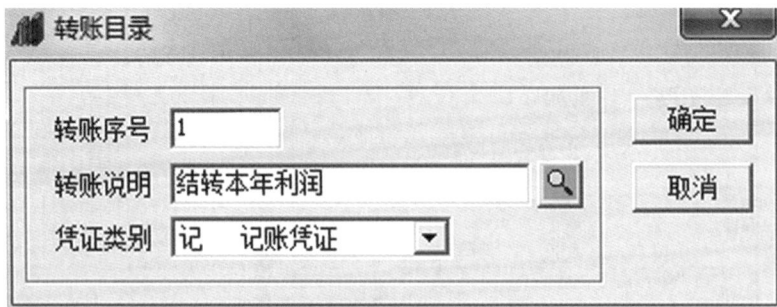

图4-2-5　"转账目录"对话框

（2）单击【确定】按钮，返回到"自动转账设置"窗口。

（3）输入科目编码"4103"，双击"金额公式"栏，出现参照按钮，单击参照按钮，打开"公式向导"对话框。

（4）选择公式名称"期末余额"，如图4-2-6所示。

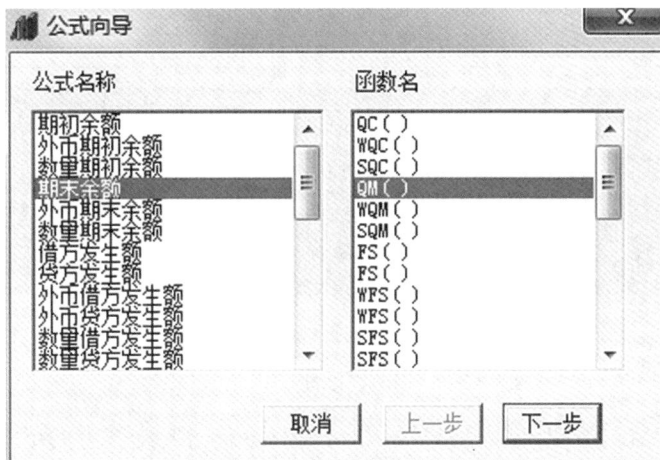

图4-2-6　"公式向导"对话框

（5）单击【下一步】按钮，输入科目编码"4103"，如图4-2-7所示。

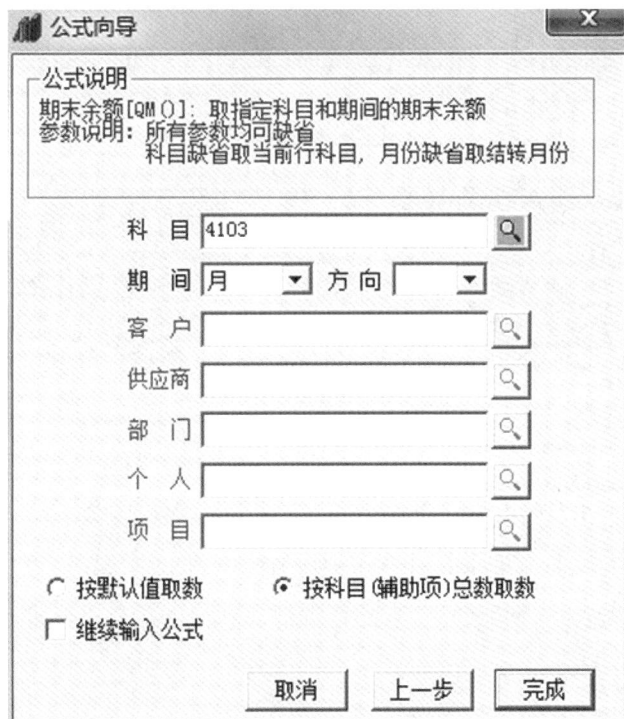

图4-2-7　设置期末余额取值科目

(6)单击【完成】按钮返回"自动转账设置"窗口,如图4-2-8所示。

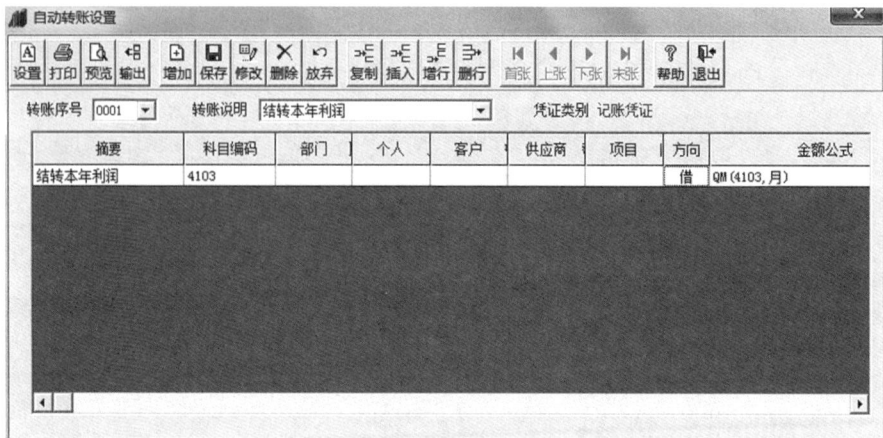

图4-2-8 借方科目公式设置完成

(7)单击【增行】按钮,输入科目编码"410401";单击"方向"旁的下三角按钮,选择"贷";双击"金额公式"栏,选择"取对方科目计算结果"公式,操作步骤同前,其余设置不再赘述,设置完成后如图4-2-9所示。

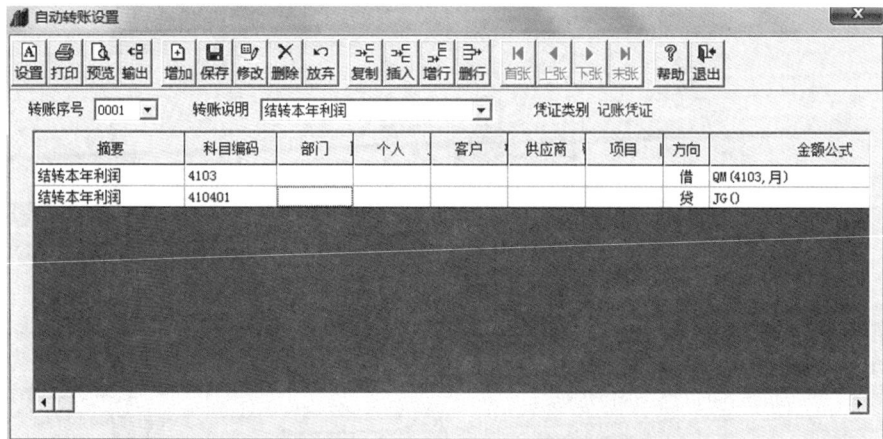

图4-2-9 贷方科目公式设置完成

(8)单击【退出】按钮,完成结转本年利润自动转账设置。

(9)执行【总账】→【期末】→【转账生成】命令,进入"转账生成"窗口,选中"自定义转账",并勾选"包含未记账凭证"前的复选框,最后单击【全选】,如图4-2-10所示。

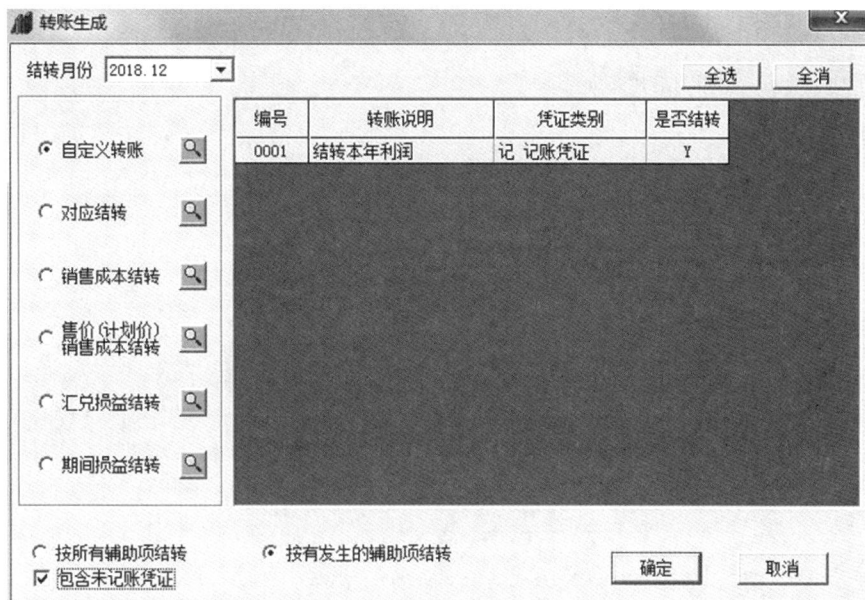

图 4-2-10　"转账生成"窗口

(10)单击【确定】按钮,进入"填制凭证"窗口,如图4-2-11所示。

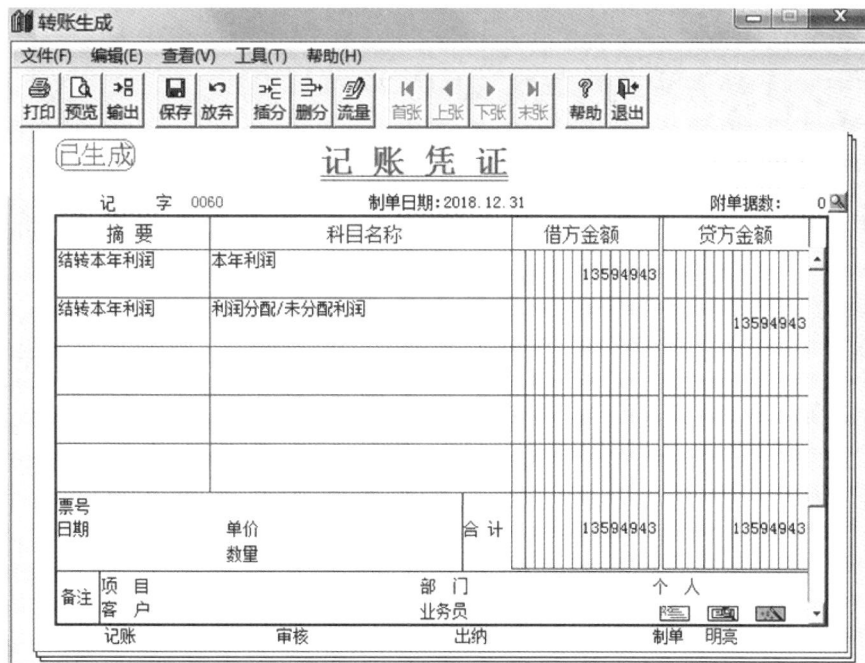

图 4-2-11　生成结转本年利润凭证

(11)单击【保存】按钮,完成结转本年利润自动转账凭证的生成。

二、出纳管理期末处理

1. 录入银行对账期初余额

（1）以操作员"103 肖六"的身份在"2018-12-31"日登录用友T3主界面,执行【现金】→【设置】→【银行期初录入】命令,进入"银行科目选择"对话框。如图4-2-12所示。

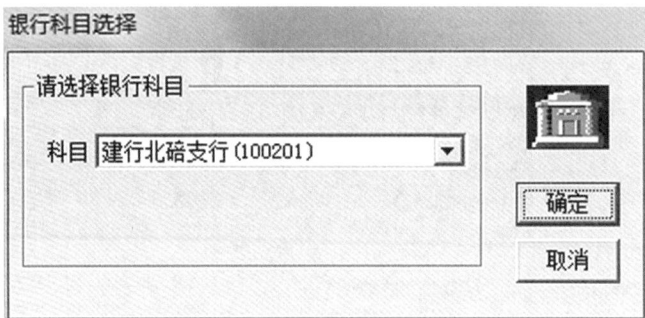

图4-2-12 "银行科目选择"对话框

（2）单击【确定】按钮,进入"银行对账期初"窗口,分别录入"单位日记账、银行对账单"的调整前余额,如图4-2-13所示。

图4-2-13 "银行对账期初"窗口

（3）单击【退出】按钮,完成银行对账期初录入。

2. 录入银行对账单(详见表4-2-1)

（1）执行【现金】→【现金管理】→【银行账】→【银行对账单】命令,进入"银行科目选择"对话框,如图4-2-14所示。

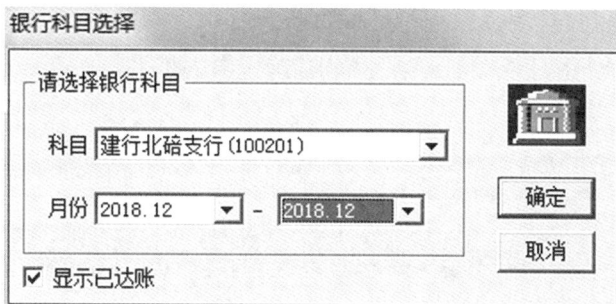

图4-2-14 "银行科目选择"对话框

(2)单击【确定】按钮,进入"银行对账单"窗口,单击【增加】按钮,根据表4-2-1录入银行对账单,如图4-2-14所示。(因表中栏目较多,有些表格中信息未完全显示,请读者理解,后同)

图4-2-14 "银行对账单"窗口

3. 银行对账

（1）执行【现金】→【现金管理】→【银行账】→【银行对账】命令，进入"银行科目选择"对话框，选择对账月份"2018.12"，单击【确定】按钮，进入"银行对账"窗口，如图4-2-15所示。

图 4-2-15 "银行对账"窗口

（2）单击【对账】按钮，弹出"自动对账"对话框，输入截止日期"2018.12.31"，对账条件如图4-2-16所示。

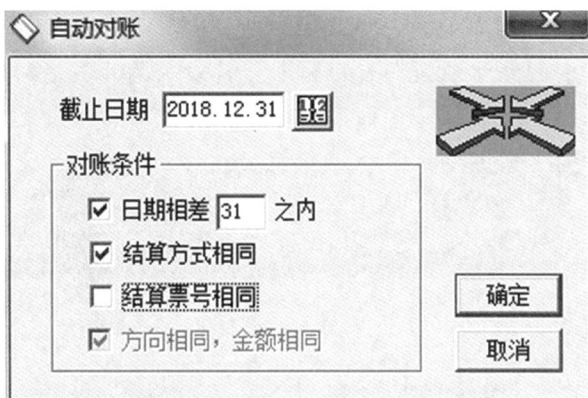

图 4-2-16　"自动对账"对话框

(3)单击【确定】按钮,显示自动对账结果如图 4-2-17 所示。

图 4-2-17　自动对账结果

(4)单击【检查】按钮,显示检查结果平衡,否则需进行调整,直至平衡。单击【确认】按钮,再单击【退出】按钮,完成自动对账。

4. 输出银行存款余额调节表

(1)执行【现金】→【现金管理】→【银行账】→【余额调节表查询】命令,进入"银行存款余额调节表"窗口,如图4-2-18所示。

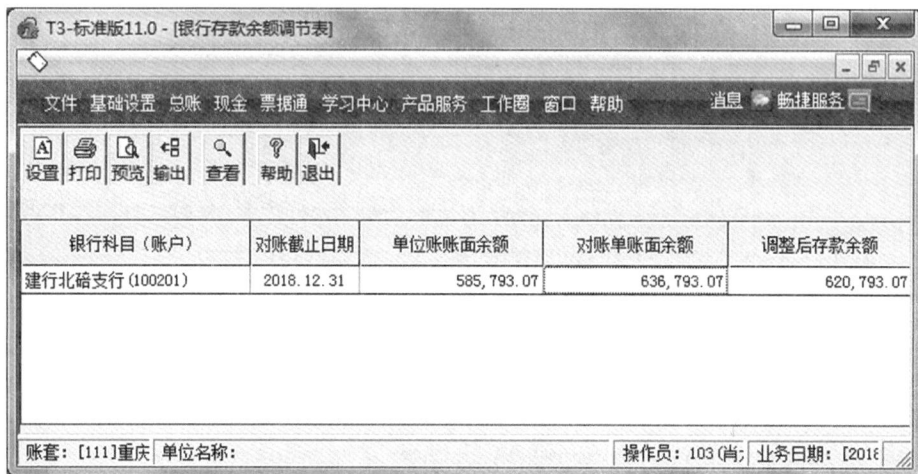

图4-2-18 "银行存款余额调节表"窗口

(2)选择"建行北碚支行"科目,单击【查看】按钮,系统自动输出该科目下的银行存款余额调节表,如图4-2-19所示。

(3)单击【退出】按钮,完成银行存款余额调节表输出。

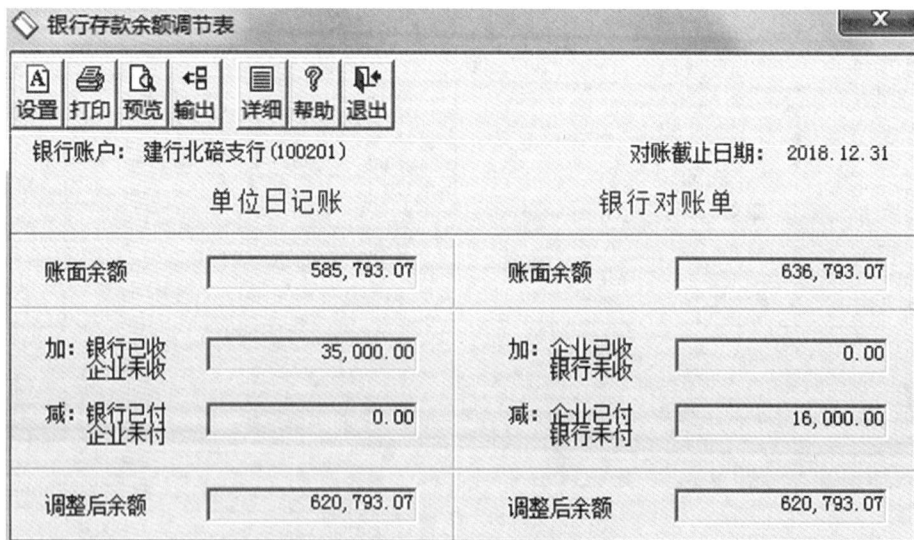

图4-2-19 输出银行存款余额调节表

三、账套备份

（1）以操作员"admin"的身份登录系统管理程序，执行【账套】→【备份】命令，打开"账套输出"对话框，选择要备份的账套，如图4-2-20所示。

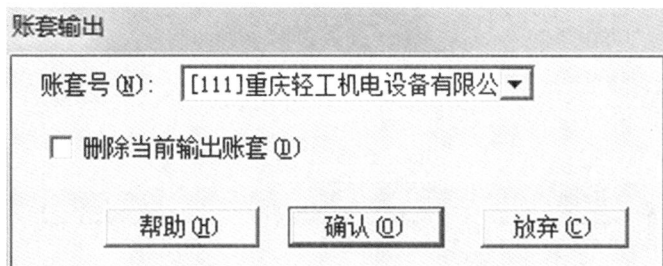

图4-2-20　"账套输出"对话框

（2）单击【确认】按钮，系统对所要输出的账套数据进行压缩处理完成后，弹出"选择备份目标"对话框，自行确定账套备份存放的路径后，单击【确认】按钮，系统弹出提示"硬盘备份完毕!"，单击【确定】按钮完成账套的备份。

四、年结

1. 建立年度账

（1）以操作员"101张大伟"的身份登录系统管理程序，如图4-2-21所示。

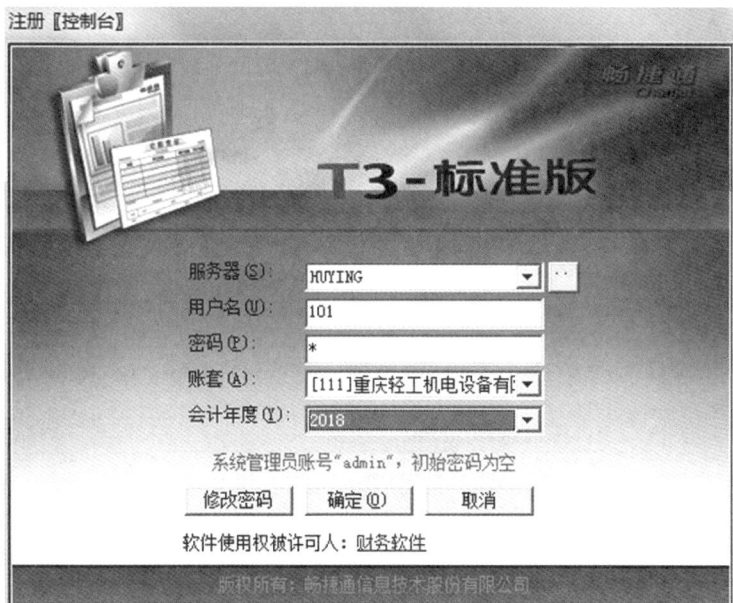

图4-2-21　"注册【控制台】"窗口

157

（2）单击【确定】按钮,进入"用友T3【系统管理】"窗口。

（3）执行【年度账】→【建立】命令,弹出"建立年度账"对话框,如图4-2-22所示。

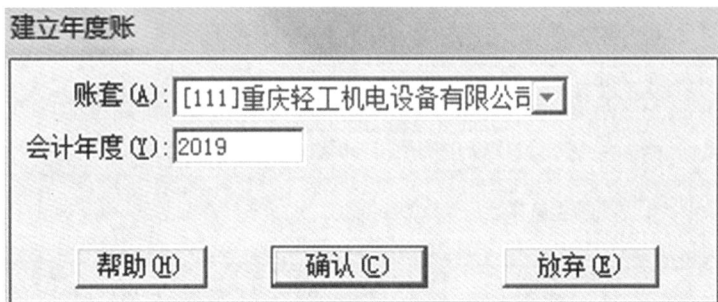

图4-2-22 "建立年度账"对话框

（4）单击【确认】按钮,系统弹出"确认建立【2019】年度账吗?"对话框,单击【是】按钮。

（5）系统自动建立年度账数据库此过程大概需要几分钟时间,完成后弹出"建立年度:【2019】成功。"信息提示框。单击【确定】按钮,完成年度账的建立。

2. 结转上年数据

（1）以操作员"101张大伟"的身份重新以新的年度登录系统管理程序,如图4-2-23所示。

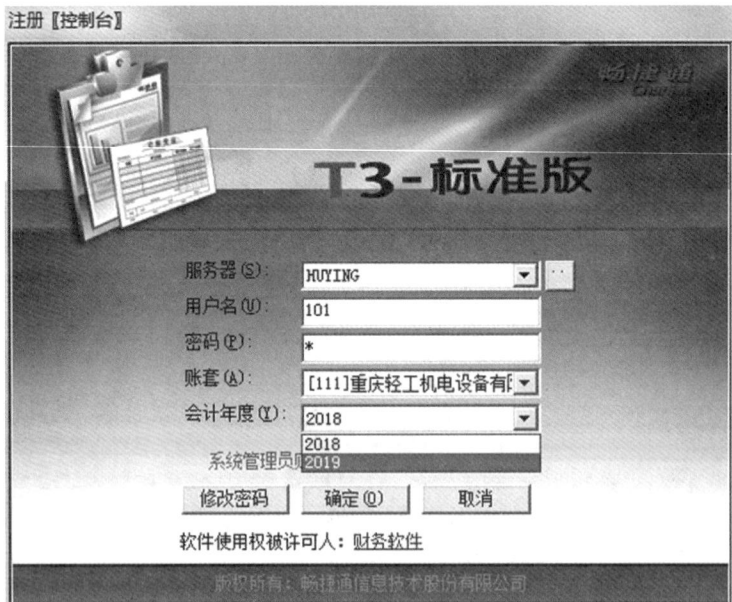

图4-2-23 "注册【控制台】"窗口

（2）单击【确定】按钮，进入"用友T3【系统管理】"窗口，执行【年度账】→【结转上年数据】→【购销链结转】命令，弹出"购销存—结转上年数据"对话框，单击【确认】按钮，系统开始自动结转上年数据，同理依次结转其他子系统上年数据。

（3）当结转总账系统上年数据时，弹出信息提示框，如图4-2-24所示。

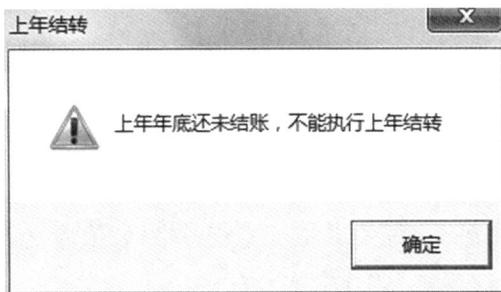

图4-2-24 "上年结转"信息提示框

（4）则需以操作员"101张大伟"的身份登录用友T3主界面，执行【总账】→【期末】→【结账】命令，进入"结账"对话框，如图4-2-25所示。

图4-2-25 "结账"对话框

（5）选择要结账的月份，单击【下一步】按钮。

（6）单击【对账】按钮，系统对要结账的月份进行账账核对。

（7）单击【下一步】按钮，系统显示"2018年12月工作报告"。

（8）查看工作报告后，单击【下一步】按钮，再单击【结账】按钮，若符合结账要求，系统将进行结账，否则不予结转。

（9）总账系统成功结账后，退出T3程序，返回系统管理程序，以操作员"101张大伟"的身份继续完成总账系统上年数据结转,当弹出如下对话框时,如图4-2-26所示。

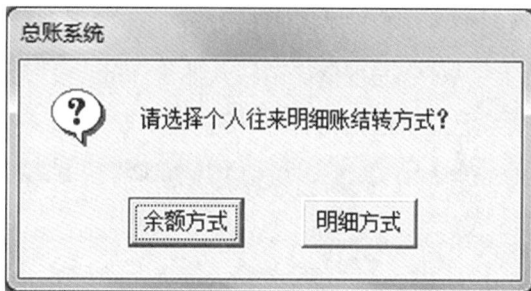

图4-2-26 "总账系统数据结转"对话框

(10)选择以"余额方式"结转,其他往来账目均以"余额方式"结转至新一年度的期初数据,至此完成总账系统上年数据的结转。

3. 年结后的对账

(1)总账系统对账。

①以操作员"101张大伟"的身份在"2019-01-01"日登录用友T3主界面,执行【总账】→【设置】→【期初余额】命令,进入"期初余额录入"窗口,单击【试算】按钮,如图4-2-27所示。

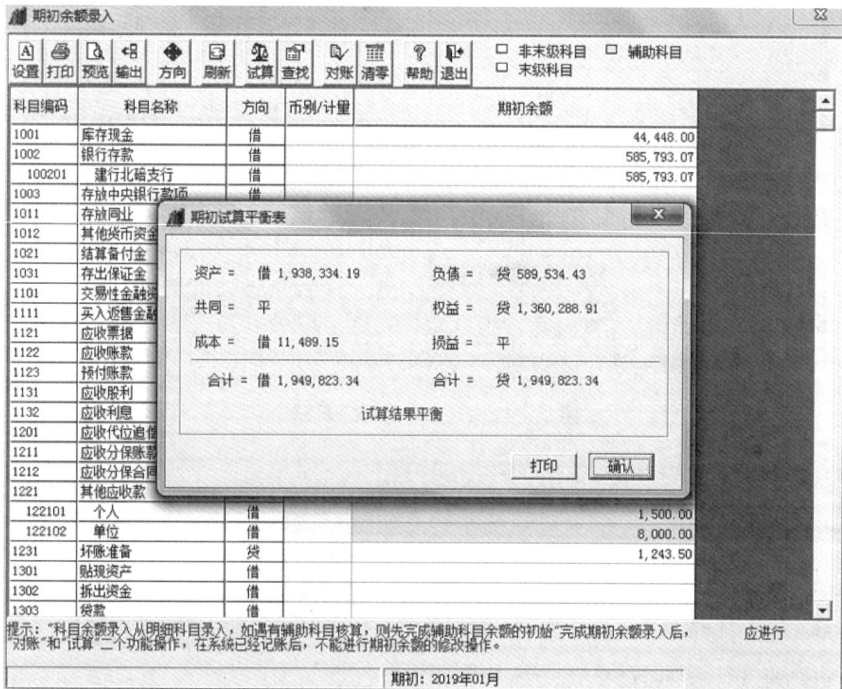

图4-2-27 "期初余额录入"窗口

②试算平衡的检查结果为"平衡",再单击【对账】按钮,如图4-2-28所示。

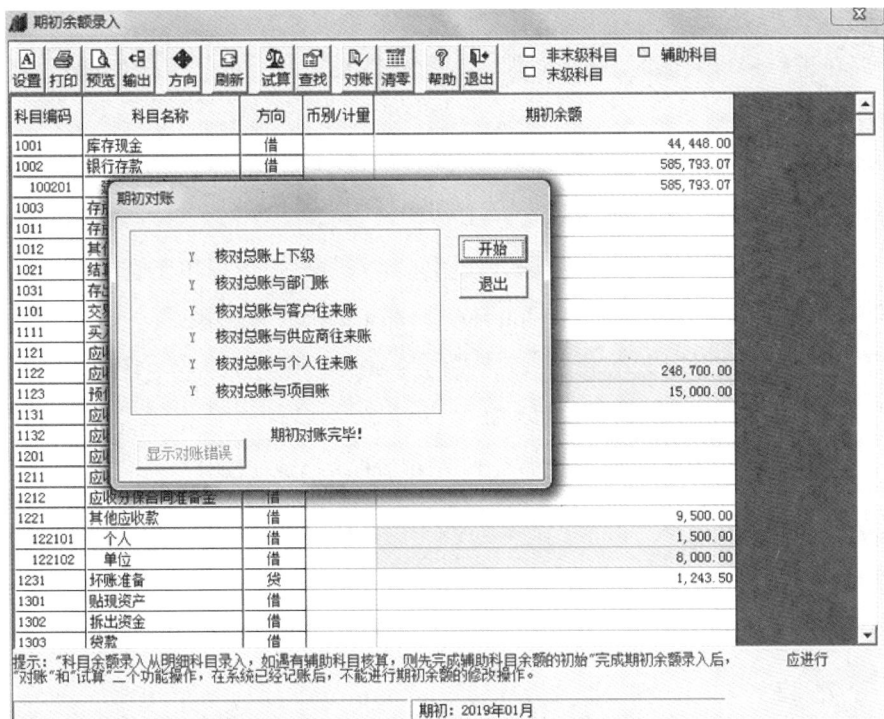

图4-2-28 "期初对账"对话框

③对账无误后再将本年期初数据与上年的期末数据进行核对,确认年结后的数据与上期相比是否正确结转过来。

(2)工资系统对账:检查人员、部门、工资项目等基础档案是否正常结转,步骤略。

(3)固定资产系统对账:检查固定资产总账原值、累计折旧额是否和上年一致,步骤略。

(4)采购系统对账:检查期初采购发票、期初采购入库单、供应商往来期初是否正常结转,步骤略。

(5)销售系统对账:检查期初发货单、客户往来期初是否正常结转,步骤略。

(6)库存系统对账:检查库存期初、库存总账、现存量、库存批次汇总表等是否与上年一致,步骤略。

(7)核算系统对账:检查总账、明细账、收发存汇总表、暂估材料余额表等账表是否与上年一致,步骤略。

任务小结

（1）在进行银行对账时，必须对涉及银行存款相关的凭证做记账处理，否则无法对账。

（2）总账系统月结前，必须对本月生成的所有记账凭证进行出纳签字、审核并记账，否则不能结账。

（3）若要取消总账系统月末结账，在"月末结账"窗口，鼠标单击选中要取消结账的月份，同时按住电脑键盘的Ctrl+Shift+F6键，即可取消月末结账。

（4）若年度账菜单是置灰状态，原因有两种：其一，不是以账套主管身份登录的系统管理程序；其二，系统未检测到加密狗。

（5）各模块结转上年数据除总账模块外其他模块无先后顺序之分，待供销存、固定资产、工资模块结转完后，再结转总账模块上年数据；未启用的模块无须结转上年数据。

任务三　生成财务报表并输出

任务目标

掌握财务报表生成和输出的操作原理。

任务描述

以操作员"101张大伟"身份完成以下操作：

(1)利用报表模板生成资产负债表、利润表并保存。

(2)将生成的财务报表转换成Excel文件输出。

任务实施

一、利用报表模板生成资产负债表、利润表并保存

(1) 以操作员"101张大伟"的身份于"2018-12-31"日登录用友T3主界面,单击"财务报表",进入"财务报表"窗口。

(2)在财务报表窗口中,执行【文件】→【新建】命令,打开"新建"对话框。

(3)在左侧的"模板分类"框中,鼠标单击选中"一般企业(2007年新会计准则)",在右侧的"一般企业(2007年新会计准则)模板"框中选中"资产负债表",最后单击【确定】按钮,打开"资产负债表"(格式状态)窗口。

(4)单击窗口左下角的"格式"按钮,将格式状态切换成数据状态窗口。

(5)在数据状态下,执行【数据】→【关键字】→【录入】命令,打开"录入关键字"对话框,输入相关信息,如图4-3-1所示。

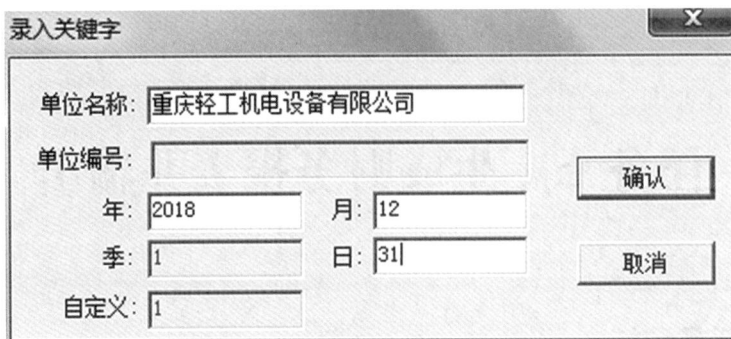

图4-3-1 "录入关键字"对话框

(6)单击【确认】按钮,弹出"是否重算第1页?"信息提示框。

(7)单击【是】按钮,系统会自动根据单元公式生成资产负债表。如图4-3-2所示。

图4-3-2 生成数据后的资产负债表

(8)单击工具栏中的【保存】按钮,将生成的报表数据保存。

(9)参照上述操作生成的利润表,如图4-3-3所示,步骤略。

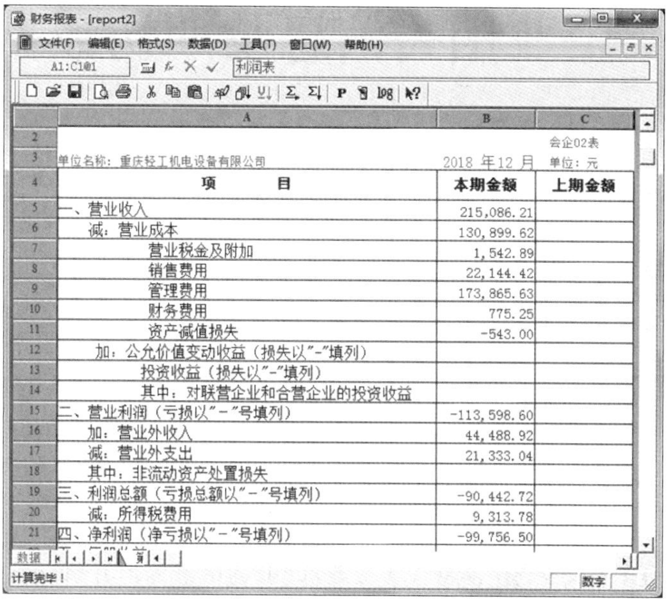

财务报表 - [report2]

项　　目	本期金额	上期金额
单位名称：重庆轻工机电设备有限公司	2018 年12 月	会企02表 单位：元
一、营业收入	215,086.21	
减：营业成本	130,899.62	
营业税金及附加	1,542.89	
销售费用	22,144.42	
管理费用	173,865.63	
财务费用	775.25	
资产减值损失	-543.00	
加：公允价值变动收益（损失以"-"填列）		
投资收益（损失以"-"填列）		
其中：对联营企业和合营企业的投资收益		
二、营业利润（亏损以"-"号填列）	-113,598.60	
加：营业外收入	44,488.92	
减：营业外支出	21,333.04	
其中：非流动资产处置损失		
三、利润总额（亏损总额以"-"号填列）	-90,442.72	
减：所得税费用	9,313.78	
四、净利润（净亏损以"-"号填列）	-99,756.50	

图 4-3-3　生成数据后的利润表

二、将生成的财务报表转换成Excel文件输出

以利润表为例操作步骤如下：

（1）在“利润表”窗口下，单击【文件】→【生成Excel】菜单项，弹出“生成Excel”对话框。

（2）单击【生成】按钮，等待数秒即可将“.rep”格式的文件转换成“.xls”格式的文件。

任务小结

（1）利用模板生成财务数据之前，要保证所有的凭证都已经记账；若凭证有修改，那么报表数据需要重新计算，对修改后的凭证记账后，在报表窗口的数据状态下，单击【数据】→【整表重算】或【表页重算】，系统则重新根据修改后的凭证进行报表重算。

（2）利用模板生成的报表，不一定符合企业实际情况，部分公式需要修改，比如资产负债表模板的“期初未分配利润”公式模板为“QC("4104",月,,,年,,)”，企业只有在年末时才结转本年利润，平时1至11月份并未结转至“利润分配-未分配利润”科目下，因此需修改此项目公式为“QC("4104",月,,,年,,)+ QC("4103",月,,,年,,)”，才能保证资产负债表平衡。

附录一 企业相关信息及期初数据

一、工商、税务登记及开户等相关信息

重庆轻工机电设备有限公司是经工商行政管理部门批准注册成立的有限责任公司,经营范围:生产微型电机,产品内销。该企业为增值税一般纳税人,企业增值税税率为16%。注册资本90万元,其中张四出资50万元,李三出资30万,王五出资10万。该企业设有基本车间一个。注册地址重庆市北碚区同兴北路116-1号,联系电话023-888888×8,开户银行中国建设银行重庆北碚支行,银行账号500010936000508888×8,税号91500109203×88888×,法定代表人张四,财务负责人王万明,出纳肖六。

二、企业组织架构

1. 部门信息

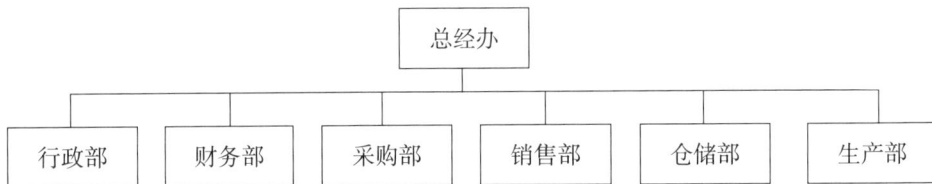

附图1-1 部门架构图

2. 职员信息

附表1-1 职员分布情况表

序号	姓名	部门	岗位
1	张四	总经办	总经理
2	李三	总经办	副总经理
3	王五	总经办	副总经理
4	刘小明	总经办	干事
5	王万明	财务部	经理
6	张大伟	财务部	会计主管

序号	姓名	部门	岗位
7	明亮	财务部	会计
8	肖六	财务部	出纳
9	郑洲	采购部	经理
10	段琏	采购部	采购员
11	徐一凡	行政部	经理
12	吴江南	行政部	文员
13	沈阳	销售部	经理
14	何跃	销售部	业务员
15	张竞	仓储部	经理
16	李杰	仓储部	库管员
17	宋明	生产部	车间主任
18	何小纳	生产部	领料员
19	周民	生产部	生产工人
20	邱海	生产部	生产工人
21	张辉	生产部	生产工人
22	徐大江	生产部	生产工人
23	彭正	生产部	生产工人
24	罗凯	生产部	生产工人
24	黄开	生产部	生产工人
26	沈鸿	生产部	生产工人
27	蒋立	生产部	生产工人
28	丁然	生产部	生产工人

三、产成品情况

1. 产品工艺流程

（1）由企业管理部门根据销售部订单制订生产计划，领用原材料，进入金属加工工序，生产电机零件。

（2）将生产好的电机零件及购买的电路板等配件交安装调试工进行安装、调试。

(3)将调试、安装好的电机交产品质检组检验合格后,装入包装箱,送交成品库等待销售。

2.产品构成情况

(1)生产每台不锈钢轴电机40W所需材料明细(假设不计算其他辅助材料)。

附表1-2 每台不锈钢轴电机40W所需材料明细表

材料名称	计量单位	数量	材料名称	计量单位	数量
不锈钢	kg	2	机电铝件	个	1
锡钢片	kg	1.2	机壳	个	1
漆包线	kg	0.2	端盖	个	1
电机转子	个	1	6200轴承	个	2
电路板	块	1	纸箱	个	1

(2)生产每台碳钢轴电机40W所需材料明细(假设不计算其他辅助材料)。

附表1-3 每台碳钢轴电机40W所需材料明细表

材料名称	计量单位	数量	材料名称	计量单位	数量
碳钢	kg	1.2	机电铝件	个	1
锡钢片	kg	1.2	机壳	个	1
漆包线	kg	0.2	端盖	个	1
电机转子	个	1	6200轴承	个	2
电路板	块	1	纸箱	个	1

四、企业会计核算制度及核算办法

(1)本公司执行"2007年新会计准则"。

(2)本公司采用权责发生制进行账务处理。

(3)本公司以人民币为记账本位币。

(4)本公司会计年度自公历1月1日至12月31日。

(5)本公司根据《中华人民共和国会计法》和《企业会计准则》逐级设置会计科目。

(6)本公司采用通用记账凭证记账,按月打印装订成册,并按1月至12月的顺序编号归档。

（7）本公司采用借贷记账法。

（8）本公司账务处理流程：会计根据审核无误的原始凭证填制记账凭证—财务部经理审核记账凭证—会计根据审计后的记账凭证登记总分类账和各类明细账—财务经理根据总账编制会计报表。

（9）本公司库存现金限额：50,000.00元。

（10）本公司存货采用全月一次加权平均法，成本核算采用品种法核算。原材料在生产开始时一次性投入。

本公司生产成本设五个成本项目，即直接材料、直接人工、制造费用、社会保险、燃料及动力。本月入库的产品成本于月末时根据实际成本填制"产品成本计算表"结转，本月发出产品的实际成本按全月一次加权平均法计算，本月发出产品的实际成本于月末时填制"产品销售成本计算表"一次结转。

（11）应收账款的坏账损失采用备抵法核算，坏账准备按年末应收账款和应收票据余额的5‰提取。

（12）固定资产采用平均年限法计提折旧，净残值率为3%。

（13）库存商品不锈钢轴电机和碳钢轴电机的制造费用和生产成本项目的直接人工、社会保险、燃料及动力按生产工时分配。不锈钢轴电机生产工时15,400小时，碳钢轴电机生产工时10,200小时。

（14）本公司缴纳税种及比例：

①增值税：税率16%。

②城市维护建设税：计税依据为每期应交增值税税额，税率为7%。

③教育费附加：计税依据为每期应交增值税税额，税率为3%。

④地方教育附加：计税依据为每期应交增值税税额，税率为2%。

⑤印花税：一是按营业账簿、权利许可证照等应税凭证文件为依据核算。建立账簿时每本5.00元（新增实收资本除外）。二是每季末核定征收，按（每季销售收入金额×100%+每季原材料采购金额×70%）×0.3‰公式计算。

⑥企业所得税：按每季应纳税所得额计算预缴，税率25%。

⑦个人所得税：七级超额累进税率，代扣代缴。工资薪金个人所得税的减除费用是5,000.00元/月。

（15）社会保险及住房公积金，按职工上年月平均工资为缴费基数，企业与个人承担的比例详见附表1-4，每月分配工资时将应由个人负担社会保险计入"应付职工薪酬—社会保险",将应由个负担的住房公积金计入"应付职工薪酬—住房公积金",发放工资时再据实扣除。

附表1-4　社会保险及住房公积金

缴费项目	缴费工资基数(元)		缴费比例	
	下限	上限	单位	个人
基本养老保险			19%	8%
基本医疗保险			7.5%	2%
大额医疗保险			1.5%	5元/人/月
失业保险	3,105.00	15,523.00	0.5%	0.5%
工伤保险			0.5%	—
生育保险			0.5%	—
住房公积金			12%	12%

注:本表执行的缴费比例,在符合标准基础上公司可自行确定。本书生育险单独列示,尚未并入基本医疗保险范围。

五、企业期初数据相关表格

附表1-5　固定资产明细表

2018年11月

单位名称:重庆轻工机电设备有限公司　　净残值率:3%　　折旧方法:年限平均法　　单位:元

编号	名称	使用部门	入账日期	单位	数量	原币单价	金额	使用年限	预计净残值	月折旧率	月折旧额	已提折旧	已使用月份	净值
1	办公楼	行政部	2003.11	栋	1	850,000.00	850,000.00	20	25,500.00	0.40%	3,435.42	618,375.00	180	231,625.00
2	大车间	生产部	2003.11	栋	1	456,000.00	456,000.00	20	13,680.00	0.40%	1,843.00	331,740.00	180	124,260.00
3	小车间	生产部	2003.11	栋	1	282,000.00	282,000.00	20	8,460.00	0.40%	1,139.75	205,155.00	180	76,845.00
4	车床(CM625)	生产部	2013.11	台	1	39,000.00	39,000.00	10	1,170.00	0.81%	315.25	18,915.00	60	20,085.00
5	钻床(Z3063)	生产部	2013.11	台	1	120,000.00	120,000.00	10	3,600.00	0.81%	970.00	58,200.00	60	61,800.00
6	电机模具(56型)	生产部	2017.11	台	1	13,400.40	13,400.40	10	402.01	0.81%	108.32	1,299.84	12	12,100.56

编号	名称	使用部门	入账日期	单位	数量	原币单价	金额	使用年限	预计净残值	月折旧率	月折旧额	已提折旧	已使用月份	净值
7	小汽车（奥迪A6）	总经办	2017.05	辆	1	450,000.00	450,000.00	4	13,500.00	2.02%	9,093.75	163,687.50	18	286,312.50
8	面包车（长安之星）	销售部	2015.11	辆	1	58,000.00	58,000.00	4	1,740.00	2.02%	1,172.08	42,194.88	36	15,805.12
9	电脑	财务部	2013.11	台	20	5,050.00	101,000.00	5	3,030.00	1.62%	1,632.83	97,970.00	60	3,030.00
10	打印机	财务部	2013.11	台	20	1,780.00	35,600.00	5	1,068.00	1.62%	575.53	34,532.00	60	1,068.00
11	空调	财务部	2013.11	台	10	4,850.00	48,500.00	5	1,455.00	1.62%	784.08	47,045.00	60	1,455.00
合计							2,453,500.40		73,605.01	—	21,070.02	1,619,114.22	—	834,386.18

附表1-6　2018年11月总账及明细账账户余额表

单位名称:重庆轻工机电设备有限公司　　　　　　　　　　　　　　单位:元

总账科目	明细科目	借方余额	贷方余额	应设置账簿
库存现金		20,000.00	—	总账及现金日记账
银行存款		620,650.45	—	总账
	建行北碚支行	620,650.45		银行日记账
应收票据		60,000.00		总账
	重庆跃进公司	60,000.00		三栏式明细账
应收账款		297,300.00	—	总账
	重庆偃达设备公司	21,700.00		三栏式明细账
	重庆乐乐设备公司	120,000.00		三栏式明细账
	重庆华一仪表公司	73,200.00		三栏式明细账
	重庆美美工贸公司	82,400.00		三栏式明细账
坏账准备		—	1,786.50	总账
其他应收款		13,000.00	—	总账
	沈阳	3,000.00		三栏式明细账
	张四	10,000.00		三栏式明细账
原材料	（见附表1-7材料明细表）	235,985.75	—	总账及数量单价金额式账

续表

总账科目	明细科目	借方余额	贷方余额	应设置账簿
库存商品		9,004.72	—	总账
	40W碳钢电机(数量20台)	5,963.06	—	数量单价金额式账
	40W不锈钢电机(数量10台)	3,041.66	—	数量单价金额式账
固定资产	(见附表1-5固定资产明细表)	2,453,500.40	—	总账及固定资产明细账
累计折旧		—	1,619,114.22	总账及固定资产明细账
短期借款		—	100,000.00	总账
应付账款		—	411,824.38	总账
	重庆蓝天机械公司	—	168,075.72	三栏式明细账
	重庆钢材公司	—	105,732.41	三栏式明细账
	重庆物资有限公司	—	138,016.25	三栏式明细账
应付职工薪酬		—	36,801.52	总账
	工会经费	—	20,680.00	三栏式明细账
	职工教育经费	—	16,121.52	三栏式明细账
应交税费		—	7,639.29	总账
	应交增值税	—	6,820.79	应交增值税明细账
	未交增值税	—	6,820.79	应交增值税明细账
	应交城建税	—	477.46	三栏式明细账
	应交教育费附加	—	204.62	三栏式明细账
	应交地方教育附加	—	136.42	三栏式明细账
其他应付款		—	71,030.00	总账
	重庆味美饭店	—	11,300.00	三栏式明细账
	重庆北碚电力公司	—	31,600.00	三栏式明细账
	重庆北碚水厂	—	4,130.00	三栏式明细账
	重庆东方设备公司	—	24,000.00	三栏式明细账
应付利息		—	1,200.00	总账
	建行利息	—	1,200.00	三栏式明细账

总账科目	明细科目	借方余额	贷方余额	应设置账簿
实收资本		—	900,000.00	总账
	张四	—	500,000.00	三栏式明细账
	李三	—	300,000.00	三栏式明细账
	王五	—	100,000.00	三栏式明细账
本年利润		—	235,705.93	总账
利润分配		—	324,339.48	总账
	未分配利润	—	324,339.48	三栏式明细账
合计		3,709,441.32	3,709,441.32	

附表1-7 2018年11月原材料明细表

单位名称:重庆轻工机电设备有限公司　　　　　　　　　　　　　　　　　　　单位:元

材料名称	计量单位	库存数量	单价	金额
碳钢	kg	2,000	4.1000	8,200.00
不锈钢	kg	1,000	10.9373	10,937.30
锡钢片	kg	400	5.4000	2,160.00
漆包线	kg	1,500	60.8600	91,290.00
电机转子	个	1,920	7.0850	13,603.20
电路板	块	1,680	13.6410	22,916.88
机电铝件	个	1,720	14.9692	25,747.03
机壳	个	1,610	20.2991	32,681.55
端盖	个	1,580	8.3924	13,259.99
6200轴承	个	2,000	3.0580	6,116.00
纸箱	个	1,800	5.0410	9,073.80
合计	—	—	—	235,985.75

附表1-8　2018年10月—11月累计利润表

单位名称:重庆轻工机电设备有限公司　　　　　　　　　　　　　　　　　单位:元

项目	10-11累计发生额
一、营业收入	871,260.25
减:营业成本	392,067.18
税金及附加	2,132.61
销售费用	25,479.36
管理费用	326,387.52
财务费用	1,205.95
资产减值损失	1,608.49
加:公允价值变动收益(损失以"-"号填列)	—
投资收益(损失以"-"填列)	—
其中:对联营企业和合营企业的投资收益	—
二、营业利润(亏损以"-"填列)	122,379.14
加:营业外收入	6,701.37
减:营业外支出	1,382.68
其中:非流动资产处置损失	—
三、利润总额(亏损以"-"填列)	127,697.83
减:所得税费用	—
四、净利润(净亏损以"-"填列)	127,697.83

备注:

1.10—11月累计购进原材料582,716.32元,10—11月累计营业收入871,260.25元。

2.重庆永乐财产保险受益期间:2018年12月至2019年5月,每月推销3,000.00元,均为行政部承担。

3.预提费用:(1)7—11月生产车间每月预提设备修理费用4,800.00元;

　　　　　　(2)10月—11月预提短期贷款利息1,200.00元。

附录二　企业经济业务及对应原始凭证

1.12月1日从重庆东方设备公司购入无心磨床一台，型号M1080，含税价款76,050.00元，增值税10,489.66元，以网上银行支付设备款及对方代垫的运费2,000.00元（重庆北碚运输公司，增值税专用发票，税率10%），预计使用年限10年，净残值率3%。

1-1

5000162130　重庆增值税专用发票（模拟）　No 01812727

开票日期：2018年12月01日

抵扣联

购买方	名　　　称：重庆轻工机电设备有限公司 纳税人识别号：91500109203×88888× 地址、电话：重庆市北碚区同兴北路116-1号 023-888888×8 开户行及账号：建设银行重庆北碚支行 500010936000508888×8					密码区	**8〉/*8*01〉33*+ **8〉/*5*01〉00*+ **8〉/*4*01〉33*+ **8〉/*3*01〉00*+
货物或应税劳务、服务名称	规格型号	单位	数量	单价	金额	税率	税额
无心磨床	M1080	台	1	65560.34	65560.34	16%	10489.66
合计					￥65560.34		￥10489.66
价税合计（大写）	⊗柒万陆仟零伍拾元整				（小写）￥76050.00		
销售方	名　　　称：重庆东方设备有限公司 纳税人识别号：91500109×××111111× 地址、电话：重庆市北碚区西路3号 6788888× 开户行及账号：建设银行重庆北碚支行500010936000501112×1					备注	

收款人：文艺　　复核：刘琴　　开票人：张平　　销售方（章）

税总函〔2015〕664号西安印钞有限公司

第二联：抵扣联　购买方扣税凭证

175

1-2

5000162130　　重庆增值税专用发票（模拟）　　No 01812727

开票日期：2018 年 12 月 01 日

购买方	名　　　称：重庆轻工机电设备有限公司 纳税人识别号：91500109203×88888× 地址　、　电话：重庆市北碚区同兴北路 116-1 号 023-888888×8 开户行及账号：建设银行重庆北碚支行 50001093600050 8888×8					密码区	**8〉/*8*01〉33*+ **8〉/*5*01〉00*+ **8〉/*4*01〉33*+ **8〉/*3*01〉00*+

货物或应税劳务、服务名称	规格型号	单位	数量	单价	金额	税率	税额
无心磨床	M1080	台	1	65560.34	65560.34	16%	10489.66
合计					￥65560.34		￥10489.66

价税合计（大写）	⊗ 柒万陆仟零伍拾元整	（小写）￥76050.00

销售方	名　　　称：重庆东方设备有限公司 纳税人识别号：91500109×××111111× 地址　、　电话：重庆市北碚区西路 3 号 6788888× 开户行及账号：建设银行重庆北碚支行 50001093600050 1112×1	备注

收款人：文艺　　　复核：刘琴　　　开票人：张平　　　销售方（章）

第三联：发票联 购买方记账凭证

1-3

5000162130　　重庆增值税专用发票（模拟）　　No 54463595

开票日期：2018 年 12 月 01 日

购买方	名　　　称：重庆轻工机电设备有限公司 纳税人识别号：91500109203×88888× 地址　、　电话：重庆市北碚区同兴北路 116-1 号 023-888888×8 开户行及账号：建设银行重庆北碚支行 50001093600050 8888×8					密码区	**6〉/*8*01〉33*+ **6〉/*5*01〉00*+ **6〉/*4*01〉33*+ **6〉/*3*01〉00*+

货物或应税劳务、服务名称	规格型号	单位	数量	单价	金额	税率	税额
运费					1818.18	10%	181.82
合计					￥1818.18		￥181.82

价税合计（大写）	⊗ 贰仟元整	（小写）￥2000.00

销售方	名　　　称：重庆北碚运输公司 纳税人识别号：91500109203×3333× 地址　、　电话：重庆市北碚区东路 1 号 6888888× 开户行及账号：建设银行重庆北碚支行 50001093600050 1111×1	备注

收款人：李芸丽　　　复核：宋雨　　　开票人：方五　　　销售方（章）

第二联：抵扣联 购买方扣税凭证

1-4

5000162130　　重庆增值税专用发票(模拟)　　No 54463595

开票日期:2018年12月01日

第三联：发票联　记购买方记账凭证

| 购买方 | 名　　称:重庆轻工机电设备有限公司
纳税人识别号:991500109203×88888×
地址、电话:重庆市北碚区同兴北路116-1号 023-888888×8
开户行及账号:建设银行重庆北碚支行 50001093600050 8888×8 | 密码区 | **6〉/*8*01〉33*+
**6〉/*5*01〉00*+
**6〉/*4*01〉33*+
**6〉/*3*01〉00*+ |

货物或应税劳务、服务名称 运费	规格型号	单位	数量	单价	金额 1818.18	税率 10%	税额 181.82
合计					¥1818.18		¥181.82

| 价税合计(大写) | ⊗ 贰仟元整 | (小写)¥2000.00 |

| 销售方 | 名　　称:重庆北碚运输公司
纳税人识别号:91500109203×3333×
地址、电话:重庆市北碚区东路1号 6888888×
开户行及账号:建设银行重庆北碚支行5000109360005 01111×1 | 备注 | 重庆北碚运输公司
91500109203X3333X
发票专用章 |

收款人:李芸丽　复核:宋雨　开票人:方五　　　销售方:(章)

1-5　　　　　　　　入　库　单

收货单位:重庆轻工机电设备有限公司基本车间　　　　　　2018年12月01日

三财务记账联

编号	种类	产品名称	型号	规格	入库数量	单位	单价	成本金额								
								百	十	万	千	百	十	元	角	分
1	资产	无心磨床	M1080		1	台	67378.52		¥	6	7	3	7	8	5	2
合计(大写):⊗陆万柒仟叁佰柒拾捌元伍角贰分									¥	6	7	3	7	8	5	2

负责人:张竞　　记账:　　收货:李杰　　　　　填单:段琏

1-6

付款申请单

单位名称:重庆轻工机电设备有限公司 2018 年 12 月 01 日

申请部门	采购部	原因或用途	磨床及运费
付款归属行	建行	付款方式	网上银行支付
金额 (大写)	⊗ 柒万捌仟零伍拾元整		￥78050.00
负责人签章	张四	财务部门领导签章	王万明
申请部门领导签章	郑洲	申请人	段珺

主办会计(审核):王万明 出纳:肖六

1-7

中国建设银行客户专用回单

◆ 中国建设银行
China Construction Bank.

10300200014969078888800301

币别:人民币 2018 年 12 月 01 日 流水号:5000936003Y7AF9×03D

付款人	全称	重庆轻工机电设备有限公司	收款人	全称	重庆东方设备有限公司	(贷方回单)
	账号	500010936000508888×8		账号	500010936000501112×1	
	开户行	建设银行重庆北碚支行		开户行	建设银行重庆北碚支行	
金额		(大写) ⊗ 柒万捌仟零伍拾元整			(小写) ￥78050.00	
凭证种类		电子转账凭证	凭证号码		100645991109	
结算方式		转账	用途		货款	

付款方式:
业务类型:
摘要:

打印柜员:50009360001
打印机构:中国建设银行重庆北碚支行营业部
打印卡号:500000000101793

打印时间:2018-12-01 10:24:05 交易柜员:交易机构:560093600

2. 12月1日通过网上银行支付公司企业行政管理部门2018年12月至2019年5月永乐保险公司财产保险费18,000.00元,并做当月摊配。

2-1

付款申请单

单位名称:重庆轻工机电设备有限公司　　　　　　　　　　2018年12月01日

申请部门	行政部	原因或用途	保险费
付款归属行	建行	付款方式	网上银行支付
金额 (大写)	⊗壹万捌仟元整		¥18000.00
负责人签章	张四	财务部门领导签章	王万明
申请部门领导签章	徐一凡	申请人	吴江南

主办会计(审核):王万明　　　　　　　　　　　　　　出纳:肖六

2-2

中国建设银行客户专用回单

中国建设银行
China Construction Bank.

10300200014969078888800303

币别:人民币　　2018年12月01日　　流水号:5000936003Y7AF9×04D

付款人	全称	重庆轻工机电设备有限公司	收款人	全称	重庆永乐保险有限公司
	账号	500010936000508888×8		账号	500010936000508768×8
	开户行	建设银行重庆北碚支行		开户行	建设银行重庆北碚支行
金额	(大写)⊗壹万捌仟元整		(小写)¥18000.00		
凭证种类	电子转账凭证		凭证号码	100645991209	
结算方式	转账		用途	保险费	
付款方式: 业务类型: 摘要:			打印柜员:50009360001 打印机构:中国建设银行重庆北碚支电子回单部 打印卡号:500000000101793×		

(贷方回单)

打印时间:2018-12-01 16:28:05　　　　　交易柜员:交易机构:500093600

2-3

发票代码250001230248
发票号码00901475

保险业专用发票

出票日期:2018年12月01日　　　　行业分类:　　　　机打代码123　　　　机打号码00901475

2018年12月01日保险业　　　　25000123048　　　　00901475
付款人:重庆轻工机电设备有限公司
承保险种:机动车交通事故责任强制保险产品等,见保费清单
保险单号:PDZA201250010000353417　批单号:PDZA201250010000353417
保险费金额(大写):壹万捌仟元整(小写):￥18,000.00
代收车船税(大写):(小写):
滞纳金(大写):(小写):
合计金额(大写):壹万捌仟元整(小写):￥18,000.00
附注:保险时间:2018年12月至2019年5月
保险公司签章:　　　　　　复核人:郑重　　　　　　经办人:刘光

3.12月2日出纳向银行申请办理银行汇票用以购买重庆钢材公司原材料,中国建设银行网上银行支付24,570.00元至银行汇票存款账户。

3-1

中国建设银行汇票申请书(贷方凭证)3
第　号

申请日期:2018年12月02日

申请人	重庆轻工机电设备有限公司	收款人	重庆钢材有限公司									
账号和开户行	建设银行重庆北碚支行 5000109360005088888×8	账号和开户行	建设银行重庆北碚支行 5000109360005011111×3									
用途	钢材款	代理付款行	建设银行重庆北碚支行									
汇票金额	(大写)⊗贰万肆仟伍佰柒拾元整			千	百	十	万	千	百	十	元	角	分
						￥	2	4	5	7	0	0	0
备注		科目(贷) 对方科目(借) 转账日期年月日 复核记账出纳										

3-2

中国建设银行客户专用回单

中国建设银行
China Construction Bank.

1030020001496907888800305

币别:人民币　　　　　2018年12月02日　　　流水号:5000936003Y7AF9×03B

付款人	全称	重庆轻工机电设备有限公司	收款人	全称	重庆轻工机电设备有限公司
	账号	5000109360005088888×8		账号	5000109360005088888×8-1
	开户行	建设银行重庆北碚支行		开户行	建设银行重庆北碚支行

（贷方回单）

金额	(大写)⊗贰万肆仟伍佰柒拾元整		(小写)￥24570.00
凭证种类	电子转账凭证	凭证号码	100645991309
结算方式	转账	用途	银行汇票存款

付款方式:
业务类型:　　　　　　　　　打印柜员:50009360001
摘要:　　　　　　　　　　　打印机构:中国建设银行重庆北碚营业部
　　　　　　　　　　　　　打印卡号:500000000101793×5

打印时间:2018-12-02　11:20:16　　　交易柜员:交易机构:500092600

4. 12月3日采购员用办理的银行汇票到重庆钢材公司购进原材料45#碳钢5吨，价税合计24,570.00元。材料已经验收入库,已开具增值税发票。

4-1

付款期限 壹个月	中国建设银行 银行汇票　2	$\frac{CQ}{01}$ 71001532

第　号

出票日期(大写)	贰零壹捌年壹拾贰月零叁日	代理付款行:建设银行重庆北碚支行 行号:105653013006

收款人:重庆钢材有限公司账号:5000109360005011111×3

出票金额	(大写)⊗贰万肆仟伍佰柒拾元整									

实际结算金额	(大写)⊗贰万肆仟伍佰柒拾元整	千	百	十	万	千	百	十	元	角	分
				￥	2	4	5	7	0	0	0

申请人:重庆轻工机电设备有限公司
出票行:建设银行重庆北碚支行
行号:
备注:
凭票付款
出票行签章

账号:5000109360005088888×8

多余金额										科目(借) 对方科目(贷)
千	百	十	万	千	百	十	元	角	分	兑付日期　年　月　日 复核　　记账

4-2

5000162130　　　重庆增值税专用发票（模拟）　　　No 18462095

开票日期：2018 年 12 月 03 日

| 购买方 | 名　　称：重庆轻工机电设备有限公司
纳税人识别号：91500109203×88888×
地址、电话：重庆市北碚区同兴北路116-1号 023-888888×8
开户行及账号：建设银行重庆北碚支行 5000109360005088888×8 | 密码区 | **1〉/*3*01〉33*+
**6〉/*5*01〉00*+
**9〉/*4*01〉33*+
**6〉/*3*01〉00*+ |

货物或应税劳务、服务名称	规格型号	单位	数量	单价	金额	税率	税额
碳钢	45#	kg	5000	4.2362	21181.03	16%	3388.97
合计					￥21181.03		￥3388.97

| 价税合计（大写） | ⊗ 贰万肆仟伍佰柒拾元整 | （小写）￥24570.00 |

| 销售方 | 名　　称：重庆钢材有限公司
纳税人识别号：91500109×××111113×
地址、电话：重庆市北碚区上海路1号 6888883×
开户行及账号：建设银行重庆北碚支行 5000109360005011113× | 备注 | |

收款人：肖婷　　复核：张伟　　开票人：张亮亮　　销售方（章）

第二联：抵扣联　购买方扣税凭证

税总函〔2015〕664号西安印钞有限公司

4-3

5000162130　　　重庆增值税专用发票（模拟）　　　No 18462095

开票日期：2018 年 12 月 03 日

| 购买方 | 名　　称：重庆轻工机电设备有限公司
纳税人识别号：91500109203×88888×
地址、电话：重庆市北碚区同兴北路116-1号 023-888888×8
开户行及账号：建设银行重庆北碚支行 5000109360005088888×8 | 密码区 | **1〉/*3*01〉33*+
**6〉/*5*01〉00*+
**9〉/*4*01〉33*+
**6〉/*3*01〉00*+ |

货物或应税劳务、服务名称	规格型号	单位	数量	单价	金额	税率	税额
碳钢	45#	kg	5000	4.2362	21181.03	16%	3388.97
合计					￥21181.03		￥3388.97

| 价税合计（大写） | ⊗ 贰万肆仟伍佰柒拾元整 | （小写）￥24570.00 |

| 销售方 | 名　　称：重庆钢材有限公司
纳税人识别号：91500109×××111113×
地址、电话：重庆市北碚区上海路1号 6888883×
开户行及账号：建设银行重庆北碚支行 5000109360005011113× | 备注 | |

收款人：肖婷　　复核：张伟　　开票人：张亮亮　　销售方（章）

第三联：发票联　购买方账凭证

税总函〔2015〕664号西安印钞有限公司

4-4

入 库 单

收货单位:重庆轻工机电设备有限公司库房　　　　　　2018年12月03日

编号	种类	产品名称	型号	规格	入库数量	单位	单价	成本金额								
								百	十	万	千	百	十	元	角	分
1	材料	碳钢	45#		5000	kg	4.2362	¥	2	1	1	8	1	0	3
合计(大写):⊗贰万壹仟壹佰捌拾壹元零角叁分								¥	2	1	1	8	1	0	3

负责人:张竞　　　　记账:　　　　收货:李杰　　　　　　填单:段琏

三财务记账联

5.12月4日,网上银行支付重庆味美饭店前欠款11,300.00元。

5-1

付款申请单

单位名称:重庆轻工机电设备有限公司　　　　　　2018年12月04日

申请部门	行政部	原因或用途	付重庆味美饭店前欠款
付款归属行	建行	付款方式	网上银行支付
金额（大写）	⊗壹万壹仟叁佰元整		¥ 11300.00
负责人签章	张四	财务部门领导签章	王万明
申请部门领导签章	徐一凡	申请人	吴江南

主办会计(审核):王万明　　　　　　　　　　　出纳:肖六

5-2

中国建设银行客户专用回单

中国建设银行
China Construction Bank

10300200014969078888800306

币别:人民币		2018年12月04日			流水号:5000936003Y7AF9×103E		
付款人	全称	重庆轻工机电设备有限公司		收款人	全称	重庆味美饭店	(贷方回单)
	账号	500010936000508888×8			账号	3109070104000×001	
	开户行	中国建设银行重庆北碚支行			开户行	中国农业银行重庆蔡家支行	
金额		(大写)⊗壹万壹仟叁佰元整				(小写)¥11300.00	
凭证种类		电子转账凭证		凭证号码		100645991311	
结算方式		转账		用途		前欠款	

付款方式: 业务类型: 摘要:	打印柜员:50009360001 打印机构:中国建设银行重庆北碚支行营业部 打印卡号:500000000101793

打印时间:2018-12-04 16:00:05　　　　交易柜员:交易机构:500093600

6. 12月6日开出转账支票,支付重庆北碚电力公司电费31,600.00元,其中基本车间耗用动力电18,200.00元,基本车间一般耗用照明电5,800.00元,销售部门耗用电费5,000.00元,行政管理部门耗用照明电2,600.00元。

6-1

重庆通用机打发票

重庆北碚电力公司　　　发票联（模拟）

发票代码150001251234
发票号码09314069

| 户号:1505687794 | 户名:重庆轻工机电设备有限公司 |

地址:重庆市北碚区同兴北路116号-1

应收电费:31600.00　　本次实收金额（小写）31600.00　（大写）叁万壹仟陆佰元整

其中:实收电费（小写）31600.00　　　　　　　　　　（大写）叁万壹仟陆佰元整

其中:实收违约金（小写）0（大写）零元整　　上次余额0.35　本次余额0.00

计费月份2018年12月

应收电费明细:

用电类别	止数	起数	倍率	使用电量	损耗	加减电量	合计电量	电价	金额
居民其他类10KV	2862.89	2803.27	1000	59622	0	0	59622	0.4732	28213.13
居民其他类10KV	0	0	1000	0	0	0	0	0.0000	0.00
居民其他类10KV	0	0	1000	0	0	0	0	0.0000	0.00

代征款:项目	电量	电价	金额	代征款:项目	电量	电价	金额
农网还贷	59622	0.02000	1192.44	公用附加	59622	0.02000	1192.44
移民后扶资金	59622	0.00830	494.86	再生能源附加	59622	0.00100	59.62
小水库后扶金	59622	0.000500	29.81	水利基金	59622	0.007000	417.35

备注:"应收电费"作为成本报销金额;"本次实收金额"仅为资金支付的凭据。

单位:重庆北碚电力公司　收费日期2018-12-06 09:34:36　收费员:00015668

打印员:990601

税号:9150000202856659X

日期:2018年12月06日9:34:46　　行业分类:供电　　　　09314069

6-2

付款申请单

单位名称:重庆轻工机电设备有限公司　　　　　　2018年12月06日

申请部门	行政部	原因或用途	电费
付款归属行	建行	付款方式	网上银行支付
金额（大写）	⊗叁万壹仟陆佰元整		¥31600.00
负责人签章	张四	财务部门领导签章	王万明
申请部门领导签章	徐一凡	申请人	吴江南

主办会计(审核):王万明　　　　　　　　　　　　出纳:肖六

6-3

中国建设银行客户专用回单

中国建设银行
China Constrution Bank.

1030020001496907888800342

币别:人民币　　　　　2018年12月06日　　　　　流水号:5000936003Y7AF9×10F

付款人	全称	重庆轻工机电设备有限公司	收款人	全称	重庆北碚电力公司
	账号	50001093600050888×8		账号	50001093600050880×8
	开户行	建设银行重庆北碚支行		开户行	建设银行重庆北碚支行

金额	(大写)⊗ 叁万壹仟陆佰元整	(小写)￥31600.00

凭证种类	电子转账凭证	凭证号码	100645991313
结算方式	转账	用途	电费

付款方式:　　　　　　　　　　打印柜员:50009360001
业务类型:　　　　　　　　　　打印机构:中国建设银行重庆北碚营业厅
摘要:　　　　　　　　　　　　打印卡号:500000000101793×

（贷方回单）

打印时间:2018-12-06 14:24:00　　　　　交易柜员:交易机构:500003600

6-4

电力费用分配表

单位名称:重庆轻工机电设备有限公司　　　　　　　　　　　　单位:元

序号	费用项目	总金额	受益部门	分配金额	科目
1	电费	31,600.00	车间一般耗用	5,800.00	
2			销售部门	5,000.00	
3			行政管理部门	2,600.00	
4			基本车间耗用	18,200.00	
合计				31,600.00	

7. 12月6日网上银行支付重庆市自来水有限公司水费4,130.00元。其中基本车间一般耗用1,300.00元,销售部门耗用510.00元,行政管理部门耗用2,222.46元,增值税97.54元。

7-1

5000162130　　重庆增值税专用发票（模拟）　　No 54263505

开票日期:2018年12月06日

购买方	名　　称:重庆轻工机电设备有限公司 纳税人识别号:91500109203×88888× 地址、电话:重庆市北碚区同兴北路116-1号 023-888888×8 开户行及账号:建设银行重庆北碚支行 50001093600050888×8					密码区	**0〉/*8·01〉33*+ **6〉/*5·01〉00*+ **9〉/*4·01〉33*+ **6〉/*3·01〉00*+
货物或应税劳务、服务名称	规格型号	单位	数量	单价	金额	税率	税额
水费			1288	2.524272	3251.26	3%	97.54
污水处理费			1288	0.606522	781.20	免税	*
合计					￥4032.46		￥97.54
价税合计(大写)		⊗肆仟壹佰叁拾元整				(小写)￥4130.00	
销售方	名　　称:重庆市自来水有限公司 纳税人识别号:91500000202801914L 地址、电话:重庆市团结坝 6196583× 开户行及账号:交通银行沙坪坝团结支行602031-014901990×				备注	卡号08040572×,抄表日期2018-12-03,实收金额4130元。上月余额0.00,本月余额0.00,起度448581,止度449869,当前用户不是年阶用户	

收款人:肖坤　　复核:张贞　　开票人:向洋　　销售方:(章)

7-2

5000162130　　重庆增值税专用发票（模拟）　　No 54263505

开票日期:2018年12月6日

购买方	名　　称:重庆轻工机电设备有限公司 纳税人识别号:91500109203×88888× 地址、电话:重庆市北碚区同兴北路116-1号 023-888888×8 开户行及账号:建设银行重庆北碚支行 50001093600050888×8					密码区	**0〉/*8·01〉33*+ **6〉/*5·01〉00*+ **9〉/*4·01〉33*+ **6〉/*3·01〉00*+
货物或应税劳务、服务名称	规格型号	单位	数量	单价	金额	税率	税额
水费			1288	2.524272	3251.26	3%	97.54
污水处理费			1288	0.606522	781.20	免税	*
合计					￥4032.46		￥97.54
价税合计(大写)		⊗肆仟壹佰叁拾元整				(小写)￥4130.00	
销售方	名　　称:重庆市自来水有限公司 纳税人识别号:91500000202801914L 地址、电话:重庆市团结坝 6196583× 开户行及账号:交通银行沙坪坝团结支行602031-014901990×				备注	卡号08040572×,抄表日期2017-12-03,实收金额4130元。上月余额0.00,本月余额0.00,起度448581,止度449869,当前用户是年阶用户	

收款人:肖坤　　复核:张贞　　开票人:向洋　　销售方:(章)

7-3

付款申请单

单位名称:重庆轻工机电设备有限公司   2018年12月06日

申请部门	行政部	原因或用途	水费
付款归属行	建行	付款方式	网上银行支付
金额 (大写)	⊗ 肆仟壹佰叁拾元整		￥4130.00
负责人签章	张四	财务部门领导签章	王万明
申请部门领导签章	徐一凡	申请人	吴江南

主办会计(审核):王万明   出纳:肖六

7-4

中国建设银行客户专用回单

中国建设银行
China Constrution Bank.

10300200014969078888800345

币别:人民币   2018年12月06日   流水号:5000936003Y7AF9×19D

付款人	全称	全　称:重庆轻工机电设备有限公司	收款人	全称	重庆市自来水有限公司
	账号	账　号:5000109360005088888X8		账号	602031-014901990X
	开户行	开户行:建设银行重庆北碚支行		开户行	交通银行沙坪坝团结支行

金额	(大写)⊗ 肆仟壹佰叁拾元整		(小写)￥4130.00
凭证种类	电子转账凭证	凭证号码	100645991314
结算方式	转账	用途	水费

付款方式:
业务类型:
摘要:

打印柜员:50009360001
打印机构:中国建设银行重庆北碚文化城营业部
打印卡号:50000000101793

打印时间:2018-12-06 11:24:05   交易柜员:交易机构:500093600

7-5

水费分配表

单位名称:重庆轻工机电设备有限公司 单位:元

序号	费用项目	总金额	受益部门	分配金额	科目
1			车间一般耗用	1,300.00	
2	水费	4032.46	销售部门	510.00	
3			行政管理部门	2,222.46	
合计				4032.46	

8. 12月6日,收到重庆乐乐设备有限公司交来现金30,000.00元,网银转账收入20,000.00元,共计50,000.00元,用以偿还其原欠款。并将其现金送存银行。

8-1

收 据

入账日期: 2018 年 12 月 6 日

现金收讫

今收到重庆乐乐设备有限公司现金30,000.00元,收款事由货款

金额(大写)⊗叁万元整

收款单位(财务专用章)

核准:张大伟 会计:明亮 记账: 出纳:肖六 经手人:肖六

第一联 收款记账联

8-2

中国建设银行客户专用回单

1030020001496907888800328

| 币别:人民币 | 2018 年 12 月 06 日 | 流水号:5000936003Y7AF9×13D |

付款人	全称	重庆乐乐设备有限公司	收款人	全称	重庆轻工机电设备有限公司
	账号	5000109360005022222×2		账号	5000109360005088888×8
	开户行	建设银行重庆北碚支行		开户行	建设银行重庆北碚支行
金额		(大写)⊗ 贰万元整		(小写)¥20000.00	
凭证种类		电子转账凭证	凭证号码		100645991315
结算方式		转账	用途		货款

付款方式:
业务类型:
摘要:

打印柜员:50009360001
打印机构:中国建设银行重庆北碚支行营业部
打印卡号:500000000101793×

(贷方回单)

打印时间:2018-12-06 16:24:05　　　交易柜员:交易机构:500093600

8-3

中国建设银行
China Constrsolion Bank.

现金交款单

| 币别:人民币 | 2018 年 12 月 06 日 | 流水号2011120618913026 |

单位填写	收款单位	重庆轻工机电设备有限公司	交款人	肖六										
	账 号	5000109360005088888×8	款项来源	重庆乐乐设备有限公司货款										
	(大写)⊗ 叁万元整			亿	千	百	十	万	千	百	十	元	角	分
						¥	3	0	0	0	0	0	0

银行确认栏	交易日期:20181206　　币种:人民币元　　组件流水号:5000936000N2PABS34×
	收款单位:重庆轻工机电设备有限公司　　金额:¥30000.00
	账(卡)号:5000109360005088888×
	交款人:肖六
	款项来源:重庆乐乐设备有限公司货款

现金回单(无银行打印记录及银行签章此单无效)

第二联:客户回单

| 主管: | 授权: | 复核: | 经办:2232816× |

9.12月7日,采购员到重庆物资有限公司赊购了一批原材料:漆包线456 kg,含税货款32,470.03元,成本金额27,991.41元;锡钢片2,515 kg,含税货款16,036.90元。已经收到相关票据,货已入库。

9-1

入 库 单

收货单位:重庆轻工机电设备有限公司库房　　　　　　　　　　　2018年12月7日

编号	种类	产品名称	型号	规格	入库数量	单位	单价	成本金额								
								百	十	万	千	百	十	元	角	分
1	材料	漆包线	0.17-0.35		456	kg	61.3847		¥	2	7	9	9	1	4	1
2	材料	锡钢片			2515	kg	5.4970		¥	1	3	8	2	4	9	1
合计(大写):⊗肆万壹仟捌佰壹拾陆元叁角贰分									¥	4	1	8	1	6	3	2

负责人:张竞　　　　　记账:　　　　　收货:李杰　　　　　　　填单:段琎

（三 财务记账联）

9-2

5000162130　　　重庆增值税专用发票(模拟)　　　No 31465395

抵扣联　　　　　开票日期:2018年12月07日

税总函〔2015〕664号西安印钞有限公司

购买方	名　　称:重庆轻工机电设备有限公司 纳税人识别号:91500109203×88888× 地址 、电话:重庆市北碚区同兴北路116-1号 023-888888×8 开户行及账号:建设银行重庆北碚支行 500010936000508888×8						密码区	**1〉/*8*01〉33*+ **9〉/*5*01〉00*+ **6〉/*4*01〉13*+ **6〉/*3*01〉00*+	
货物或应税劳务、服务名称	规格型号	单位	数量	单价	金额	税率	税额		
漆包线	0.17-0.35	kg	456	61.3847	27991.41	16%	4478.62		
锡钢片		kg	2515	5.4970	13824.91	16%	2211.99		
合计					¥41816.32		¥6690.61		
价税合计(大写)	⊗肆万捌仟伍佰零陆元玖角叁分				(小写)¥48506.93				
销售方	名　　称:重庆物资有限公司 纳税人识别号:91500109×××111114× 地址 、电话:重庆市北碚区天津路5号68888884 开户行及账号:建行天生分理处5000109360005011111×4						备注		

收款人:肖英　　　复核:张星　　　开票人:明华　　　销售方(章)

（第二联:抵扣联购买方扣税凭证）

9-3

5000162130　　　　重庆增值税专用发票（模拟）　　　No 31465395

开票日期：2018 年 12 月 07 日

购买方	名　称：重庆轻工机电设备有限公司 纳税人识别号：91500109203×88888× 地址、电话：重庆市北碚区同兴北路116-1号 023-888888×8 开户行及账号：建设银行重庆北碚支行 500010936000508888×8					密码区	**1〉/*8*01〉33*+ **9〉/*5*01〉00*+ **6〉/*4*01〉13*+ **6〉/*3*01〉00*+
货物或应税劳务、服务名称	规格型号	单位	数量	单价	金额	税率	税额
漆包线 锡钢片	0.17-0.35	kg kg	456 2515	61.3841 5.4970	27991.41 13824.91	16% 16%	4478.62 2211.99
合计					￥41816.32		￥6690.61
价税合计（大写）		⊗ 肆万捌仟伍佰零陆元玖角叁分				（小写）￥48506.93	
销售方	名　称：重庆物资有限公司 纳税人识别号：91500109×××111114× 地址、电话：重庆市北碚区天津路5号 68888884 开户行及账号：建行大生分埋处 500010936000501111×4					备注	

收款人：肖英　　　复核：张星　　　开票人：明华　　　销售方：（章）

第三联：发票联购买方记账凭证

10. 12 月 8 日，长安之星汽车因突发事故获批准报废，原价 58，000.00 元，累计折旧 43，366.96 元，未计提减值准备。以现金支付清理费 1，000.00 元，收到残料变价收入现金 800.000 元，应由重庆平安财产保险公司赔偿 8，000.00 元，应由责任人何跃赔偿 1，500.00 元。赔偿款尚未收到。

10-1

固定资产报废单

部门:销售部   2018年12月8日

固定资产名称	面包车	设备编号	qc6140A
规格型号	长安之星	原值	58000.00
使用部门	销售部	使用时间	2015.11

报废原因:
　　因车辆使用人员操作不当导致自燃,车辆损坏严重,难以修复。

部门负责人签字:沈阳

2018 年 12 月 5 日

鉴定意见:
　　经鉴定,同意报废。

鉴定人员签字:覃娟

2018 年 12 月 7 日

公司审批意见:
　　同意报废。其中应由重庆平安保险公司理赔8,000.00元,责任人何跃赔偿1,500.00元。

单位负责人签字:张四

2018 年 12 月 7 日

备注:月折旧额:1,172.08元,已提累计折旧43,366.96元

经办人:　　何跃

注:本表一式三份,固定资产管理处、财务处、使用部门各一份。

10-2

重庆通用机打发票

发票代码:150001620531

发票号码:01343022

开票日期:2018年 12 月 8 日　　　　　行业分类

	第

收款方识别号:9150010920×××3333×　　　收款方名称:重庆蓝天工贸有限公司

收款方地址电话:

付款方识别号:91500109203×88888×　　　付款方名称:重庆轻工机电设备有限公司

商品名	品目	单位	单价	数量	金额
劳务费	其他生活服务	天	200	5	1000.00

合计(大写):⊗壹仟元整　　　　　　　　(小写):￥1000.00

开票人:张思　　　　　电子税票号码:32018091300000×896

现金收讫

10-3

重庆市普通机打发票

发票代码:150001320501
发票号码:01343782

开票日期:2018年12月8日   行业分类

收款方识别号:91500109203×88888×	收款方名称:重庆轻工机电设备有限公司
收款方地址电话:	
付款方识别号:9150010920××12333×	付款方名称:重庆弦俊有限公司

商品名	品目	单价	数量	金额
废 铁	其他生活服务	800	1	800.00

合计人民币(大写):⊗捌佰元整   (小写):¥800.00

开票人:张一   电子税票号码:3201809130000012×6

现金收讫

第一联发票联(购货单位付款凭证)(手开无效)

11. 12月9日,计提当月应发工资138,400.00元(见工资明细表)。

11-1

2018年12月工资明细表

单位名称:重庆轻工机电设备有限公司   单位:元

姓名	部门	基本工资	应发工资	代扣代缴款项							实发工资	签名	备注
				基本养老保险	基本医疗保险	大额医疗保险	失业保险	住房公积金	个人所得税	合计			
张四	总经办	20,500.00	20,500.00	1,241.84	310.46	5.00	77.62	1,862.76	990.46	4,488.14	16,011.86		
李三	总经办	18,500.00	18,500.00	1,241.84	310.46	5.00	77.62	1,862.76	790.23	4,287.91	14,212.09		
王五	总经办	15,500.00	15,500.00	1,200.00	300.00	5.00	75.00	1,800.00	502.00	3,882.00	11,618.00		
刘小明	总经办	4,000.00	4,000.00	280.00	70.00	5.00	17.50	420.00	—	792.50	3,207.50		
王万明	财务部	5,000.00	5,000.00	360.00	90.00	5.00	22.50	540.00		1017.50	3,982.50		
张大伟	财务部	4,500.00	4,500.00	320.00	80.00	5.00	20.00	480.00	—	905.00	3,595.00		
明亮	财务部	3,500.00	3,500.00	248.40	62.10	5.00	15.53	372.60	—	703.63	2,796.37		
肖六	财务部	3,500.00	3,500.00	248.40	62.10	5.00	15.53	372.60	—	703.63	2,796.37		
郑洲	采购部	4,500.00	4,500.00	320.00	80.00	5.00	20.00	480.00	—	905.00	3,595.00		

姓名	部门	基本工资	应发工资	代扣代缴款项							实发工资	签名	备注
				基本养老保险	基本医疗保险	大额医疗保险	失业保险	住房公积金	个人所得税	合计			
段珏	采购部	3,000.00	3,000.00	248.40	62.10	5.00	15.53	372.60	—	703.63	2,296.37		
徐一凡	行政部	4,500.00	4,500.00	320.00	80.00	5.00	20.00	480.00	—	905.00	3,595.00		
吴江南	行政部	2,800.00	2,800.00	248.40	62.10	5.00	15.53	372.60	—	703.63	2,096.37		
张竞	仓储部	4,500.00	4,500.00	320.00	80.00	5.00	20.00	480.00	—	905.00	3,595.00		
李杰	仓储部	3,500.00	3,500.00	248.40	62.10	5.00	15.53	372.60	—	703.63	2,796.37		
管理人员小计		97,800.00	97,800.00	6,845.68	1,711.42	70.00	427.89	10,268.52	2,282.69	21,606.20	76,193.80		
沈阳	销售部	4,500.00	4,500.00	320.00	80.00	5.00	20.00	480.00	—	905.00	3,595.00		
何跃	销售部	3,300.00	3,300.00	248.40	62.10	5.00	15.53	372.60	—	703.63	2,596.37		
小计经营人员		7,800.00	7,800.00	568.40	142.10	10.00	35.53	852.60	—	1,608.63	6,191.37		
宋明	生产部	5,000.00	5,000.00	360.00	90.00	5.00	22.50	540.00	—	1,017.50	3,982.50		
何小纳	生产部	2,200.00	2,200.00	248.40	62.10	5.00	15.53	372.60	—	703.63	1,496.37		
车间管理人员小计		7,200.00	7,200.00	608.40	152.10	10.00	38.03	912.60	—	1,721.13	5,478.87		
周民	生产部	2,300.00	2,300.00	248.40	62.10	5.00	15.53	372.60	—	703.63	1,596.37		
邱海	生产部	2,500.00	2,500.00	248.40	62.10	5.00	15.53	372.60	—	703.63	1,796.37		
张辉	生产部	3,300.00	3,300.00	248.40	62.10	5.00	15.53	372.60	—	703.63	2,596.37		
徐大江	生产部	3,600.00	3,600.00	248.40	62.10	5.00	15.53	372.60	—	703.63	2,896.37		
彭正	生产部	2,700.00	2,700.00	248.40	62.10	5.00	15.53	372.60	—	703.63	1,996.37		
罗凯	生产部	2,800.00	2,800.00	248.40	62.10	5.00	15.53	372.60	—	703.63	2,096.37		
黄开	生产部	2,900.00	2,900.00	248.40	62.10	5.00	15.53	372.60	—	703.63	2,196.37		
沈鸿	生产部	1,400.00	1,400.00	248.40	62.10	5.00	15.53	372.60	—	703.63	696.37		
蒋立	生产部	1,600.00	1,600.00	248.40	62.10	5.00	15.53	372.60	—	703.63	896.37		
丁然	生产部	2,500.00	2,500.00	248.40	62.10	5.00	15.53	372.60		703.63	1,796.37		
车间生产工人小计		25,600.00	25,600.00	2,484.00	621.00	50.00	155.30	3,726.00		7,036.30	18,563.70		
合计		138,400.00	138,400.00	10,506.48	2,626.62	140.00	656.75	15,759.72	2,282.69	31,972.26	10,6427.74		

注：为简化操作，工资表中个税数据暂不考虑专项附加扣除。

11-2

生产成本-工资分配表

产品名称	工时	生产工人工资总额	分配率	分配额
40W 碳钢电机	10200			
40W 不锈钢电机	15400			
合计	25600			

12.12月10日根据"电子银行交易回单",工资已经通过网银发放106,427.74元。已代扣社会保险13,929.85元,代扣公积金15,759.72元,代扣个人所得税2,282.69元。

12-1

中国建设银行客户专用回单

中国建设银行
China Constrution Bank.

1030020001496907888800330

币别:人民币　　　　　　2018年12月10日　　流水号:5000936003Y7AF9×84D

付款人	全称	重庆轻工机电设备有限公司	收款人	全称	50001093600050888888811账户
	账号	5000109360000508888×8		账号	5000109360000508888×5
	开户行	建设银行重庆北碚支行		开户行	建设银行重庆北碚支行

金额	(大写)⊗ 壹拾万零陆仟肆佰贰拾柒元柒角肆分　(小写)￥106427.74
凭证种类	电子转账凭证	凭证号码	100700731676
结算方式	转账	用途	12月工资

付款方式:
业务类型:
摘要:

打印柜员:50009360001
打印机构:中国建设银行重庆北碚支行营业部
打印卡号:5000000010179×××

（借方回单）

打印时间:2018-12-10 16:32:05　　　　　交易柜员:交易机构:500093600

13.12月2日根据工资结算汇总表计提工会经费(2%)、职工教育经费(2.5%)。

13-1

工会经费、职工教育经费计提表

单位名称:重庆轻工机电设备有限公司　　　　　　　　　　　　　　　　单位:元

序号	项目	工资总额	计提比例	计提金额
1	工会经费		2%	
2	职工教育经费		2.5%	
	合计			

14.12月14日网上银行缴纳个人所得税2,282.69元,缴纳社会保险52,672.97元。

14-1

中国建设银行
China Construction Bank.

中国建设银行客户专用回单

转账日期:2018年12月14日　　　　　　　　　　凭证字号:30012017121030158210

纳税人全称及纳税人识别号:重庆轻工机电设备有限公司 91500109203×88888×

付款人全称:重庆轻工机电设备有限公司　　咨询(投诉)电话:12366

付款人账号:500010936000508888×8　　征收机关名称(委托方):国家税务总局重庆市北碚区税务局

付款人开户银行:建设银行重庆北碚支行　　收款国库(银行)名称:国家金库重庆市北碚区支库(代理)

合计金额(小写):￥2,282.69　　　　　　缴款书交易流水号:20171210189135320000567493800

合计金额(大写):贰仟贰佰捌拾贰元陆角玖分　　税票号码:3201209026366869

税(费)种名称	所属日期	实缴金额
个人所得税	2018/11/01-2018/11/30	2,282.69

14-2

中国建设银行
China Construction Bank.

中国建设银行客户专用回单

转账日期：2018年12月14日   凭证字号：30012017121030158211

纳税人全称及纳税人识别号：重庆轻工机电设备有限公司 91500109203×88888×

付款人全称：重庆轻工机电设备有限公司   咨询(投诉)电话：12366

付款人账号：500010936000508888×8   征收机关名称(委托方)：国家税务总局重庆市北碚区税务局

付款人开户银行：建设银行重庆北碚支行   收款国库(银行)名称：国家金库重庆市北碚区支库(代理)

合计金额(小写)：￥52,672.97   缴款书交易流水号：2017121018913532000005567493801

合计金额(大写)：伍万贰仟陆佰柒拾贰元玖角柒分   税票号码：3201209026366870

税(费)种名称	所属时期	实缴金额
城镇职工基本养老保险基金	2018/12/01-2018/12/31	35,459.37
基本医疗保险基金收入	2018/12/01-2018/12/31	12,476.54
大额医疗保险基金收入	2018/12/01-2018/12/31	2,110.06
生育保险基金收入	2018/12/01-2018/12/31	656.75
失业保险基金收入	2018/12/01-2018/12/31	1,313.50
工伤保险基金收入	2018/12/01-2018/12/31	656.75

中国建设银行
电子回单
专用章

14-3

社会保险计算表

单位名称：重庆轻工机电设备有限公司

单位：元

姓名	部门	缴费基数	基本养老保险		基本医疗保险		大额医疗保险		失业保险		工伤保险	生育保险	住房公积金			单位社保合计	单位合计
			单位	个人	单位	个人	单位	个人	单位	个人	单位	单位	单位	个人	小计		
张四	总经办	15,523.00	2,949.37	1,241.84	1,164.23	310.46	232.85	5.00	77.62	77.62	77.62	77.62	1,862.76	1,862.76	3,725.52	4,579.31	6,442.07
李三	总经办	15,523.00	2,949.37	1,241.84	1,164.23	310.46	232.85	5.00	77.62	77.62	77.62	77.62	1,862.76	1,862.76	3,725.52	4,579.31	6,442.07
王五	总经办	15,000.00	2,850.00	1,200.00	1,125.00	300.00	225.00	5.00	75.00	75.00	75.00	75.00	1,800.00	1,800.00	3,600.00	4,425.00	6,225.00
刘小明	总经办	3,500.00	665.00	280.00	262.50	70.00	52.50	5.00	17.50	17.50	17.50	17.50	420.00	420.00	840.00	1,032.50	1,452.50
王万明	财务部	4,500.00	855.00	360.00	337.50	90.00	67.50	5.00	22.50	22.50	22.50	22.50	540.00	540.00	1,080.00	1,327.50	1,867.50
张大伟	财务部	4,000.00	760.00	320.00	300.00	80.00	60.00	5.00	20.00	20.00	20.00	20.00	480.00	480.00	960.00	1,180.00	1,660.00
明亮	财务部	3,105.00	589.95	248.40	232.88	62.10	46.58	5.00	15.53	15.53	15.53	15.53	372.60	372.60	745.20	916.00	1,288.60
肖六	财务部	3,105.00	589.95	248.40	232.88	62.10	46.58	5.00	15.53	15.53	15.53	15.53	372.60	372.60	745.20	916.00	1,288.60
郑洲	采购部	4,000.00	760.00	320.00	300.00	80.00	60.00	5.00	20.00	20.00	20.00	20.00	480.00	480.00	960.00	1,180.00	1,660.00
段琏	采购部	3,105.00	589.95	248.40	232.88	62.10	46.58	5.00	15.53	15.53	15.53	15.53	372.60	372.60	745.20	916.00	1,288.60
徐一凡	行政部	4,000.00	760.00	320.00	300.00	80.00	60.00	5.00	20.00	20.00	20.00	20.00	480.00	480.00	960.00	1,180.00	1,660.00
吴江南	行政部	3,105.00	589.95	248.40	232.88	62.10	46.58	5.00	15.53	15.53	15.53	15.53	372.60	372.60	745.20	916.00	1,288.60
张竞	仓储部	4,000.00	760.00	320.00	300.00	80.00	60.00	5.00	20.00	20.00	20.00	20.00	480.00	480.00	960.00	1,180.00	1,660.00
李杰	仓储部	3,105.00	589.95	248.40	232.88	62.10	46.58	5.00	15.53	15.53	15.53	15.53	372.60	372.60	745.20	916.00	1,288.60
管理人员小计		16,258.49	6,845.68		6,417.86	1,711.42	1,283.60	70.00	427.89	427.89	427.89	427.89	10,268.52	10,268.52	20,537.04	25,243.62	35,512.14
沈阳	销售部	4,000.00	760.00	320.00	300.00	80.00	60.00	5.00	20.00	20.00	20.00	20.00	480.00	480.00	960.00	1,180.00	1,660.00
何跃	销售部	3,105.00	589.95	248.40	232.88	62.10	46.58	5.00	15.53	15.53	15.53	15.53	372.60	372.60	745.20	916.00	1,288.60
经营人员小计			1349.95	568.40	532.88	142.10	106.58	10.00	35.53	35.53	35.53	35.53	852.60	852.60	1,705.20	2,096.00	2,948.60

（续表）单位：元

姓名	部门	缴费基数	基本养老保险		基本医疗保险		大额医疗保险		失业保险		工伤保险	生育保险	住房公积金			单位社保合计	单位合计
			单位	个人	单位	个人	单位	个人	单位	个人	单位	单位	单位	个人	小计		
宋明	生产部	4,500.00	855.00	360.00	337.50	90.00	67.50	5.00	22.50	22.50	22.50	22.50	540.00	540.00	1,080.00	1,327.50	1,867.50
何小纳	生产部	3,105.00	589.95	248.40	232.88	62.10	46.58	5.00	15.53	15.53	15.53	15.53	372.60	372.60	745.20	916.00	1,288.60
车间管理人员小计			1444.95	608.40	570.38	152.10	114.08	10.00	38.03	38.03	38.03	38.03	912.60	912.60	1,825.20	2,243.50	3,156.10
周民	生产部	3,105.00	589.95	248.40	232.88	62.10	46.58	5.00	15.53	15.53	15.53	15.53	372.60	372.60	745.20	916.00	1,288.60
邱海	生产部	3,105.00	589.95	248.40	232.88	62.10	46.58	5.00	15.53	15.53	15.53	15.53	372.60	372.60	745.20	916.00	1,288.60
张辉	生产部	3,105.00	589.95	248.40	232.88	62.10	46.58	5.00	15.53	15.53	15.53	15.53	372.60	372.60	745.20	916.00	1,288.60
徐大江	生产部	3,105.00	589.95	248.40	232.88	62.10	46.58	5.00	15.53	15.53	15.53	15.53	372.60	372.60	745.20	916.00	1,288.60
彭正	生产部	3,105.00	589.95	248.40	232.88	62.10	46.58	5.00	15.53	15.53	15.53	15.53	372.60	372.60	745.20	916.00	1,288.60
罗凯	生产部	3,105.00	589.95	248.40	232.88	62.10	46.58	5.00	15.53	15.53	15.53	15.53	372.60	372.60	745.20	916.00	1,288.60
黄开	生产部	3,105.00	589.95	248.40	232.88	62.10	46.58	5.00	15.53	15.53	15.53	15.53	372.60	372.60	745.20	916.00	1,288.60
沈鸿	生产部	3,105.00	589.95	248.40	232.88	62.10	46.58	5.00	15.53	15.53	15.53	15.53	372.60	372.60	745.20	916.00	1,288.60
蒋立	生产部	3,105.00	589.95	248.40	232.88	62.10	46.58	5.00	15.53	15.53	15.53	15.53	372.60	372.60	745.20	916.00	1,288.60
丁然	生产部	3,105.00	589.95	248.40	232.88	62.10	46.58	5.00	15.53	15.53	15.53	15.53	372.60	372.60	745.20	916.00	1,288.60
车间生产工人小计			5,899.50	2,484.00	2,328.80	621.00	465.80	50.00	155.30	155.30	155.30	155.30	3,726.00	3,726.00	7,452.00	9160.00	12,886.00
合计			24,952.89	10,506.48	9,849.92	2,626.62	1,970.06	140.00	656.75	656.75	656.75	656.75	15,759.72	15,759.72	31,519.44	38,743.12	54,502.84

14-4

生产工人——社保分配表

产品名称	工时	生产工人社保总额	分配率	分配额
40W 碳钢电机	10200			
40W 不锈钢电机	15400			
合计	25600			

15. 12月14日网上银行交纳住房公积金31,519.44元。

15-1

 重庆市住房公积金管理中心 客服电话:12329 网址:www.cqgjj.cn

住房公积金汇(补)缴书

2018年12月14日 流水号:7652

缴 款 单 位		收 款 单 位			
重庆轻工机电设备有限公司		重庆市住房公积金管理中心			
公积金账号:20100080000		开户行:建设银行重庆北碚支行 账号:500010936000508888×8			
缴交年月	2018年12月	缴交类型	汇缴	缴款方式	直接汇缴
个人缴存额合计	15759.72	单位缴存额合计			15759.72
缴存金额(大写):⊗叁万壹仟伍佰壹拾玖元肆角肆分				￥31519.44	

上月汇缴		本月增加汇缴		本月减少汇缴		本月汇缴	
人数	金额	人数	金额	人数	金额	人数	金额
28	31519.44	0	0		0		31519.44

复核: 制单:杨帆  理机构盖章:建行北碚支行

15-2

中国建设银行客户专用回单

中国建设银行
China Construction Bank.

103002000149690788800331

币别:人民币　　　　　　2018年12月14日　　　流水号:5000936003Y7AF9×84C

付款人	全称	重庆轻工机电设备有限公司	收款人	全称	重庆市住房公积金管理中心	（借方回单）
	账号	500010936000508888×8		账号	500010236000501236×5	
	开户行	建设银行重庆北碚支行		开户行	建设银行重庆北碚支行	
金额		（大写）⊗叁万壹仟伍佰壹拾玖元肆角肆分		（小写）￥31519.44		
凭证种类		电子转账凭证	凭证号码		100700731680	
结算方式		转账	用途		住房公积金20100080055×	
付款方式：业务类型：摘要：			打印柜员:50009360001打印机构:中国建设银行重庆北碚支行营业部打印卡号:500000000101793×			

打印时间:2018-12-14 13:25:25　　　　　　交易柜员:交易机构:300093600

15-3

生产工人——公积金分配表

产品名称	工时	生产工人社保总额	分配率	分配额
40W 碳钢电机	10200			
40W 不锈钢电机	15400			
合计	25600			

16.12月14日根据税款缴款书,缴纳上月税款:增值税6,820.79元,城建税477.46元,教育费附加204.62元,地方教育附加136.42元。

16-1

中国建设银行客户专用回单

中国建设银行
China Construction Bank .

转账日期:2018年12月14日　　　　　　　　　凭证字号:30012017121030158212

纳税人全称及纳税人识别号:重庆轻工机电设备有限公司 91500109203×88888×	
付款人全称:重庆轻工机电设备有限公司	咨询(投诉)电话:12366
付款人账号:500010936000508888×8	征收机关名称(委托方):国家税务总局重庆市北碚区税务局
付款人开户银行:建设银行重庆北碚支行	收款国库(银行)名称:国家金库重庆市北碚区支库(代理)
小写(合计)金额:￥6,820.79	缴款书交易流水号:20171210189135320000567493802
大写(合计)金额:⊗陆仟捌佰贰拾元柒角玖分	税票号码:3201209026366871

税(费)种名称	所属时期	实缴金额
增值税	2018/11/01-2018/11/30	6,820.79

16-2

中国建设银行客户专用回单

中国建设银行
China Construction Bank .

转账日期:2018年12月14日　　　　　　　　　凭证字号:30012017121030158213

纳税人全称及纳税人识别号:重庆轻工机电设备有限公司 91500109203×88888×	
付款人全称:重庆轻工机电设备有限公司	咨询(投诉)电话:12366
付款人账号:500010936000508888×8	征收机关名称(委托方):国家税务总局重庆市北碚区税务局
付款人开户银行:建设银行重庆北碚支行	收款国库(银行)名称:国家金库重庆市北碚区支库(代理)
小写(合计)金额:￥818.50	缴款书交易流水号:20171210189135320000567493803
大写(合计)金额:捌佰壹拾捌元伍角整	税票号码:3201209026366872

税(费)种名称	所属时期	实缴金额
地方教育附加	2018/11/01-2018/11/30	136.42
城市维护建设费	2018/11/01-2018/11/30	477.46
教育费附加	2018/11/01-2018/11/30	204.62

17. 12月15日销售部经理沈阳报销差旅费3,450.00元,报销手机话费520.00元。原借款3,000.00元,差额以现金支付。

17-1

差 旅 费 报 销 单

报销部门:销售部   填报日期:2018年12月15日

姓名	沈阳	职别	经理	出差事由	业务联系

出差起止日期自2018年11月18日至11月24日止共6天附单据 张

	日期		起讫地点	天数	机票费	车船费	市内交通费	住宿费	出差补助	住宿节约补助	其他	小计
	月	日										
	11	18	重庆	6	1,600.00	现金收讫	100.00	600.00	600.00		550.00	3450.00
	11	24	贵阳									
			合计	6	1,600.00		100.00	600.00	600.00		550.00	3450.00

总计金额(大写):⊗ 叁仟元整   预支 3000.00 元 补付 450.00 元

负责人:张四   会计:王万明   审核: 部门主管: 出差人:沈阳

左侧竖排:深圳市通用实业有限公司出品

17-2

中国联合网络通信有限公司重庆市分公司专用发票

纳税人识别号:915009057093753 52×   发票联   发票代码 250001140078

用户名称:沈阳   发票号码 05603203

业务号码:13×2022×××   账务月 201811   机打号码05603203

项目	金额	项目	金额	
本地通话费	325.26			中国联合网络重庆市分公司 91500905709375352X 发票专用章
国内长途费	195.32	现金收讫		
优惠金额	0.00			
本期应收	520.58			注:用户如有疑问,请拨打客户服务热线:10010、10011
当前积分	0.00			

合计金额(大写):⊗ 伍佰贰拾元陆角肆分   小写:¥520.64

上期结余:0.06   本期结余:0.58   本期应缴:520.64   本期实缴:520.00

缴款地点:北碚步行街营业厅   收款员:38459B   缴款日期:2018-12-14 16:41:52

17-3

重庆轻工机电设备有限公司资金往来结算单据

付款单位(人):沈阳　　　　　　　　　　　　　　　　2018年12月15日

收款项目	数量	金额								
		百	十	万	千	百	十	元	角	分
报销冲账					3	0	0	0	0	0
金额合计(小写)					¥	3	0	0	0	0	0
金额合计(大写)										

收款单位(盖章)　　　　　　　　　复核:王万明　　　　　　收款人:肖六

第一联记账联

18. 12月15日总经理张四报销差旅费7,820.00元,手机话费1,360.00元,原借款10,000.00元,多余款项以现金退回。

18-1

差 旅 费 报 销 单

报销部门:总经办　　　　　　　　　　　　填报日期:2018年12月15日

姓名	张四	职别	总经理	出差事由		工作联系			

出差起止日期　自2018年11月20日至11月25日止共6天　　　　　　附单据　张

日期		起讫地点	天数	机票费	车船费	市内交通费	住宿费	出差补助	住宿节约补助	其他	小计
月	日										
11	20	重庆	6	4,200.00		150.00	1,200.00	1,200.00		1,070.00	7,820.00
11	25	北京									
		合计	6	4,200.00		150.00	1,200.00	1,200.00		1,070.00	7,820.00

合计金额(大写):⊗柒仟捌佰贰拾元整　　　　预支__10000.00__元　　补付____元

负责人:张四　　会计　　审核　　部门主管　　　　　出差人:张四

深圳市通用实业有限公司出品

18-2

中国联合网络通信有限公司重庆市分公司专用发票

纳税人识别号:91500905709375352×　　发票联　　　发票代码250001140078

用户名称:张四　　　　　　　　　　　　　　　　　发票号码05603205

业务号码:133202×××6　　账务月201811　　　机打号码05603205

项目	金额	项目	金额
本地通话费	925.62		
国内长途费	434.50		
优惠金额	0.00		
本期应收	1360.12		
当前积分	0.00		

注:用户如有疑问,请拨打客户服务热线:10010、10011

合计金额(大写):⊗壹仟叁佰陆拾元叁角贰分　　　　　　小写:￥1360.32

上期结余:0.20　本期结余:0.12　本期应缴:1360.32　　本期实缴:1360.00

缴款地点:北碚步行街营业厅　收款员:38459B　缴款日期:2018-12-14 16:41:52

18-3

重庆轻工机电设备有限公司资金往来结算单据

付款单位(人):张四　　　　　　　　　　　　　　2018年12月15日

收款项目	数量	金额								
		百	十	万	千	百	十	元	角	分
报销冲账			￥	1	0	0	0	0	0	0
金额合计(小写)			￥	1	0	0	0	0	0	0
金额合计(大写)	⊗壹万元整									

第一联　记账联

收款单位:　　　　　复核:王万明　　　　　收款人:肖六

18-4

收　据

入账日期: 2018 年 12 月 15 日

今收到<u>张四</u>现金,收款事由<u>报销冲账</u>,原借款 <u>10,000.00</u> 元,退回多余款

<u>820.00</u> 元

金额(大写) ⊗ 捌佰贰拾元整

收款单位 财务专用章

核准:张大伟　　会计:明亮　　记账:　　　　出纳:　　　　经手人:肖六

第一联　收款记账联

19. 12 月 16 日网上银行支付重庆蓝天机械公司原欠款 68,000.00 元。

19-1

付款申请单

2018 年 12 月 16 日

申请部门	采购部	原因或用途	付重庆蓝天机械公司欠款
付款归属行	建行	付款方式	网上银行支付
金额(大写)	⊗ 陆万捌仟元整		￥68000.00
负责人签章	张四	财务部门领导签章	王万明
申请部门领导签章	郑洲	申请人	段班

主办会计(审核):王万明　　　　　　　　出纳:肖六

19-2

中国建设银行客户专用回单

10300200014969078888800346
流水号:5000936003Y7AF9×00M

币别:人民币 　　　　　2018年12月16日

付款人	全称	重庆轻工机电设备有限公司	收款人	全称	重庆蓝天机械有限公司
	账号	5000109360005088888×8		账号	500010936000501118×8
	开户行	建设银行重庆北碚支行		开户行	建设银行重庆北碚支行

金额	(大写)⊗ 陆万捌仟元整	(小写)￥68000.00
凭证种类	电子转账凭证	凭证号码	100700731700
结算方式	转账	用途	欠款

(贷方回单)

付款方式:
业务类型:
摘要:

打印柜员:50009360001
打印机构:中国建设银行重庆北碚支行营业部
打印卡号:500000000101793

打印时间:2018-12-16 16:24:20 　　　　交易柜员:交易机构:500093600

20.12月17日公司将小车间出售,原价282,000.00元,折旧206,294.75元,未计提减值准备。已经通过银行收到重庆东方设备公司转让款123,800.00元,并开具了简易税率5%的增值税专用发票(金额117,904.76元,税额5,895.24元)。并请结转固定资产转让损益。

20-1

固定资产出售审批单

部门:生产部 　　　　　　　　　　　　　　　2018年12月8日

固定资产名称	小车间	设备编号	JZ001
规格型号		原值	282000.00
使用部门	生产部	使用时间	2003.11

出售原因:
因金融危机,公司缩小规模,小车间闲置,故出售。

部门负责人签字:宋明
2018年12月8日

固定资产管理部门意见:
同意出售。

固定资管理人员签字:覃娟
2018年 12月10日

续表

公司审批意见： 同意出售。	
	负责人签字：张四 2018 年　12 月 17 日
备注：月折旧额：1139.75 元,已提累计折旧206294.75 元	

经办人：宋明

注：本表一式三份,固定资产管理处、财务处、使用部门各一份。

20-2

5000171130　重庆增值税专用发票（模拟）　No 00467590

此联不作报销、扣税凭证使用　开票日期：2018年12月17日

购买方	名　　　称：重庆市东方设备公司 纳税人识别号：91500109×××111111× 地址 、 电话：重庆市北碚区东路1号 6888888× 开户行及账号：建设银行重庆北碚支行 5000109360005011 11×1	密码区	**6〉/*8*01〉89*+ **0〉/*5*01〉00*+ **6〉/*4*09〉33*+ **6〉/*3*01〉10*+

货物或应税劳务、服务名称	规格型号	单位	数量	单价	金额	税率	税额
小车间		栋	1	117904.76	117904.76	5%	5895.24
合计					￥117904.76		￥5895.24

价税合计（大写）	⊗ 壹拾贰万叁仟捌佰元整	（小写）￥123800.00

销售方	名　　　称：重庆轻工机电设备有限公司 纳税人识别号：91500109203×88888× 地址 、 电话：重庆市北碚区同兴北路116-1号 023-888888×8 开户行及账号：建设银行重庆北碚支行 50001093600005088 88×8	备注

收款人：肖六　复核：张大伟　开票人：明亮　销售方（章）

税总函〔2015〕664号西安印钞有限公司

第一联：记账联 销售方记账凭证

20-3

209

中国建设银行客户专用回单

中国建设银行
China Construction Bank.

1030020001496907888800340

币别:人民币　　　2018年12月17日　　　流水号:5000936003Y7AF9×56F

付款人	全称	重庆东方设备有限公司	收款人	全称	重庆轻工机电设备有限公司
	账号	500010936000501111×1		账号	500010936000508888×8
	开户行	建设银行重庆北碚支行		开户行	建设银行重庆北碚支行
金额		(大写)⊗壹拾贰万叁仟捌佰元整　　　(小写)￥123800.00			
凭证种类		电子转账凭证	凭证号码		100735881220
结算方式		转账	用途		小车间销售款

付款方式:
业务类型:　　　　　　　　　打印柜员:50009360001
摘要:　　　　　　　　　　　打印机构:中国建设银行重庆北碚支行营业部
　　　　　　　　　　　　　打印卡号:500000000101793×

（贷方回单）

打印时间:2018-12-17　10:24:05　　　交易柜员:交易机构:50009360001

21. 12月18日通过结算卡到开户银行支取现金20,000.00元。

21-1

中国建设银行客户专用回单

中国建设银行
China Construction Bank.

1030020001496907888800345

币别:人民币　　　2018年12月18日　　　流水号:5000936003Y7AF9×154

付款人	全称	重庆轻工机电设备有限公司	收款人	全称	重庆轻工机电设备有限公司
	账号	500010936000508888×8		账号	
	开户行	建设银行重庆北碚支行		开户行	
金额		(大写)⊗贰万元整　　　(小写)￥20000.00			
凭证种类		单位人民币结算卡业务凭证	凭证号码		
结算方式		现金	用途		备用金

付款方式:
业务类型:　　　　　　　　　打印柜员:50009360001
摘要:　　　　　　　　　　　打印机构:中国建设银行重庆北碚支行营业部
　　　　　　　　　　　　　打印卡号:500000000101793×

（借方回单）

打印时间:2018-12-18　11:24:50　　　交易柜员:交易机构:50009360001

22. 12月19日根据固定资产明细计提折旧。

22-1

2018年12月固定资产折旧计算表

时间:2018年12月　净残值率:3%　折旧方法:年限平均法

单位:元

编号	名称	使用部门	入账日期	单位	数量	原币单价	金额	使用年限	预计净残值	月折旧率	月折旧额	已提折旧	已使用月份	净值
1	房屋(办公楼)	管理部门	2003.11	栋	1	850,000.00	850,000.00	20	25,500.00	0.40%	3,435.42	621810.42	181	228189.58
2	房屋(大车间)	基本车间	2003.11	栋	1	456,000.00	456,000.00	20	13,680.00	0.40%	1,843.00	333583.00	181	122417.00
3	房屋(小车间)	基本车间	2003.11	栋	1	282,000.00	282,000.00	20	8,460.00	0.40%	1,139.75	206294.75	181	75705.25
4	车床(CM625)	基本车间	2013.11	台	1	39,000.00	39,000.00	10	1,170.00	0.81%	315.25	19230.25	61	19769.75
5	钻床(Z3063)	基本车间	2013.11	台	1	120,000.00	120,000.00	10	3,600.00	0.81%	970.00	59170.00	61	60830.00
6	电机模具(56型)	基本车间	2017.11	台	1	13,400.40	13,400.40	10	402.01	0.81%	108.32	1408.16	13	11992.24
7	小汽车(奥迪A6)	管理部门	2017.05	辆	1	450,000.00	450,000.00	4	13,500.00	2.02%	9,093.75	172781.25	19	277218.75
8	面包车(长安之星)	销售部门	2015.11	辆	1	58,000.00	58,000.00	4	1,740.00	2.02%	1,172.08	43366.96	37	14633.04
9	电脑	管理部门	2013.11	台	20	5,050.00	101,000.00	5	3,030.00	1.62%	—	97970.00	61	3030.00
10	打印机	管理部门	2013.11	台	20	1,780.00	35,600.00	5	1,068.00	1.62%	—	34532.00	61	1068.00
11	空调	管理部门	2013.11	台	10	4,850.00	48,500.00	5	1,455.00	1.62%	—	47045.00	61	1455.00
合计							2,453,500.40		73,605.01		18,077.57	1,637,191.79	—	816,308.61

备注:1.当月减少的固定资产当月应计提折旧;2.已提足折旧仍继续使用的固定资产不计提折旧;3.当月增加的固定资产不计提折旧。

23.12月20日用网上银行支付重庆东方设备有限公司7月至12月设备维修费31，590.00元。金额27，232.76元，税额4，357.24元。(7月至11月已经预提24，000.00元)。

23-1

付款申请单

2018年12月20日

申请部门	采购部	原因或用途	设备维修费
付款归属行	建行	付款方式	网上银行支付
金额（大写）	⊗ 叁万壹仟伍佰玖拾元整		￥31590.00
负责人签章	张四	财务部门领导签章	王万明
申请部门领导签章	郑洲	申请人	段珏

主办会计(审核)：王万明　　　　　　　　出纳:肖六

23-2

中国建设银行客户专用回单

中国建设银行
China Construction Bank.

1030020001496907888800348

币别:人民币　　　2018年12月20日　　　流水号:5000936003Y7AF9×31D

付款人	全称	重庆轻工机电设备有限公司	收款人	全称	重庆东方设备有限公司
	账号	5000109360000508888×8		账号	5000109360000501112×1
	开户行	建设银行重庆北碚支行		开户行	建设银行重庆北碚支行
金额	（大写）⊗ 叁万壹仟伍佰玖拾元整			（小写）￥31590.00	
凭证种类	电子转账凭证		凭证号码	100745991220	
结算方式	转账		用途	货款	

付款方式:
业务类型:
摘要:

打印柜员:50009360001
打印机构:中国建设银行重庆北碚营业部
打印卡号:500000000101793

（贷方回单）

打印时间:2018-12-20 11:20:05　　　　交易柜员:交易机构:50009360

23-3

5000163130　　重庆增值税专用发票（模拟）　　№ 04463595

开票日期：2018年12月20日

购买方	名　　　　　称：重庆轻工机电设备有限公司 纳税人识别号：91500109203×88888× 地址、电话：重庆市北碚区同兴北路116-1号 023-888888×8 开户行及账号：建设银行重庆北碚支行 500010936000508888×8					密码区	**6〉/*0*01〉30*+ **3〉/*5*01〉00*+ **6〉/*0*01〉13*+ **1〉/*3*01〉00*+	
货物或应税劳务、服务名称	规格型号	单位	数量	单价	金额	税率	税额	
维修费				27232.76	27232.76	16%	4357.24	
合计					￥27232.76		￥4357.24	
价税合计（大写）		⊗ 叁万壹仟伍佰玖拾元整				（小写）￥31590.00		
销售方	名　　　　　称：重庆东方设备有限公司 纳税人识别号：91500109×××111111× 地址、电话：重庆市北碚区西路3号 6788888× 开户行及账号：建设银行重庆北碚支行 50010936000501112×1					备注		

收款人：文艺　　复核：刘琴　　开票人：张平　　　　销售方（章）

第二联：抵扣联　购买方扣税凭证

税总函〔2015〕664号西安印钞有限公司

23-4

5000163130　重庆增值税专用发票（模拟）　　№ 04463595

开票日期：2018年12月20日

购买方	名　　　　　称：重庆轻工机电设备有限公司 纳税人识别号：91500109203×88888× 地址、电话：重庆市北碚区同兴北路116-1号 023-888888×8 开户行及账号：建设银行重庆北碚支行 500010936000508888×8					密码区	**6〉/*0*01〉30*+ **3〉/*5*01〉00*+ **6〉/*0*01〉13*+ **1〉/*3*01〉00*+	
货物或应税劳务、服务名称	规格型号	单位	数量	单价	金额	税率	税额	
维修费			1	27232.76	27232.76	16%	4357.24	
合计					￥27232.76		￥4357.24	
价税合计（大写）		⊗ 叁万壹仟伍佰玖拾元整				（小写）￥31590.00		
销售方	名　　　　　称：重庆东方设备有限公司 纳税人识别号：91500109×××111111× 地址、电话：重庆市北碚区西路3号 6788888× 开户行及账号：建设银行重庆北碚支行 50010936000501112×1					备注		

收款人：文艺　　复核：刘琴　　开票人：张平　　　　销售方（章）

第三联：发票联　购买方记账凭证

税总函〔2015〕664号西安印钞有限公司

24. 12月21日向重庆华一仪表厂销售40W碳钢轴电机50台,价税合计22,500.00元,以银行存款垫付运杂费600.00元,货款等未收。

24-1

5000171130　　重庆增值税专用发票(模拟)　　№ 00467591

此联不作报销、扣税凭证使用　　开票日期:2018 年 12 月 21 日

购买方	名　　　　称:重庆华一仪表厂 纳税人识别号:91500107×××111111× 地址 、 电话:重庆市渝北区天河路15-2号 023-688888×8 开户行及账号:建设银行重庆北碚支行 5000109360005088888×8					密码区	**1)/*8*01〉33*+ **9)/*5*00〉00*+ **6)/*4*01〉33*+ **6)/*3*09〉00*+	
	货物或应税劳务、服务名称	规格型号	单位	数量	单价	金额	税率	税额
	碳钢电机	40W	台	50	387.9310	19396.55	16%	3103.45
	合　计					￥19396.55		￥3103.45
	价税合计(大写)	⊗ 贰万贰仟伍佰元整				(小写)￥22500.00		
销售方	名　　　　称:重庆轻工机电设备有限公司 纳税人识别号:91500109203×88888× 地址 、 电话:重庆市北碚区同兴北路116-1号 023-888888×8 开户行及账号:建设银行重庆北碚支行 5000109360005088888×8					备注		

收款人:肖六　　复核:张大伟　　开票人:明亮　　销售方:(章)

24-2

出 库 单

提货单位或部门:重庆华一仪表厂　　　　　　　　2018 年 12 月 21 日

编号	种类	产品名称	型号	规格	入库数量	单位	单价	成本金额								
								百	十	万	千	百	十	元	角	分
1	产品	碳钢电机	40W		50	台										
		合计														

负责人: 张竞　　　记账:　　　　发货:李杰　　　　填单:何跃

24-3

中国建设银行客户专用回单

中国建设银行
China Construction Bank.

10300200014969078888800350

币别：人民币	2018年12月21日	流水号：5000936003Y7AF9×40D

付款人	全称	重庆轻工机电设备有限公司	收款人	全称	重庆北碚区华华运输公司
	账号	500010936000508888×8		账号	50001093600050088×3
	开户行	建设银行重庆北碚支行		开户行	建设银行重庆天生支行

金额	（大写）⊗陆佰元整		（小写）￥600.00
凭证种类	电子转账凭证	凭证号码	100745991233
结算方式	转账	用途	代垫运费

付款方式：
业务类型：　　　　　　　　　　　　打印柜员：50009360001
摘要：　　　　　　　　　　　　　打印机构：中国建设银行重庆北碚文体营业部
　　　　　　　　　　　　　　　　打印卡号：50000000010179×

（贷方回单）

打印时间：2018-12-21 16:24:05　　　　　交易柜员：交易机构：500093600

　　25. 12月22日向重庆美美工贸有限公司销售40W碳钢轴电机120台，价税合计54,000.00元，销售不锈钢轴电机200台，价税合计120,000.00元。货款已收。

25-1

5000171130　　　重庆增值税专用发票（模拟）　　　No 00467592

此联不作报销、抵扣凭证使用　　　开票日期：2018年12月22日

购货单位	名　　　称：重庆美美工贸有限公司 纳税人识别号：91500107×××111114× 地址 、 电话：重庆市渝北区华光路15-2号 023-618887×8 开户行及账号：建设银行重庆北碚支行 50001093600050111×19						密码区	**1〉/*8*01〉33*+ **1〉/*5*00〉00*+ **6〉/*4*01〉33*+ **6〉/*3*09〉90*+

货物或应税劳务、服务名称	规格型号	单位	数量	单价	金额	税率	税额
碳钢电机	40W	台	120	387.9310	46551.72	16%	7448.28
不锈钢电机	40W	台	200	517.2414	103448.28	16%	16551.72
合计					￥150000.00		￥24000.00

价税合计（大写）	⊗壹拾柒万肆仟元整	（小写）￥174000.00

销售方	名　　　称：重庆轻工机电设备有限公司 纳税人识别号：91500109203×88888× 地址 、 电话：重庆市北碚区同兴北路116-1号 023-888888×8 开户行及账号：建设银行重庆北碚支行 500010936000508888×8	备注

收款人：肖六　　　复核：张大伟　　　开票人：明亮　　　销售方：（章）

税总函〔2015〕664号西安印钞有限公司

第一联：记账联 销售方记账凭证

25-2

出　库　单

提货单位或部门：重庆美美工贸有限公司　　　　　　　　2018年12月22日

编号	种类	产品名称	型号	规格	出库数量	单位	单价	成本金额								
								百	十	万	千	百	十	元	角	分
1	产品	碳钢电机	40W		120	台										
2	产品	不锈钢电机	40W		200	台										
			合计													

负责人：张竞　　　记账：　　　发货：李杰　　　填单：何跃

三 财务记账联

25-3

中国建设银行客户专用回单

中国建设银行
China Construction Bank.

10300200014969078888800420

币别：人民币　　　2018年12月22日　　　流水号：5000936003Y7AF8×54F

付款人	全称	重庆美美工贸有限公司	收款人	全称	重庆轻工机电设备有限公司
	账号	5000105360005011111×9		账号	5000109360005088888×8
	开户行	建设银行重庆北碚支行		开户行	建设银行重庆北碚支行
金额	（大写）⊗壹拾柒万肆仟元整		（小写）￥174000.00		
凭证种类	电子转账凭证		凭证号码	100886331108	
结算方式	转账		用途	货款	

（贷方回单）

付款方式：
业务类型：
摘要：

打印柜员：50009360001
打印机构：中国建设银行重庆北碚支行营业部
打印卡号：50000000010179.

打印时间：2018-12-22　15:24:08　　　交易柜员：交易机构：5000.

26. 12月23日，向重庆乐乐设备有限公司销售不锈钢轴电机70台，价税合计42,000.00元，收到对方银行汇票42,000.00元。

26-1(下图为银行汇票复印件)

中国建设银行

付款期限 壹个月	银 行 汇 票(卡片)1	$\frac{CQ}{01}$ 60001325

出票日期　　　　　　　　　　　　　　　　　　　　　　第　号

(大写)贰零壹捌年壹拾贰月零玖日	代理付款行:建设银行重庆北碚支行　行号:105653013006

收款人:重庆轻工机电设备有限公司	账号:50001093600050888X8

出票金额	(大写)⊗肆万贰仟元整

实际结算金额	(大写)⊗肆万贰仟元整	千	百	十	万	千	百	十	元	角	分
				¥	4	2	0	0	0	0	0

申 请 人:重庆乐乐设备有限公司
出 票 行:建设银行重庆渝中支行　行号:　　账号或住址:50001093600050222222

备 注:＿＿＿＿＿＿＿＿＿＿

科目(借)＿＿＿＿＿
对方科目(贷)＿＿＿＿＿
销账日期　　年　　月　　日
复核　　　　记账

复核:肖前　　　经办:万丹

26-2(下图为银行汇票复印件)

中国建设银行

付款期限 壹个月	银 行 汇 票(解讫通知)3	$\frac{CQ}{01}$ 60001325

出票日期　　　　　　　　　　　　　　　　　　　　　　第　号

(大写)　贰零壹捌年壹拾贰月零玖日	代理付款行:建设银行重庆北碚支行　行号:105653013006

收款人:重庆轻工机电设备有限公司	账号:50001093600050888X8

出票金额　(大写)⊗肆万贰仟元整

实际结算金额　(大写)⊗肆万贰仟元整	千	百	十	万	千	百	十	元	角	分
				¥	4	2	0	0	0	0

申 请 人:重庆乐乐设备有限公司　　　　　　账号或住址:50001093600050222222
出 票 行:建设银行重庆渝中支行　行号:

备 注:＿＿＿＿＿＿＿＿＿＿

凭票付款
出票行签章

密押:＿＿＿
多余金额

千	百	十	万	千	百	十	元	角	分	复核　　　记账

26-3

5000171130　重庆增值税专用发票(模拟)　No 00467593

此联不作报税抵扣凭证使用　开票日期:2018 年 12 月 23 日

购买方	名　　　称:重庆乐乐设备有限公司					密码区	**8)/*8*01)33*+
	纳税人识别号:91500107×××111112×						**9)/*5*00)00*+
	地址 、 电话:重庆市渝中区光华路6-2号 023-888888×4						**8)/*4*01)03*+
	开户行及账号:建设银行重庆北碚支行 5000109360005022222×						**8)/*3*09)90*+

货物或应税劳务、服务名称	规格型号	单位	数量	单价	金额	税率	税额
不锈钢电机	40W	台	70	517.2414	36206.90	16%	5793.10
合计					￥36206.90		￥5793.10

价税合计(大写)	⊗ 肆万贰仟元整　　　　(小写)￥42000.00

销售方	名　　　称:重庆轻工机电设备有限公司	备注
	纳税人识别号:91500109203×88888×	
	地址 、 电话:重庆市北碚区同兴北路116-1号 023-888888×8	
	开户行及账号:建设银行重庆北碚支行 5000109360005088888×8	

收款人:肖六　　复核:张大伟　　开票人:明亮　　销售方:(章)

税总函〔2015〕664号西安印钞有限公司

26-4

出 库 单

收货单位:重庆乐乐设备有限公司　　　　　　　　2018 年 12 月 23 日

编号	种类	产品名称	型号	规格	出库数量	单位	单价	成本金额								
								百	十	万	千	百	十	元	角	分
1	产品	不锈钢电机	40W		70	台										
合计:																

负责人:张竞　　记账:　　发货:李杰　　填单:何跃

27. 12月24日收到银行收账通知,重庆乐乐设备有限公司银行汇票42,000.00元已经入账。

27-1

中国建设银行客户专用回单

中国建设银行
China Construction Bank.

1030020001496907888800350

币别:人民币		2018年12月24日			流水号:5000936003Y7AF9Y13F	
付款人	全称	重庆乐乐设备有限公司	收款人	全称	重庆轻工机电设备有限公司	（贷方回单）
	账号	5000109360005022222×2		账号	5000109360000508888×8	
	开户行	建设银行重庆北碚支行		开户行	建设银行重庆北碚支行	
金额		（大写）⊗肆万贰仟元整			（小写）￥42000.00	
凭证种类		电子转账凭证		凭证号码	100886331223	
结算方式		转账		用途	货款	
付款方式: 业务类型: 摘要:			打印柜员:50009360001 打印机构:中国建设银行重庆北碚支行营业部 打印卡号:500000000101793			

打印时间:2018-12-24 15:24:05　　　　交易柜员:交易机构:500093600

28. 12月25日收到银行扣款通知:短期贷款第四季度利息1750.25元已经从我银行账上支出(10月至11月已经预提1,200.00元)。

28-1

中国建设银行客户专用回单

中国建设银行
China Construction Bank.

5001902000149690788880035

币别:人民币		2018年12月25日			流水号:5000936003Y7AF9×613	
付款人	全称	重庆轻工机电设备有限公司	收款人	全称	个贷系统平账专户A户	（借方回单）
	账号	5000109360000508888×8		账号	10150000090231311000000000×	
	开户行	建设银行重庆北碚支行		开户行	重庆市分行核算中心	
金额		（大写）⊗壹仟柒佰伍拾元贰角伍分			（小写）￥1750.25	
凭证种类		电子转账凭证		凭证号码	100886331230	
结算方式		转账		用途	扣贷款利息	
付款方式: 业务类型: 摘要:			打印柜员:50009360001 打印机构:中国建设银行重庆北碚支行营业部 打印卡号:500000000101793			

打印时间:2018-12-25 09:24:10　　　　交易柜员:交易机构:500093600

29. 12月26日行政部吴江南报销办公用品费470.00元,以现金支付。

29-1

国家税务总局重庆市北碚区税务局通用机打发票

发票代码:150001320011

发票联发票号码:01343016

开票日期:2018 年 12 月 26 日   行业分类

收款方识别号:9150010920××3×333×	收款方名称:重庆文具用品有限公司

收款方地址电话:

付款方识别号:91500109203×88888×	付款方名称:重庆轻工机电设备有限公司

商品名	品目	单位	单价	数量	金额
文件夹	办公用品	个	10	47	470.00

合计人民币(大写):⊗肆佰柒拾元整   (小写):￥470.00

开票人:李悦   电子税票号码:3201809130000010 X 2

现金收讫

第一联 发票联 购货单位付款凭(手开票无效)

30. 12月27日接银行通知,企业收回重庆偾达设备有限公司应收账款21,700.00元。

30-1

中国建设银行客户专用回单

中国建设银行
China Constrsolion Bank.

103002000149690788880349

币别:人民币   2018 年 12 月 27 日   流水号:5000936003Y7AF9×60F

付款人	全称	重庆偾达设备有限公司	收款人	全称	重庆轻工机电设备有限公司
	账号	5000109360005000228×		账号	500010936000508888×8
	开户行	建设银行重庆北碚支行		开户行	建设银行重庆北碚支行
金额		(大写)⊗贰万壹仟柒佰元整		(小写)￥21700.00	
凭证种类		电子转账凭证	凭证号码		100886332230
结算方式		转账	用途		付前欠货款

打印柜员:50009360001
打印机构:中国建设银行重庆北碚支行
打印卡号:500000000101793×

(贷方回单)

打印时间:2018-12-27 13:24:05   交易柜员:交易机构:50009360000

31. 12月28日收到银行贴现款。此票据为重庆跃进公司2018年7月28日开具的不带息商业承兑汇票。该票据票面金额为60,000.00元,期限为6个月,年贴现率为4.5%。

31-1

中国建设银行客户专用回单

中国建设银行
China Construction Bank

1030020001496907888800351

币别:人民币		2018年12月28日		流水号:5000936003Y7AF9×00K		
付款人	全称	重庆跃进公司	收款人	全称	重庆轻工机电设备有限公司	（贷方回单）
	账号	5000109360005000 22×3		账号	5000109360005088 88×8	
	开户行	建设银行重庆北碚支行		开户行	建设银行重庆北碚支行	
金额		(大写)⊗伍万玖仟柒佰柒拾伍元整		(小写)￥59775.00		
凭证种类		电子转账凭证	凭证号码		100945991239	
结算方式		转账	用途		货款	
付款方式: 业务类型: 摘要:			打印柜员:50009360001 打印机构:中国建设银行重庆北碚支行 打印卡号:500000000101793×			

打印时间:2018-12-28 16:24:05　　　　交易柜员:交易机构:500093600

32. 12月29日出售45#碳钢2吨与重庆华天纺织有限公司,含税单价5,500.00元/吨,货已发出,增值税票已开具,货款以现金收取。金额9,482.76元,增值税额1,517.24元。

32-1

5000162130　　重庆增值税专用发票(模拟)　　No 01643595

开票日期:2018年12月29日

购买方	名　　　称:重庆华天纺织有限公司 纳税人识别号:91500107×××111116× 地址、电话:重庆市渝中区光华路6-2号 023-888884×8 开户行及账号:建设银行重庆渝北支行 5000105360005011 1×21	密码区	**6〉/*8*01〉30*+ **9〉/*5*07〉00*+ **6〉/*7*01〉93*+ **6〉/*3*01〉88*+	第一联：销售联 销售方记账凭证

货物或应税劳务、服务名称	规格型号	单位	数量	单价	金额	税率	税额
碳钢	45#	kg	2000	4.7414	9482.76	16%	1517.24
合计					￥9482.76		￥1517.24

价税合计(大写)	⊗壹万壹仟元整	(小写)￥11000.00

销售方	名　　　称:重庆轻工机电设备有限公司 纳税人识别号:91500109203×88888× 地址、电话:重庆市北碚区同兴北路116-1号 023-888888×8 开户行及账号:建设银行重庆北碚支行 5000109360005088 88×8	备注	

收款人:肖六　　复核:张大伟　　开票人:明亮　　销售方:(章)

税总函〔2015〕664号西安印钞有限公司

32-2

出 库 单

收货单位:重庆华天纺织有限公司　　　　　　　　　　　2018 年 12 月 29 日

编号	种类	产品名称	型号	规格	出库数量	单位	单价	成本金额								
								百	十	万	千	百	十	元	角	分
1	材料	碳钢	45#		2000	kg	4.7414			￥	9	4	8	2	7	6
合计:										￥	9	4	8	2	7	6

负责人: 张竞　　　记账:　　　发货:李杰　　　　　　　　填单:何跃

32-3

收 据

NO:3521780

入账日期: 2018 年 12 月 29 日

今收到 重庆华天纺织有限公司现金 　收款事由货款

金额(大写)⊗ 壹万壹仟元整

现金收讫

收款单位(财务专用章)

核准:张大伟　会计:明亮　　记账:　　出纳:肖六　经手人:肖六

33.12月30日付重庆钢材有限公司现金5,732.00元。

33-1

收　据

NO:4023682

入账日期: 2018年12月30日

今收到 重庆轻工机电设备有限公司现金5,732.00元 ,收款事由货款

金额(大写)⊗伍仟柒佰叁拾贰元整

[现金收讫]

收款单位(财务专用章)[财务专用章][重庆钢材有限公司]

核准:　　　　会计:张亮亮　　记账:　　　出纳:肖婷　　经手人:常一

34.12月30日签发转账支票,通过民政局向重庆希望小学捐款16000元。

34-1

中国建设银行客户专用回单

1030020001496907888800352

币别:人民币　　　　2018年12月30日　　　流水号:5000936003Y7AF9×S3D

付款人	全称	重庆轻工机电设备有限公司	收款人	全称	重庆希望小学
	账号	500010936000508888×8		账号	500010936000508800Y8
	开户行	建设银行重庆北碚支行		开户行	建设银行重庆北碚支行
金额	(大写)⊗壹万陆仟元整			(小写)￥16000.00	
凭证种类	电子转账凭证		凭证号码	100945991241	
结算方式	转账		用途	捐赠	

付款方式:
业务类型:
摘要:

打印柜员:50009360001
打印机构:中国建设银行重庆北碚支行营业部
打印卡号:500000000101793×

打印时间:2018-12-30　16:24:05　　　　交易柜员:交易机构:50009360000

[中国建设银行 电子回单 专用章]

34-2

重庆市行政事业单位资金往来结算单据

付款单位(人):重庆轻工机电设备有限公司　　　　　　　　2018年12月30日

收款项目	数量	金额									
		百	十	万	千	百	十	元	角	分	
捐赠			¥	1	6	0	0	0	0	0	第一联　记账联
金额合计(小写)			¥	1	6	0	0	0	0	0	
金额合计(大写)	⊗壹万陆仟元整										

收款单位(盖章):　　　　　复核:　　　　　　　　收款人:刘萧

35.12月30日库房因意外火灾毁损电路板20块,经确认成本金额为272.82元,购进时增值税为43.65元,价税合计316.47元。

35-1

材料报废单

部门:生产部　　　　　　　　　　　　　　　　2018年12月30日

材料名称	电路板	材料编号		DLB01	
规格型号		金额	272.82	数量	20
使用部门	生产车间	使用时间		2018年12月	
报废原因: 因洪灾,电路板损失严重,难以修复。 部门负责人签字:宋明 2018年12月30日					
鉴定意见: 经鉴定,同意报废。 鉴定人员签字:覃娟 2018年 12月30日					
公司审批意见: 同意报废。会签财务部转出进项税额和做相应的账务处理。 单位负责人签字:张四 2018年 12月30日					
备注:该材料购进时增值税进项税额为43.65元。					

注:本表一式二份,库房、财务处各一份。　　　　　经办人:何小纳

36. 12月31日经公司研究决定,将库房因意外火灾毁损的材料在"营业外支出"核算。

36-1

材料报废核准单

部门:生产部　　　　　　　　　　　　　　　　　　2018年12月31日

材料名称	电路板	材料编号		DLB01	
规格型号		金额	272.82	数量	20
使用部门	生产车间	使用时间		2018.12	
报废原因: 因洪灾,电路板损失严重,难以修复。 部门负责人签字:张海 2018年12月31日					
公司审批意见: 同意报废。会签财务部转出进项税额和做相应的账务处理。 鉴定人员签字:张四 2018年 12月31日					
财务部意见: 　非正常损失,在"营业外支出"核算。 财务负责人签字:王万明 2018年 12月31日					
备注:该材料购进时增值税进项税额为46.38元。					

注:本表一式二份,库房、财务处各一份。　　　　　　经办人:宋杰

37. 12月31日汇总当月领料单,生产部碳钢轴电机领用200台电机原材料,不锈钢轴领用300台电机原材料,行政部领用45#碳钢150kg,销售部领用不锈钢68kg。详见领料单。

37-1　　　　　　　　　　　　领料单

部门:电机生产车间　　　　2018年12月31日　　　　　　　NO: 1112010

用途＼项目	材料名称	单位	数量	单价(元)	金额(元)	备注	②转财务部
40W碳钢电机	碳钢	kg	180				
40W不锈钢电机	不锈钢	kg	300				

主管:张竞　　　　领料人:何小纳　　　　审核:　　　　　　发料人:李杰

37-2

领料单

部门:电机生产车间　　　　2018 年 12 月 31 日　　　　NO: 1112011

用途＼项目	材料名称	单位	数量	单价(元)	金额(元)	备注	②转财务部
40W 碳钢电机	碳钢	kg	60				
40W 不锈钢电机	不锈钢	kg	300				

主管:张竞　　　　领料人:何小纳　　　　审核:　　　　发料人:李杰

37-3

领料单

部门:电机生产车间　　　　2018 年 12 月 31 日　　　　NO: 1112012

用途＼项目	材料名称	单位	数量	单价(元)	金额(元)	备注	②转财务部
40W 碳钢电机	锡钢片	kg	240				
40W 不锈钢电机	锡钢片	kg	360				

主管:张竞　　　　领料人:何小纳　　　　审核:　　　　发料人:李杰

37-4

领料单

部门:电机生产车间　　　　2018 年 12 月 31 日　　　　NO: 1112013

用途＼项目	材料名称	单位	数量	单价(元)	金额(元)	备注	②转财务部
40W 碳钢电机	漆包线	kg	40				
40W 不锈钢电机	漆包线	kg	60				

主管:张竞　　　　领料人:何小纳　　　　审核:　　　　发料人:李杰

37-5

领料单

部门:电机生产车间　　　　2018 年 12 月 31 日　　　　NO: 1112014

用途＼项目	材料名称	单位	数量	单价(元)	金额(元)	备注	②转财务部
40W 碳钢电机	电机转子	个	200				
40W 不锈钢电机	电机转子	个	300				

主管:张竞　　　　领料人:何小纳　　　　审核:　　　　发料人:李杰

37-6

领料单

部门:电机生产车间　　　　2018 年 12 月 31 日　　　　NO: 1112015

用途 ＼ 项目	材料名称	单位	数量	单价(元)	金额(元)	备注	②转财务部
40W 碳钢电机	电路板	块	200				
40W 不锈钢电机	电路板	块	300				

主管:张竞　　　　领料人:何小纳　　　　审核:　　　　　　发料人:李杰

37-7

领料单

部门:电机生产车间　　　　2018 年 12 月 31 日　　　　NO: 1112016

用途 ＼ 项目	材料名称	单位	数量	单价(元)	金额(元)	备注	②转财务部
40W 碳钢电机	机电铝件	个	200				
40W 不锈钢电机	机电铝件	个	300				

主管:张竞　　　　领料人:何小纳　　　　审核:　　　　　　发料人:李杰

37-8

领料单

部门:电机生产车间　　　　2018 年 12 月 31 日　　　　NO: 1112017

用途 ＼ 项目	材料名称	单位	数量	单价(元)	金额(元)	备注	②转财务部
40W 碳钢电机	机壳	个	200				
40W 不锈钢电机	机壳	个	300				

主管:张竞　　　　领料人:何小纳　　　　审核:　　　　　　发料人:李杰

37-9

领料单

部门:电机生产车间　　　　2018 年 12 月 31 日　　　　NO: 1112018

用途 ＼ 项目	材料名称	单位	数量	单价(元)	金额(元)	备注	②转财务部
40W 碳钢电机	端盖	个	200				
40W 不锈钢电机	端盖	个	300				

主管:张竞　　　　领料人:何小纳　　　　审核:　　　　　　发料人:李杰

37-10

领料单

部门:电机生产车间　　　　　2018年 12 月 31 日　　　　　NO: 1112019

用途＼项目	材料名称	单位	数量	单价(元)	金额(元)	备注	②转财务部
40W 碳钢电机	6200轴承	个	400				
40W 不锈钢电机	6200轴承	个	600				

主管:张竞　　　　领料人:何小纳　　　　审核:　　　　　　发料人:李杰

37-11

领料单

部门:电机生产车间　　　　　2018年 12 月 31 日　　　　　NO: 1112020

用途＼项目	材料名称	单位	数量	单价(元)	金额(元)	备注	②转财务部
40W 碳钢电机	纸箱	个	200				
40W 不锈钢电机	纸箱	个	300				

主管:张竞　　　　领料人:何小纳　　　　审核:　　　　　　发料人:李杰

37-12

领料单

部门:销售部　　　　　2018年 12 月 31 日　　　　　NO: 1112021

用途＼项目	材料名称	单位	数量	单价(元)	金额(元)	备注	②转财务部
一般耗用	不锈钢	kg	68				

主管:张竞　　　　领料人:何跃　　　　审核:　　　　　　发料人:李杰

37-13

领料单

部门:行政部　　　　　2018年 12 月 31 日　　　　　NO: 1112022

用途＼项目	材料名称	单位	数量	单价(元)	金额(元)	备注	②转财务部
一般耗用	碳钢	kg	150				

主管:张竞　　　　领料人:吴江南　　　　审核:　　　　　　发料人:李杰

38. 12月31日结转制造费用。

38-1

制造费用分配表

受益产品	制造费用总额	工时标准	分配率	应分配金额	应计入科目
40W 碳钢电机					
40W 不锈钢电机					
合计					

39. 12月31日40W碳钢电机产品入库170台,40W不锈钢电机入库270台,进行产品入库成本核算。

39-1

40W碳钢电机产品成本计算表

（完工数量：170　在产品数量：30　完工程度50%）

项目名称	直接材料	直接人工	制造费用	社会保险	燃料及动力	合计成本
月初在产品费用						
本月生产费用						
本月生产费用合计						
费用分配率						
月末在产品成本						
本月完工产品成本						
完工产品单位成本						

39-2

40W不锈钢电机产品成本计算表

（完工数量：270　在产品数量：30　完工程度50%）

项目名称	直接材料	直接人工	制造费用	社会保险	燃料及动力	合计成本
月初在产品费用						
本月生产费用						
本月生产费用合计						
费用分配率						
月末在产品成本						
本月完工产品成本						
完工产品单位成本						

40.12月31日计提本月应交增值税、附加税及印花税。(假定本季度无新增账簿及营业证照,10月至11月累计购进原材料582,716.32元,10月至11月累计营业收入871,260.25元)。

40-1

增值税计算表

上月留抵税额	当月销项税额	当月进项税额	当月进项税额转出	当月应交增值税额

40-2

城建税等附加税计算表

税种	计税依据	税率	应交税额	备注
城市维护建设税		7%		
教育费附加		3%		
地方教育附加		2%		
合计				

当季度应纳印花税=(当季度销售收入金额×100%+当季度原材料采购金额×70%)×0.3‰。

41.12月31日根据应收账款应收票据期末余额的5‰提取坏账准备。

41-1

坏账准备计提表

科目	期初余额	借方发生额	贷方发生额	期末余额	计提比例	应提金额	坏账准备余额	实际应提金额
应收账款								
应收票据								
小计								

42.12月31日结转当月产品销售成本和材料销售成本。

42-1

销售成本计算单

产品名称	期初库存			本期入库			本期销售		
	数量	单位成本	金额	数量	单位成本	金额	数量	单位成本	金额
40W碳钢电机									
40W不锈钢电机									
45#碳钢									
合计									

43.12月31日结转本月所有损益类科目。(无原始单据)

44.12月31日计算本季度企业所得税,并结转。

44-1

企业所得税计算表

本月利润	本季度利润	本年累计利润	所得税税率	应纳所得税额	本年已缴所得税额	本期应交所得税	备注
			25%				

45.12月31日结转本年利润。(无原始单据)

附录三 企业经济业务参考答案

一、记账凭证参考答案

业务号	日期	凭证号	摘要	科目编码	科目名称	借方	贷方	凭证生成系统
1	2018-12-31	记0001	直接购入固定资产	22210101	应交税费-应交增值税(进项税额)	10,671.48		固定资产
				1601	固定资产	67,378.52		
				100201	银行存款-建行北碚支行		78,050.00	
2	2018-12-31	记0002	缴纳保费	1123	预付账款-永乐保险	18,000.00		总账
				100201	银行存款-建行北碚支行		18,000.00	
	2018-12-31	记0003	摊销当月保费	660210	管理费用-保险费	3,000.00		总账
				1123	预付账款		3,000.00	
3	2018-12-31	记0004	申请汇票	1012	其他货币资金	24,570.00		总账
				100201	银行存款-建行北碚支行		24,570.00	
4	2018-12-31	记0005	购材料	140301	原材料-碳钢	21,181.03		核算
				22210101	应交税费-应交增值税(进项税额)	3,388.97		
				1012	其他货币资金		24,570.00	
5	2018-12-31	记0006	付欠款	224101	其他应付款-重庆味美饭店	11,300.00		总账
				100201	银行存款-建行北碚支行		11,300.00	
6	2018-12-31	记0007	付电费	510101	制造费用-燃料及动力	5,800.00		总账
				660103	销售费用-水电费	5,000.00		
				660203	管理费用-水电费	2,600.00		
				500103	生产成本-直接燃料和动力(40W碳钢电机)	7,251.56		
				500103	生产成本-直接燃料和动力(40W不锈钢电机)	10,948.44		
				100201	银行存款-建行北碚支行		31,600.00	

业务号	日期	凭证号	摘要	科目编码	科目名称	借方	贷方	凭证生成系统
7	2018-12-31	记0008	付水费	510101	制造费用-燃料及动力	1,300.00		总账
				660103	销售费用-水电费	510.00		
				660203	管理费用-水电费	2,222.46		
				22210101	应交税费-应交增值税（进项税额）	97.54		
				100201	银行存款-建行北碚支行		4,130.00	
8	2018-12-31	记0009	收到货款	100201	银行存款-建行北碚支行	20,000.00		核算
				1001	库存现金	30,000.00		
				1122	应收账款-乐乐设备		50,000.00	
	2018-12-31	记0010	货款存现	100201	银行存款-建行北碚支行	30,000.00		总账
				1001	库存现金		30,000.00	
9	2018-12-31	记0011	购材料	140303	原材料-锡钢片	13,824.91		核算
				140304	原材料-漆包线	27,991.41		
				22210101	应交税费-应交增值税（进项税额）	6,690.61		
				1012	应付账款-重庆物资		48,506.93	
10	2018-12-31	记0012	资产减少	1602	累计折旧	43,366.96		固定资产
				1606	固定资产清理	14,633.04		
				1601	固定资产		58,000.00	
	2018-12-31	记0013	支付清理费	1606	固定资产清理	1,000.00		总账
				1001	库存现金		1,000.00	
	2018-12-31	记0014	报废清理收入	1001	库存现金	800.00		总账
				122102	其他应收款-单位（平安保险）	8,000.00		
				122101	其他应收款-个人（何跃）	1,500.00		
				1606	固定资产清理		10,300.00	
	2018-12-31	记0015	结转清理净损失	1606	固定资产清理		5,333.04	总账
				6711	营业外支出	5,333.04		

续表

业务号	日期	凭证号	摘要	科目编码	科目名称	借方	贷方	凭证生成系统
11	2018-12-31	记0016	计提当月工资	660204	管理费用-工资	97,800.00		工资
				660104	销售费用-工资	7,800.00		
				510102	制造费用-工资	32,800.00		
				221101	应付职工薪酬-工资		138,400.00	
	2018-12-31	记0017	分配生产工人工资	500102	生产成本-直接人工（40W碳钢电机）	10,200.00		总账
				500102	生产成本-直接人工（40W不锈钢电机）	15,400.00		
				510102	制造费用-工资		25,600.00	
12	2018-12-31	记0018	发放工资	221101	应付职工薪酬-工资	138,400.00		总账
				221102	应付职工薪酬-社会保险		13,929.85	
				221103	应付职工薪酬-住房公积金		15,759.72	
				222105	应交税费-应交个人所得税		2,282.69	
				100201	银行存款-建行北碚支行		106,427.74	
13	2018-12-31	记0019	计提工会经费	660206	管理费用-工会经费	2,768.00		工资
				221104	应付职工薪酬-工会经费		2,768.00	
	2018-12-31	记0020	计提职工教育经费	660207	应付职工-职工薪酬教育经费		3,460.00	工资
				221105	管理费用-职工教育经费	3,460.00		
14	2018-12-31	记0021	缴纳社保费及个人所得税	222105	应交税费-应交个人所得税	2,282.69		总账
				221102	应付职工薪酬-社会保险	13,929.85		
				660205	管理费用-社会保险	25,243.62		
				660105	销售费用-社会保险	2,096.00		
				510103	制造费用-社会保险	2,243.50		
				500105	生产成本-社会保险（40W碳钢电机）	3,649.68		
				500105	生产成本-社会保险（40W不锈钢电机）	5,510.32		
				100201	银行存款-建行北碚支行		2,282.69	
				100201	银行存款-建行北碚支行		52,672.97	

业务号	日期	凭证号	摘要	科目编码	科目名称	借方	贷方	凭证生成系统
15	2018-12-31	记0022	缴纳住房公积金	221103	应付职工薪酬-住房公积金	15,759.72		总账
				660205	管理费用-社会保险	10,268.52		
				660105	销售费用-社会保险	852.60		
				510103	制造费用-社会保险	912.60		
				500105	生产成本-社会保险（40W碳钢电机）	1,484.58		
				500105	生产成本-社会保险（40W不锈钢电机）	2,241.42		
				100201	银行存款-建行北碚支行		31,519.44	
16	2018-12-31	记0023	缴纳增值税及附加税	22210103	应交税费-应交增值税（已交税金）	6,820.79		总账
				222102	应交税费-应交城建税	477.46		
				222104	应交税费-应交地方教育附加	136.42		
				222103	应交税费-应交教育费附加	204.62		
				100201	银行存款-建行北碚支行		6,820.79	
				100201	银行存款-建行北碚支行		818.50	
17	2018-12-31	记0024	费用报销	660102	销售费用-差旅费	3,450.00		总账
				660106	销售费用-通讯费	520.00		
				122101	其他应收款-个人（沈阳）		3,000.00	
				1001	库存现金		970.00	
18	2018-12-31	记0025	费用报销	660208	管理费用-差旅费	7,820.00		总账
				660209	管理费用-通讯费	1,360.00		
				1001	库存现金	820.00		
				122101	其他应收款-个人（张四）		10,000.00	
19	2018-12-31	记0026	支付欠款	2202	应付账款-蓝天机械	68,000.00		核算
				100201	银行存款-建行北碚支行		68,000.00	

续表

业务号	日期	凭证号	摘要	科目编码	科目名称	借方	贷方	凭证生成系统
20	2018-12-31	记0027	资产减少	1602	累计折旧	206,294.75		固定资产
				1606	固定资产清理	75,705.25		
				1601	固定资产		282,000.00	
	2018-12-31	记0028	出售固定资产收入	1606	固定资产清理		120,194.17	总账
				22210102	应交税费-应交增值税（销项税额）		3,605.83	
				100201	银行存款-建行北碚支行	123,800.00		
	2018-12-31	记0029	结转出售固定资产清理净收入	1606	固定资产清理	44,488.92		总账
				6301	营业外收入		44,488.92	
21	2018-12-31	记0030	取现	1001	库存现金	20,000.00		总账
				100201	银行存款-建行北碚支行		20,000.00	
22	2018-12-31	记0031	计提折旧	510104	制造费用-折旧费	4,376.32		固定资产
				660101	销售费用-折旧费	1,172.08		
				660201	管理费用-折旧费	12,529.17		
				1602	累计折旧		18,077.57	
23	2018-12-31	记0032	支付设备维修费	224104	其他应付款-重庆东方设备公司	24,000.00		总账
				660211	管理费用-维修费	3,232.76		
				22210101	应交税费-应交增值税（进项税额）	4,357.24		
				100201	银行存款-建行北碚支行		31,590.00	
24	2018-12-31	记0033	销售商品	1122	应收账款-华一仪表	23,100.00		核算
				6001	主营业务收入		193,96.55	
				22210102	应交税费-应交增值税（销项税额）		3,103.45	
				100201	银行存款-建行北碚支行		600.00	
25	2018-12-31	记0034	销售商品	100201	银行存款-建行北碚支行	174,000.00		核算
				6001	主营业务收入		150,000.00	
				22210102	应交税费-应交增值税（销项税额）		24,000.00	

续表

业务号	日期	凭证号	摘要	科目编码	科目名称	借方	贷方	凭证生成系统
26	2018-12-31	记0035	销售商品	1012	其他货币资金	42,000.00		核算
				6001	主营业务收入		36,206.90	
				22210102	应交税费–应交增值税（销项税额）		5,793.10	
27	2018-12-31	记0036	收款	100201	银行存款–建行北碚支行	42,000.00		总账
				1012	其他货币资金		42,000.00	
28	2018-12-31	记0037	还贷款利息	223101	应付利息–建行利息	1,200.00		总账
				660302	财务费用–利息	550.25		
				100201	银行存款–建行北碚支行		1,750.25	
29	2018-12-31	记0038	购办公用品	660212	管理费用–办公费	470.00		总账
				1001	库存现金		470.00	
30	2018-12-31	记0039	收款	100201	银行存款–建行北碚支行	21,700.00		核算
				1122	应收账款–偃达设备		21,700.00	
31	2018-12-31	记0040	贴现	100201	银行存款–建行北碚支行	59,775.00		核算
				660303	财务费用–汇票贴息	225.00		
				1121	应收票据–重庆跃进		60,000.00	
32	2018-12-31	记0041	销售碳钢	1001	库存现金	11,000.00		核算
				22210102	应交税费–应交增值税（销项税额）		1,517.24	
				6051	其他业务收入		9,482.76	
33	2018-12-31	记0042	支付欠款	2202	应付账款–重庆钢材	5,732.00		核算
				1001	库存现金		5,732.00	
34	2018-12-31	记0043	捐赠	6711	营业外支出	16,000.00		总账
				100201	银行存款–建行北碚支行		16,000.00	
35	2018-12-31	记0044	材料报废	1901	待处理财产损溢	272.82		核算
				140306	原材料–电路板		272.82	
	2018-12-31	记0045	材料报废	1901	待处理财产损溢	43.65		总账
				22210106	应交税费–应交增值税（进项税额转出）		43.65	
36	2018-12-31	记0046	材料报废	1901	待处理财产损溢		316.47	总账
				6711	营业外支出	316.47		

续表

业务号	日期	凭证号	摘要	科目编码	科目名称	借方	贷方	凭证生成系统
37	2018-12-31	记0047	领用材料	500101	生产成本-直接材料（40W碳钢电机）	19,871.47		核算
				500101	生产成本-直接材料（40W不锈钢钢电机）	34,858.56		
				660107	销售费用-其他	743.74		
				660213	管理费用-其他	629.60		
				140301	原材料-碳钢		1,636.95	
				140302	原材料-不锈钢		7,306.12	
				140303	原材料-锡钢片		3,290.22	
				140304	原材料-漆包线		6,098.23	
				140305	原材料-电机转子		3,542.50	
				140306	原材料-电路板		6,820.50	
				140307	原材料-电机铝件		7,484.60	
				140308	原材料-机壳		10,149.55	
				140309	原材料-端盖		4,196.20	
				140310	原材料-6200轴承		3,058.00	
				140311	原材料-纸箱		2,520.50	
38	2018-12-31	记0044	结转制造费用	510101	制造费用-燃料及动力		7,100.00	总账
				510102	制造费用-工资		7,200.00	
				510103	制造费用-社会保险		3,156.10	
				510104	制造费用-折旧费		4,376.32	
				500104	生产成本-制造费用（40W碳钢电机）	8,698.85		
				500104	生产成本-制造费用（40W不锈钢电机）	13,133.57		

业务号	日期	凭证号	摘要	科目编码	科目名称	借方	贷方	凭证生成系统
39	2018-12-31	记0049	产成品入库	140501	库存商品-40W碳钢电机	45,638.83		核算
				140502	库存商品-40W不锈钢电机	76,120.47		
				500101	生产成本-直接材料（40W碳钢电机）		16,890.76	
				500101	生产成本-直接材料（40W不锈钢电机）		31,372.70	
				500102	生产成本-直接人工（40W碳钢电机）		9,372.97	
				500102	生产成本-直接人工（40W不锈钢电机）		14,589.48	
				500104	生产成本-制造费用（40W碳钢电机）		7,993.54	
				500104	生产成本-制造费用（40W不锈钢电机）		12,442.33	
				500105	生产成本-社会保险（40W碳钢电机）		4,717.97	
				500105	生产成本-社会保险（40W不锈钢电机）		7,343.75	
				500103	生产成本-直接燃料和动力（40W碳钢电机）		6,663.59	
				500103	生产成本-直接燃料和动力（40W不锈钢电机）		10,372.21	
40	2018-12-31	记0050	计提增值税	22210104	应交税费-应交增值税（转出未交增值税）	12,857.43		总账
				22210105	应交税费-应交增值税（未交增值税）		12,857.43	
	2018-12-31	记0051	计提附加税	6403	税金及附加	1,542.89		总账
				222102	应交税费-应交城建税		900.02	
				222103	应交税费-应交教育费附加		385.72	
				222104	应交税费-应交地方教育费附加		257.15	
	2018-12-31	记0052	计提印花税	660202	管理费用-印花税	461.50		总账
				222107	应交税费-应交印花税		461.50	

续表

业务号	日期	凭证号	摘要	科目编码	科目名称	借方	贷方	凭证生成系统
41	2018-12-31	记0053	计提坏账	6701	资产减值损失	−543.00		总账
				1231	坏账准备		−543.00	
42	2018-12-31	记0054	材料销售出库	6402	其他业务成本	8,394.60		核算
				140301	原材料−碳钢		8,394.60	
	2018-12-31	记0055	产品销售出库	6401	主营业务成本	122,505.02		核算
				140501	库存商品−40W碳钢电机		46,170.11	
				140502	库存商品−40W不锈钢电机		76,334.91	
	2018-12-31	记0056	期间损益结转	4103	本年利润	259,575.13		总账
				6001	主营业务收入	205,603.45		
				6051	其他业务收入	9,482.76		
				6301	营业外收入	44,488.92		
43	2018-12-31	记0057	期间损益结转	4103	本年利润	350,017.85		总账
				6401	主营业务成本		122,505.02	
				6402	其他业务成本		8,394.60	
				6403	营业税金及附加		1,542.89	
				660101	销售费用−折旧费		1,172.08	
				660102	销售费用−差旅费		3,450.00	
				660103	销售费用−水电费		5,510.00	
				660104	销售费用−工资		7,800.00	
				660105	销售费用−社会保险		2,948.60	
				660106	销售费用−通讯费		520.00	
				660107	销售费用−其他		743.74	
				660201	管理费用−折旧费		12,529.17	
				660202	管理费用−印花税		461.50	
				660203	管理费用−水电费		4,822.46	

业务号	日期	凭证号	摘要	科目编码	科目名称	借方	贷方	凭证生成系统
43	2018-12-31	记0057	期间损益结转	660204	管理费用-工资		97,800.00	总账
				660205	管理费用-社会保险		35,512.14	
				660206	管理费用-工会经费		2,768.00	
				660207	管理费用-职工教育经费		3,460.00	
				660208	管理费用-差旅费		7,820.00	
				660209	管理费用-通讯费		1,360.00	
				660210	管理费用-保险费		3,000.00	
				660211	管理费用-维修费		3,232.76	
				660212	管理费用-办公费		470.00	
				660213	管理费用-其他		629.60	
				660302	财务费用-利息		550.25	
				660303	财务费用-汇票贴息		225.00	
				6701	资产减值损失		−543.00	
				6711	营业外支出		21,333.04	
44	2018-12-31	记0058	计提所得税	6801	所得税费用	9,313.78		总账
				222106	应交税费-应交所得税		9313.78	
	2018-12-31	记0059	结转所得税费用	4103	本年利润	9,313.78		总账
				6801	所得税费用		9,313.78	
45	2018-12-31	记0060	结转本年利润	4103	本年利润	135,949.43		总账
				410401	利润分配-未分配利润		135,949.43	

二、部分原始凭证参考答案

11-2

生产成本-工资分配表

产品名称	工时	生产工人工资总额（元）	分配率	分配额（元）
40W碳钢电机	10200	25,600.00	1	10,200.00
40W不锈钢电机	15400		1	15,400.00
合计	25600	25,600.00		25,600.00

13-1

工会经费、职工教育经费计提表

序号	项目	工资总额(元)	计提比例	计提金额(元)
1	工会经费	138,400.00	2%	2,768.00
2	职工教育经费	138,400.00	2.5%	3,460.00
合计		138,400.00	4.5%	6,228.00

14-4

生产工人——社保分配表

产品名称	工时	生产工人社保总额(元)	分配率	分配额(元)
40W 碳钢电机	10200	9,160.00	9160/25600	3,649.68
40W 不锈钢电机	15400		9160/25600	5,510.32
合计	25600	9,160.00		9,160.00

15-3

生产工人——公积金分配表

产品名称	工时	生产工人社保总额(元)	分配率	分配额(元)
40W 碳钢电机	10200	3,726.00	3726/25600	1,484.58
40W 不锈钢电机	15400		3726/25600	2,241.42
合计	25600	3,726.00		3,726.00

38-1

制造费用分配表

受益产品	制造费用总额(元)	工时标准	分配率	应分配金额(元)	应计入科目
40W 碳钢电机		10200		8,698.85	生产成本-制造费用(40W碳钢电机)
40W 不锈钢电机	21,832.42	15400	21832.42/25600	13,133.57	生产成本-制造费用(40W不锈钢电机)
合计	21,832.42	25600	21832.42/25600	21,832.42	

39-1

40W碳钢电机产品成本计算表

（完工数量:170　在产品数量：30　完工程度50%）　　　　　　单位:元

项目名称	直接材料	直接人工	制造费用	社会保险	燃料及动力	合计成本
月初在产品费用	—	—	—	—	—	—
本月生产费用	19,871.47	10200.00	8,698.85	5,134.26	7,251.56	51,156.14
本月生产费用合计	19,871.47	10200.00	8,698.85	5,134.26	7,251.56	51,156.14
费用分配率	99.3574	55.1351	47.0208	27.7528	39.1976	268.4637
月末在产品成本	2,980.71	827.03	705.31	416.29	587.97	5,517.31
本月完工产品成本	16,890.76	9372.97	7,993.54	4,717.97	6,663.59	45,638.83
完工产品单位成本	99.3574	55.1351	47.0208	27.7528	39.1976	268.4637

39-2

40W不锈钢电机产品成本计算表

（完工数量:270　在产品数量：30　完工程度50%）　　　　　　单位:元

项目名称	直接材料	直接人工	制造费用	社会保险	燃料及动力	合计成本
月初在产品费用	—	—	—	—	—	—
本月生产费用	34,858.56	15,400.00	13,133.57	7,751.74	10,948.44	82,092.31
本月生产费用合计	34,858.56	15,400.00	13,133.57	7,751.74	10,948.44	82,092.31
费用分配率	116.1952	54.0351	46.0827	27.1991	38.4156	281.9277
月末在产品成本	3,485.86	810.52	691.24	407.99	576.23	5,971.84
本月完工产品成本	31,372.70	14,589.48	12,442.33	73,43.75	10,372.21	76,120.47
完工产品单位成本	116.1952	54.0351	46.0827	27.1991	38.4156	281.9277

40. 31日计提本月应交增值税、附加税及印花税。(假定本季度无新增账簿及营业证照,10月至11月累计购进原材料582,716.32元,10月至11月累计营业收入871,260.25元)。

40-1

增值税计算表

单位:元

上月留底税额	当月销项税额	当月进项税额	当月进项税额转出	当月应交增值税额
0.00	3,819.62	25,205.84	43.65	12,857.43

40-2

城建税等附加税计算表

税种	计税依据(元)	税率	应交税额(元)	备注
城市维护建设税	12,857.43	7%	900.02	
教育费附加	12,857.43	3%	385.72	
地方教育附加	12,857.43	2%	257.15	
合计			1,542.89	

当季应纳印花税=(每季销售收入金额×100%+每季原材料采购金额×70%)×0.3‰

=[(871,260.25+205,603.45+9,482.76)×100%+(582,716.32+62,997.35)×70%)]×0.3‰

=(1,086,346.46+645,713.67×70%)×0.3‰

=(1,086,346.46+451,999.57)×0.3‰

=1,538,346.03×0.3‰

=461.50

41-1

坏账准备计提表

单位:元

科目	期初余额	借方发生额	贷方发生额	期末余额	计提比例	应提金额	坏账准备余额	实际应提金额
应收账款	297,300.00	23,100.00	71,700.00	248,700.00	0.005	1,243.50	1,786.5	−543.00
应收票据	60,000.00		60,000.00	0.00	0.005	0.00		0.00
小计								−543.00

42-1

销售成本计算单

产品名称	期初库存			本期入库			本期销售		
	数量（台）	单位成本（元）	金额（元）	数量（台）	单位成本（元）	金额（元）	数量（台）	单位成本（元）	金额（元）
40W碳钢电机	20	298.1530	5,963.06	170	268.3594	45,621.09	170	271.4955	46,154.24
40W不锈钢电机	10	304.1660	3,041.66	270	281.8545	76,100.71	270	282.6513	76,315.85
碳钢	2,000	4.1000	8,200.00	5000	4.2362	21,181.03	2,000	4.1973	8,394.60
合计			17,204.72			14,2721.80			13,0812.90

注：碳钢的销售成本8,394.60为本月发出总成本扣除材料领用成本倒挤所得（2,390.00×4.1973−390.00×4.1973=10,031.55−1,636.95=8,394.60）

44-1

所得税计算表

单位：元

本月新增利润	本季度利润	本年累计利润	所得税税率	应纳所得税额	本年已交所得税额	本期应交所得税	备注
−90,442.72	37,255.11	127,697.83	25%	31,924.46	2,2610.68	9,313.78	

发生额及余额表

2018.12.01—2018.12.31

单位：元

科目编码	科目名称	期初借方	期初贷方	本期发生借方	本期发生贷方	期末借方	期末贷方
1001	库存现金	20,000.00	—	62,620.00	38,172.00	44,448.00	—
1002	银行存款	620,650.45	—	471,275.00	506,132.38	585,793.07	—
1012	其他货币资金	—	—	66,570.00	66,570.00	—	—
1121	应收票据	60,000.00	—	—	60,000.00	—	—
1122	应收账款	297,300.00	—	23,100.00	71,700.00	248,700.00	—
1123	预付账款	—	—	18,000.00	3,000.00	15,000.00	—
1221	其他应收款	13,000.00	—	9,500.00	13,000.00	9,500.00	—

续表

科目编码	科目名称	期初借方	期初贷方	本期发生借方	本期发生贷方	期末借方	期末贷方
1231	坏账准备	—	1,786.50	—	−543.00	—	1,243.50
1403	原材料	235,985.75	—	62,997.35	64,770.79	234,212.31	—
1405	库存商品	9,004.72	—	121,759.30	122,505.02	8,259.00	—
1601	固定资产	2,453,500.40	—	67,378.52	340,000.00	2,180,878.92	—
1602	累计折旧	—	1,619,114.22	249,661.71	18,077.57	—	1,387,530.08
1606	固定资产清理	—	—	135,827.21	135,827.21	—	—
1901	待处理财产损溢	—	—	632.94	316.47	316.47	—
资产小计		3,709,441.32	1,620,900.72	1,289,322.03	1,439,528.44	3,327,107.77	1,388,773.58
2001	短期借款	—	100,000.00	—	—	—	100,000.00
2202	应付账款	—	411,824 38	73,732.00	48,506.93	—	386,599.31
2211	应付职工薪酬	—	36,801.52	168,089.57	174,317.57	—	43,029.52
2221	应交税费	—	7,639.29	47,985.25	64,521.56	—	24,175.60
2231	应付利息	—	1,200.00	1,200.00	—	—	—
2241	其他应付款	—	71,030.00	35,300.00	—	—	35,730.00
负债小计		—	628,495.19	326,306.82	287,346.06	—	589,534.43
4001	实收资本	—	900,000.00	—	—	—	900,000.00
4103	本年利润	—	235,705.93	495,281.06	259,575.13	—	—
4104	利润分配	—	324,339.48	—	135,949.43	—	460,288.91
权益小计		—	1,460,045.41	495,281.06	395,524.56	—	1,360,288.91
5001	生产成本	—	—	133,248.45	121,759.30	11,489.15	—
5101	制造费用	—	—	47,432.42	47,432.42	—	—
成本小计				180,680.87	169,191.72	11,489.15	
6001	主营业务收入	—	—	205,603.45	205,603.45	—	—
6051	其他业务收入	—	—	9,482.76	9,482.76	—	—
6301	营业外收入	—	—	44,488.92	44,488.92	—	—
6401	主营业务成本	—	—	122,505.02	122,505.02	—	—
6402	其他业务成本	—	—	8,394.60	8,394.60	—	—

续表

科目编码	科目名称	期初借方	期初贷方	本期发生借方	本期发生贷方	期末借方	期末贷方
6403	营业税金及附加	—	—	1,542.89	1,542.89	—	—
6601	销售费用	—	—	22,144.42	22,144.42	—	—
6602	管理费用	—	—	173,865.63	173,865.63	—	—
6603	财务费用	—	—	775.25	775.25	—	—
6701	资产减值损失	—	—	−543.00	−543.00	—	—
6711	营业外支出	—	—	21,333.04	21,333.04	—	—
6801	所得税费用	—	—	93,13.78	9,313.78	—	—
损益小计		—	—	618,906.76	618,906.76	—	—
合计		3,709,441.32	3,709,441.32	2,910,497.54	2,910,497.54	3,338,596.92	3,338,596.92

资产负债表

会企01表

单位名称:重庆轻工机电设备有限公司   2018 年 12 月 31 日   单位:元

资　　产	期末余额	年初余额	负债及所有者权益(或股东权益)	期末余额	年初余额
流动资产:			流动负债:		
货币资金	630,241.07	640,650.45	短期借款	100,000.00	100,000.00
交易性金融资产	—		交易性金融负债	—	—
应收票据	—	60,000.00	应付票据		
应收账款	247,456.50	295,513.50	应付账款	386,599.31	411,824.38
预付款项	15,000.00	—	预收款项	—	
应收利息	—	—	应付职工薪酬	43,029.52	36,801.52
应收股利	—	—	应交税费	24,175.60	7,639.29
其他应收款	95,00.00	13,000.00	应付利息	—	1,200.00
存货	253,960.46	244,990.47	应付股利	—	—
一年内到期的非流动资产	316.47	—	其他应付款	35,730.00	71,030.00

续表

资　产	期末余额	年初余额	负债及所有者权益(或股东权益)	期末余额	年初余额
其他流动资产	—	—	一年内到期的非流动负债	—	—
流动资产合计	1,156,474.50	1,254,154.42	其他流动负债	—	—
非流动资产:			流动负债合计	589,534.43	628,495.19
可供出售金融资产	—		非流动负债:		
持有至到期投资	—	—	长期借款		
长期应收款	—	—	应付债券		
长期股权投资	—	—	长期应付款		
投资性房地产	—	—	专项应付款		
固定资产	793,348.84	834,386.18	预计负债		
在建工程	—	—	递延所得税负债		
工程物资	—	—	其他非流动负债		
固定资产清理	—	—	非流动负债合计		
生产性生物资产	—	—	负债合计	589,534.43	628,495.19
油气资产	—	—	所有者权益(或股东权益):		
无形资产	—	—	实收资本(或股本)	900,000.00	900,000.00
开发支出	—	—	资本公积	—	—
商誉	—	—	减:库存股	—	—
长期待摊费用	—	—	盈余公积	—	—
递延所得税资产	—	—	未分配利润	460,288.91	560,045.41
其他非流动资产	—	—	所有者权益(或股东权益)合计	1,360,288.91	1,460,045.41
非流动资产合计	793,348.84	834,386.18			
资产总计	1,949,823.34	2,088,540.60	负债和所有者权益(或股东权益)总计	1,949,823.34	2,088,540.60

注:所有者权益包含其他权益工具、其他综合收益。

企业负责人:张四　　　　　财务负责人:王万明　　　　　制表人:张大伟

利润表

会企02表

单位名称:重庆轻工机电设备有限公司　　　　2018年12月　　　　　　单位:元

项　　目	本期金额
一、营业收入	215,086.21
减:营业成本	130,899.62
税金及附加	1,542.89
销售费用	22,144.42
管理费用	173,865.63
财务费用	775.25
资产减值损失	−543.00
加:公允价值变动收益(损失以"−"填列)	—
投资收益(损失以"−"填列)	—
其中:对联营企业和合营企业的投资收益	—
二、营业利润(亏损以"−"号填列)	−113,598.60
加:营业外收入	44,488.92
减:营业外支出	21,333.04
其中:非流动资产处置损失	—
三、利润总额(亏损总额以"−"号填列)	−90,442.72
减:所得税费用	9,313.78
四、净利润(净亏损以"−"号填列)	−99,756.50
五、每股收益:	—
(一)基本每股收益	—
(二)稀释每股收益	—

企业负责人:张四　　　　财务负责人:王万明　　　　　　　　制表人:张大伟